国防科学技术大学惯性技术实验室优秀博士

U0632834

船用激光陀螺惯导系统旋转调制与误差标校技术研究

Research on Rotation Modulation Technique and Error Calibration of Marine Inertial Navigation System Based on RLG

张伦东　练军想　吴美平　著

国防工业出版社

·北京·

图书在版编目(CIP)数据

船用激光陀螺惯导系统旋转调制与误差标校技术研究/张伦东,练军想,吴美平著. —北京:国防工业出版社,2017.2

ISBN 978-7-118-10277-2

Ⅰ. ①船…　Ⅱ. ①张…　Ⅲ. ①船舶–激光陀螺仪
Ⅳ. ①U666.12

中国版本图书馆 CIP 数据核字(2017)第 023779 号

※

*国防工业出版社*出版发行

(北京市海淀区紫竹院南路23号　邮政编码100048)
国防工业出版社印刷厂印刷
新华书店经售

*

开本 710×1000　1/16　印张 11¾　字数 202 千字
2017 年 2 月第 1 版第 1 次印刷　印数 1—1500 册　定价 50.00 元

(本书如有印装错误,我社负责调换)

国防书店:(010)88540777　　发行邮购:(010)88540776
发行传真:(010)88540755　　发行业务:(010)88540717

序

大学之道,在明明德,在亲民,在止于至善。

——《大学》

国防科学技术大学惯性导航技术实验室,长期从事惯性导航系统、卫星导航技术、重力仪技术及相关领域的人才培养和科学研究工作。实验室在惯性导航系统技术与应用研究上取得显著成绩,先后研制我国第一套激光陀螺定位定向系统、第一台激光陀螺罗经系统、第一套捷联式航空重力仪,在国内率先将激光陀螺定位定向系统用于现役装备改造、首次验证了水下地磁导航技术的可行性,服务于空中、地面、水面和水下等各种平台,有力地支撑了我军装备现代化建设。在持续的技术创新中,实验室一直致力于教育教学和人才培养工作,注重培养从事导航系统分析、设计、研制、测试、维护及综合应用等工作的工程技术人才,毕业的研究生绝大多数战斗于国防科技事业第一线,为"强军兴国"贡献着一己之力。尤其是,培养的一批高水平博士研究生有力地支持了我军信息化装备建设对高层次人才的需求。

博士,是大学教育中的最高层次。而高水平博士学位论文,不仅是全面展现博士研究生创新研究工作最翔实、最直接的资料,也代表着国内相关研究领域的最新水平。近年来,国防科学技术大学研究生院为了确保博士学位论文的质量,采取了一系列措施,对学位论文评审、答辩的各个环节进行严格把关,有力地保证了博士学位论文的质量。为了展现惯性导航技术实验室博士研究生的创新研究成果,实验室在已授予学位的数十本博士学位论文中,遴选出 23 本具代表性的优秀博士学位论文,分成五个专题,结集出版,以飨读者。这五个专题分别是:(1)激光陀螺惯导系统技术;(2)地磁导航技术;(3)嵌入式组合导航技术;(4)航空重力测量技术;(5)自主导航理论与方法。

结集出版的目的有三:其一,不揣浅陋。此次以专著形式出版,是为了尽可能扩大实验室的学术影响,增加学术成果的交流范围,将国防科学技术大学惯性导航技术实验室的研究成果,以一种"新"的面貌展现在同行面前,希望更多的同仁们和后来者,能够从这套丛书中获得一些启发和借鉴,那将是作者和编辑都倍感欣慰的事。其二,不宁唯是。以此次出版为契机,作者们也对原来的学位论文内容进行诸多修订和补充,特别是针对一些早期不太确定的研究成果,结合近几年的最新研究进展,又进行了必要的修改,使著作更加严谨、客观。其三,不关毁誉,唯求科学与真实。出版之后,诚挚欢迎业内外专家指正、赐教,以便于我们在后续的研究工作中,能够做得更好。

在此,一并感谢各位编委以及国防工业出版社的大力支持!

吴美平

2015 年 10 月 09 日于长沙

前　言

随着国内激光陀螺性能的不断提高,如何将激光陀螺应用于船用惯导系统成为国内研究的热点。但是,激光陀螺惯导系统的误差随时间积累,在长时间高精度的应用场合,陀螺漂移和加速度计零偏将导致导航误差超出可接受的水平。为了提高惯导系统的精度,必须减小惯性器件误差对系统导航精度的影响。采用旋转调制技术可以将惯性器件误差调制成周期性变化的信号,从而抑制系统误差发散,提高惯导系统长时间导航精度。旋转调制技术原理简单,不需外部信息,充分保证了惯导系统的自主性,成为船用激光陀螺惯导系统的关键技术。本书以船用激光陀螺惯导系统为研究对象,主要研究旋转调制技术和惯导系统误差参数在线标校方法,主要工作如下:

(1)分析了旋转调制技术的机理,揭示了旋转调制技术的本质。推导了IMU 旋转条件下惯导系统误差的解析表达式,通过与 IMU 静止时的误差解析式对比,分析了旋转调制技术对惯性器件常值误差的抑制机理。将激光陀螺慢变误差建模成一阶马尔可夫过程,基于一阶马尔可夫过程的自相关函数,采用协方差分析方法分析了旋转调制技术对陀螺慢变漂移的抑制。研究了旋转调制技术对器件比例因子误差、安装误差和初始对准误差的抑制情况,讨论了 IMU 转动速率的选取准则。

(2)研究了旋转调制技术的旋转方案,针对传统的十六次序双轴翻转方案不能调制系统二次谐波误差的问题,提出了一种改进的二十次序双轴翻转方案。新方案既具有单轴四位置转位方案的优势,在方位轴上可用软导线替代滑环,同时又能有效调制系统的二次谐波误差。

(3)研究了转动机构误差对旋转式惯导系统精度的影响,分析了载体角运动对旋转调制效果的影响。首先介绍了转动机构的测角误差和转速稳定性误差,指出测角误差只影响惯导系统的姿态精度,并理论分析了测角误差对系统姿态的影响。结果表明,系统的航向角误差与转动机构的测角误差成正比。理论分析了载体水平角运动和航向角运动对旋转调制效果的影响,研究了隔离载体航向角运动影响的方法。针对实时隔离航向运动影响时转动机构电机频繁制动这一问题,提出了一种改进的载体航向运动隔离方法。该方法通过设置阈值,判定载体航向角运动对调制效果的影响程度,当航向角运动对调制效果影响较大时,才进行隔离,避免了转动机构电机的频繁制动。

(4) 研究了单轴旋转式惯导系统的导航解算方案,推导了不同导航解算方案的基本导航解算方程,建立了相应的误差模型。分析了采用不同导航解算方案时,转动机构测角误差和转速稳定误差对系统精度的影响,指出采用直接导航解算方案时,转动机构测角误差和转速稳定性误差不但影响系统姿态精度,而且影响系统速度和位置精度,系统误差随载体加速度和角速度的增大而增大,并随时间累积。

(5) 基于全局可观性分析方法,分析了 IMU 静止和 IMU 绕航向轴转动两种情形下惯导系统的可观性。指出当 IMU 绕航向轴转动时,惯导系统在全局意义下不可观。但惯导系统经粗对准后,能够确定唯一的初始姿态,此时三个陀螺常值漂移和三个加速度计零偏的解也是唯一的。进一步分析指出惯导系统虽然不是全局可观的,但是局部可观的,为惯导系统在线标校陀螺常值漂移和加速度计零偏提供了理论指导。

(6) 研究了基于旋转调制技术的惯导系统在线标校方法,提出了一种基于惯导系统位置解算的最小二乘在线标校方法,推导了相关理论。研究指出该方法只能估计出惯导系统的两个水平等效陀螺误差和两个水平等效加速度计误差。针对这一问题,研究了基于 Kalman 滤波的惯导系统在线标校方法,并采用仿真和试验手段进行了验证。结果表明,采用 15 状态 Kalman 滤波,能够在 12h 左右的时间将三个陀螺的常值漂移和三个加速度计的零偏估计出来,同时也进一步证明了可观性理论分析的正确性。

最后,设计研制了高精度单轴旋转式激光陀螺惯导系统原理样机,通过不同情形下的系统试验评估了基于 Kalman 滤波的标校方法,证明了所设计的 Kalman 滤波器具有一定的鲁棒性和环境适应性。通过不同环境中的试验评估了旋转式惯导系统的导航能力。试验结果表明,系统的最大定位误差优于 1n mile/24h,验证了所研究方法和理论分析的正确性。

目　录

第1章 绪 论

1.1 概 述

在人类的生产活动中,导航起着举足轻重的作用。所谓导航,就是将舰船、飞机、车辆、导弹、鱼雷或宇宙飞行器等载体按预定的计划与要求,从起始点引导到目的地的过程[1]。用来完成上述引导任务的设备称为导航系统。与导航和导航设备相关的技术称为导航技术[1, 2]。目前,导航技术已经广泛应用于各种平台上,在军事和民用领域发挥着重要作用。

根据技术手段的不同,导航可分为惯性导航、卫星导航、天文导航、无线电导航和地磁导航等[3]。其中,惯性导航以牛顿经典力学定律为基础,利用陀螺和加速度计测量载体相对惯性坐标系的转动和平移运动,采用航迹推算的方法获得载体的姿态、速度和位置等导航信息[4]。与其他类型的导航系统不同,惯性导航系统是完全自主的,它既不需要任何外部信息,也不向外部辐射任何信息,仅靠自身的传感器就可以在全天候条件下,在全球范围内和任何介质环境中进行连续的三维定位和定向[5]。这种同时具备自主性、隐蔽性和能获取运载体完备运动信息的独特优势,使惯性导航系统成为武器系统不可缺少的核心导航设备。

惯性导航系统大致经历了两个发展阶段:平台式惯性导航系统和捷联式惯性导航系统。平台式惯导系统采用稳定平台技术,即用机电控制方法建立起物理实体平台,用于跟踪导航坐标系,惯性器件安装在稳定平台上,以稳定平台为基准坐标系来测量载体的运动参数[3]。这种惯导系统在机械上隔离了载体的角运动,所以系统中的陀螺动态范围可以很小,导航计算量也较小;其缺点是系统比较耗电、体积大、重量重、结构复杂、可靠性低、价格昂贵。随着计算机技术的发展,20世纪50年代末提出了捷联式惯导系统的概念,即取消复杂的机械平台而直接将惯性传感器固联在载体上,采用"数学平台"来"跟踪"导航坐标系。捷联式惯导系统具有成本低、体积小、重量轻、可靠性高等优点,在各个领域逐步取代平台式惯导系统,特别是诸如飞机、导弹等中低精度应用领域几乎都采用捷联式惯导系统[3, 4, 6]。

在捷联式惯导系统中,由于惯性器件直接固联在载体上,惯性器件直接测量载体的运动,所以捷联式惯导系统对惯性器件的性能(如动态范围、测量精度等)提出了更高的要求。以激光陀螺为代表的光学陀螺的研制成功,在惯性器件研制和发展过程中具有划时代的意义,对现代导航系统的发展和进步起着不可替代的作用[7]。

激光陀螺的工作原理建立在量子力学基础上,是典型的固态惯性传感器,不存在支撑问题,因此工作可靠、寿命长;同时具有启动快、动态范围宽、稳定性好、比例因子稳定、抗冲击振动和数字化输出等优点,使其成为捷联式惯导系统的理想部件[8]。目前,激光陀螺捷联惯导系统在各个领域得到了广泛应用,将逐步取代平台式惯导系统。特别是美国等激光陀螺研制较早的国家,在飞机、导弹等中低精度领域激光捷联惯导系统几乎已完全取代平台式系统[8],即使在船用等高精度领域,也有 MK39[9]、MK49[10] 和 WSN/AN - 7[11] 等多个型号系列的激光惯导系统得到装备,其应用覆盖了除弹道导弹核潜艇以外的其他各种舰艇。

随着激光陀螺生产工艺的成熟和批量生产,激光惯导系统的可靠性逐步提高,成本逐渐下降。1996 年,美国的激光陀螺惯导系统成本约为 178 万美元,其 MTBF(Mean Time Between Failures)高达 8000 小时,而同时期的静电陀螺惯导系统成本高达 600 万美元,MTBF 仅为 4000 小时[12]。当今,MK39、WSN/AN - 7B 等船用激光陀螺惯导系统成本约为 90 万美元,精度更高的 MK49、WSN/AN - 7A 系统成本也仅为 250 万美元[13]。可见,激光陀螺的成功应用一方面极大地提高了惯导系统的可靠性,另一方面大大降低了导航系统的成本。因此,国外特别是美国投入了巨资研制船用光学陀螺惯导系统。

国内激光陀螺的研究虽然起步较晚,但近年来进展迅速,当前已形成批量生产能力,并已成功应用于飞机、车辆、导弹、鱼雷等多种武器平台。但是,由于舰船对导航系统长时间高精度的要求,国内目前还没有成熟的激光陀螺惯导系统应用于舰船上。国内船用惯导系统应用较多的仍是静电陀螺和高精度液浮陀螺平台式惯导系统。它们不仅成本高、维护费用昂贵,而且启动慢,备航时间长,不利于提高武器系统的机动性。随着国内激光陀螺性能的不断提高,开展高精度船用激光陀螺惯导系统的研究对降低导航系统全生命周期成本,提高武器系统的可靠性和机动性具有十分重要的意义。

但是,惯导系统的主要缺点是导航定位误差随时间积累。所以对于长时间工作的惯导系统,需要采用卫星(如 GPS)等外界信息来修正长期积累误差,提高导航精度。但卫星等外界信息易受干扰和破坏,而且水下航行器很难接收到卫星信号,如果为了修正惯导误差频繁露出水面接收卫星信号,目标就容易暴露,限制了导航系统的自主性和隐蔽性。在军事上,即使水面舰艇也必须能够在不用依赖 GPS 等外界信息的情况下,对武器系统进行精确的部署和初始化[14]。因此,提高纯惯导长时间导航精度,延长舰船的重调周期十分关键。

当前,提高惯导系统精度的途径主要有:①从物理结构和工艺上进行改进,提高陀螺仪和加速度计等惯性器件的精度,或者研制开发新型的、性能更为优越的惯性器件;②采用"系统级自补偿技术"减小陀螺仪和加速度计等器件误差对惯导系统精度的影响。惯性器件发展到今天,研制新型高精度惯性器件,或者继续从物理结构和工艺上提高现有惯性器件的精度,技术难度较大,研制周期较长,所需成本较高,并且不能超越现阶段惯性器件发展的局限。为此,国外一方面继续研制新型惯性元件,提高现有惯性器件的精度,另一方面在 20 世纪 60 年代开辟了另一条技术途径,其基本思想为:基于现有陀螺的精度,通过"系统级误差自补偿"技术使惯导系统获得较高的精度[15]。

"系统级误差自补偿"技术又称陀螺监控技术,它是陀螺漂移的一种自校正方法。根据机理来分,它有两类不同的方案,一类是陀螺在线测漂技术,在惯导系统工作的全过程测出当前时刻陀螺的漂移值,进行实时补偿;另一类是"旋转平均技术",通过平台旋转或者陀螺壳体翻转,使陀螺漂移得到调制,这样可将陀螺漂移平均掉,减小对导航精度的影响[15]。陀螺监控技术能够提高惯导系统长时间导航的精度,充分发挥惯性导航"自主式"的优点,并且研制周期相对较短,是一种经济实效的提高导航系统精度的方法。

目前,比较成熟的陀螺监控技术主要有陀螺壳体旋转法、平台旋转法、陀螺反转法、H 调制法以及附加陀螺监控法等[16]。其中,陀螺壳体旋转法适用于二自由度陀螺,它使陀螺壳体绕平台方位轴相对平台以一定角速度旋转,进而平均陀螺漂移[17]。平台旋转法与陀螺壳体旋转法的原理相似,它是在惯性平台的方位框架里,再增加一个旋转平台绕方位轴转动,因此,适用于单自由度陀螺[18, 19]。陀螺反转法和 H 调制法周期性改变陀螺的动量矩,进而实时测量陀螺的漂移并进行补偿[20-23]。附加陀螺监控法需在惯性平台上另外安装专门的监控陀螺,对导航系统陀螺的漂移进行测量和补偿[24, 25]。可见,这些陀螺监控方法要么需要额外增加平台,要么需要增加监控陀螺,这样就使惯导系统的结构更加复杂,成本更高,并且像 H 调制等有些技术只能适用于转子陀螺。

由于激光陀螺对重力 g 和 g^2 不敏感,所以可以借鉴平台旋转技术,将整个激光陀螺 IMU 安装在转位机构上,绕一个或多个轴进行有规律的旋转,将陀螺和加速度计的误差调制成周期性变化的信号,从而减小对导航精度的影响,提高惯导系统的精度和长时间的导航能力。另外,采用旋转技术后,还可以增加惯导系统误差状态的可观测性,这样,在初始对准的过程中就能够估计出惯性器件的零偏,从而进一步提高惯导系统的初始对准和导航的精度。因此激光陀螺惯导系统更适合采用"旋转调制技术"。但是,旋转调制也会带来新的问题,例如旋转调制会在陀螺输入轴中带来高动态干扰成分,同时不恰当的旋转方案和旋转速率对惯导系统也会带来灾难性的后果。

因此,研究激光陀螺惯导系统旋转调制技术,特别是研究动态环境下旋转调制控制技术、旋转调制策略、旋转调制惯导系统的导航解算以及采用旋转调制技术提高初始对准精度和标校器件误差等具有重要的意义。

1.2　船用激光惯导系统的研究进展

▶ 1.2.1　船用惯导系统的发展

舰船惯导系统不仅要保证舰船航行的安全,而且还要为舰载武器、探测传感器等系统提供精确的姿态、速度和位置信息,是舰载武器系统的重要组成部分,对保障舰船的航行安全和战斗力起到关键作用[26]。所以,惯导系统从最初装备舰船开始,就以其优良的特性为各国海军所青睐,并得到大力支持和发展。

真正意义上的惯导系统最早出现在德国。1942 年,德国科学家将两个双自由度陀螺和一个陀螺积分加速度计应用于 V–2 火箭的惯导系统,该系统利用陀螺提供的姿态信息稳定火箭的姿态和航向,并沿火箭纵轴方向安装陀螺积分加速度计,以提供火箭的加速度[2, 27]。该系统首次完成了导航定位功能,开启了惯导系统的研究和发展,为船用惯导系统的发展奠定了基础。

20 世纪 50 年代,美国采用液浮支承,成功研制了单自由度液浮陀螺,有效降低了支承引起的摩擦力矩,使陀螺精度达到了惯性级要求,为惯导系统的研制奠定了基础[2]。1950 年 5 月,美国采用该液浮陀螺成功研制了第一套纯惯导系统 XN–1,安装在 C–47 飞机上成功进行了试飞。之后,为了适应航海的应用要求,美国对 XN–1 型惯导系统进行了改进,研制成 N6 型船用惯导系统。1958 年安装在核潜艇上进行了水下穿越北极的航行,在此期间潜航 58 小时,航行 1100n mile,总的纬度误差仅为 4.5n mile,导航精度为 3n mile/24h[12]。这充分显示了惯导系统的独特优点,获得了海军的青睐。从此,船用惯导系统进入了快速发展时期。

为了进一步提高惯导系统精度,1960 年,美国对液浮陀螺进行了改进,定型为 G7A,其漂移约为 0.001°/h。采用该陀螺设计制造了 MK2 Mod0 型船用惯导系统,其导航精度约为 1.6n mile/30h[12, 28]。为了满足弹道导弹核潜艇的需要,1962 年又采用铍材对陀螺重新进行了设计,定型为 G7B,其漂移约为

0.0005°/h,并于 1964 年采用该型陀螺研制成功 MK2 Mod3 型惯导系统[29]。同时,为了进一步改善精度,该系统采用了陀螺监控技术,将第 4 个陀螺装在额外增加的平台上,在工作过程中对系统水平陀螺的漂移进行实时测量和修正[28],从而取得更高的系统精度。

随着科学技术的进步,弹道导弹核潜艇携带的导弹射程越来越远,命中精度要求越来越高,相应地对惯导系统的精度要求也越来越高。为了进一步满足核潜艇的任务要求,美国在 MK2 Mod3 型系统的基础上,对 G7B 陀螺进行筛选,选用最优陀螺设计成 MK2 Mod6 型惯导系统,并采用陀螺壳体周期旋转技术,消除陀螺对称误差,使系统导航精度提高到 0.7n mile/30h,重调周期为 2 ~ 3 天[12]。20 世纪 70 年代,"三叉戟"级核潜艇在美军服役,艇上装有射程达 4000n mile 的 C-4"三叉戟"导弹,这就要求惯导系统进一步提高精度和延长重调周期、增强隐蔽性。为此,1974 年,美国开始对 MK2 Mod6 系统进行改进,1978 年研制成 MK2 Mod7 型系统。该系统除对陀螺进行改进外,还采用静电陀螺监控器提高系统精度,其导航精度可达 0.2n mile/(48 ~ 72h),重调周期延长为 14 天,并于 20 世纪 80 年代初装备于"三叉戟"Ⅰ型潜艇[30]。

20 世纪 70 年代,静电陀螺研制成功并开始应用[31]。起初,静电陀螺并没有构成单独的惯导系统,而是由两个静电陀螺和三个加速度计构成静电陀螺监控器与液浮陀螺等其他惯导系统配套使用。80 年代,静电陀螺惯导系统正式部署在精度要求更高的"三叉戟"Ⅱ核潜艇上,自 1990 年起逐渐取代液浮陀螺船用惯导系统。静电陀螺漂移一般小于 0.0001°/h,所以其构成的惯导系统精度非常高[15]。目前,静电陀螺惯导系统再配以静电陀螺监控器代表了当今世界舰船惯导系统最先进的水平[14, 32, 33],主要应用于隐蔽性要求最高的弹道导弹核潜艇上。

静电陀螺惯导系统精度虽然较高,能够满足所有的高难度战略武器性能的要求。但是静电陀螺结构复杂,造价和维护成本过于昂贵。而且静电陀螺使用传统的转子结构,使用寿命较短。所以静电陀螺惯导系统全寿命周期的支持费用越来越高,这就迫使美国海军和武器工业部门开发静电陀螺惯导系统的替代品,在不降低现有精度指标要求的前提下,尽可能降低导航系统的生产和维护成本[14]。

随着激光陀螺精度的提高,美国等北约国家于 20 世纪 80 年代开始将其应用于船用惯导系统中[30],目前已设计制造出 MK39、MK49 和 WSN/AN-7 等多个型号系列的惯导系统。并在水面舰船和潜艇的更新换代中,逐步取代液浮陀螺和静电陀螺等平台式惯导系统[29, 34]。目前,除弹道导弹核潜艇仍采用精度较高的静电陀螺惯导系统外,其他各种舰船和潜艇都可采用激光陀螺惯导系统。

为了替代弹道导弹核潜艇的静电陀螺惯导系统,1994 年,美国启动了光纤陀螺战略核潜艇计划[35]。该计划分为两步,第一步研究出能够满足弹道导弹核潜艇导航要求的光纤陀螺仪;第二步研制出高精度光纤陀螺惯导系统。1998 年已完成第一步计划,光纤陀螺随机游走系数小于 $0.0003°/\sqrt{h}$,目前正进行第二步计划[14]。当时计划于 2010 年研制成第一套系统试用[36],但目前还没有看到相关的应用报道。

由此可见,国外船用惯导系统的发展主要经历了以下几个阶段。

第一阶段:20 世纪 20 年代至 50 年代末期。这一阶段为惯性技术的起步阶段,为船用惯导系统的研制奠定了理论和工程基础。

第二阶段:20 世纪 50 年代末至 90 年代初期。这一阶段为船用惯导系统的快速发展阶段,液浮陀螺和静电陀螺惯导系统得到了大量装备,激光陀螺等新型船用惯导系统也得到迅速发展。

第三阶段:20 世纪 90 年代初期至今。这一阶段为船用激光陀螺惯导系统的深入发展和大量装备阶段。这一时期,激光陀螺惯导系统的精度和可靠性进一步提高,随着液浮陀螺和静电陀螺惯导系统达到服役年限,激光陀螺惯导系统得到大量装备,逐渐占据了船用惯导系统的主导地位,成为各国海军舰船和潜艇装备的主要平台。

国内船用惯导系统发展较晚,与国外先进水平相比还有较大差距。天津航海仪器研究所是国内船用惯导系统最有实力的研究单位之一,该所从 20 世纪 60 年代中期开始研制液浮陀螺船用惯导系统,70 年代初,研制出样机并装船使用,之后,又进行了一系列的改进、提高和改型。经过五十多年的发展,近年来该所采用高精度永磁电机三浮陀螺仪,在系统级采用 H 调制技术进行了高精度船用惯导系统的研究,其系统经过室内、海上等多种试验的考察验证,导航精度优于 1.5n mile/72h,重调周期延长至 3~5 天,实现了重大突破[23]。在静电陀螺技术方面,近年来我国开展了以提高静电陀螺漂移精度为主要目标的技术攻关工作,掌握了核心技术,相应的惯导系统也正在研制之中,并在实验室内取得了不错的精度[37-39]。目前,国内的 90 型激光陀螺的漂移已普遍优于 $0.003°/h$[40,41],达到了世界领先水平,但由于相应的陀螺监控技术研究较晚,所以国内还没有船用激光陀螺惯导系统的应用报道。

▶ 1.2.2 国内外船用激光陀螺惯导系统的研究进展

美国等北约国家的船用激光陀螺惯导系统研究起步于 20 世纪 80 年代,代表着当今世界最高水平。目前,Northrop Grumman 公司的 MK39 系列激光陀螺惯导系统已经在多达 28 个国家的海军服役[42, 43],MK49 系列激光陀螺惯导系统是北约舰船和潜艇的标准设备,AN/WSN-7 系列激光陀螺惯导系统是美国所有的海军潜艇、航空母舰以及其他水面舰艇的新一代导航系统,并于 2001 年完成了航空母舰换装此系统的工作[10, 11, 34]。

Sperry 公司首先将激光陀螺应用到舰船上。1977 年,该公司研制成 MK16 Mod Ⅱ型捷联式激光陀螺稳定装置,为舰载火炮控制系统提供舰船的纵横摇姿态,之后进行了海上试验,并于 1981 年与美国海军签订了批量生产的合同[28]。这是激光陀螺首次在舰艇上的应用,但是它只是为舰载武器提供姿态信息,并没有为舰艇进行长时间导航。

1980 年,Levison E 等[44]探讨了激光陀螺应用于长时间航海导航的潜力,开启了船用激光陀螺惯导系统的研究。为了提高激光陀螺惯导系统长时间导航精度,他们采用了单轴旋转方案来调制激光陀螺的误差。之后,Sperry 公司在 MK16 Mod Ⅱ型稳定装置的基础上,增加了一个方位分度器(用于转动激光陀螺 IMU)并对卡尔曼滤波器作相应修改,研制成水面舰艇捷联式环形激光陀螺导航仪,其性能参数优于海军的规范要求[28],在工程实际中证明了旋转技术的优势。

为了进一步提高系统精度,1987 年,Sperry 公司和 Honeywell 公司联合研制了船用激光陀螺导航系统。该系统采用更为先进的双轴旋转技术,并采用 24 状态卡尔曼滤波技术在初始对准过程中对陀螺仪和加速度计的误差进行自标定[45, 46]。1989 年,该系统经海试后,被选为北约的标准船用惯导系统,定型为 MK49 Mod0,装备了北约的大量潜艇和水面舰船[28],其局部结构如图 1.1 所示[47]。

1991 年,Sperry 公司研制出 MK39 型船用激光陀螺惯导系统。该系统主要分为 MK39 Mod3A 和 MK39 Mod3C 两大型号,分别如图 1.2 和图 1.3 所示[42]。其中,MK39 Mod3A 的导航精度优于 1n mile/8h,MK39 Mod3C 则采用单轴旋转技术来提供更好的导航性能[42],其导航精度优于 1n mile/24h,现已被 32 个国家和地区的海军列为标准装备[9, 28]。2004 年,加拿大海军订购了 5 套 MK39 Mod3C 系统,用来安装在 2 艘 Protecteur 级多用途运输补给船上,每艘船各装 2 套,而剩下的 1 套将安装在加拿大海军训练船中[48]。

20 世纪 90 年代后期,Sperry 公司在 MK39 Mod3C 的基础上发展了 AN/WSN-7B 系统,在 MK49 Mod0 的基础上发展了 AN/WSN-7A 系统[49]。其中,AN/WSN-7B 系统的外形和局部结构分别如图 1.4[49]和图 1.5 所示[13],其定位精度优于 1n mile/24h。AN/WSN-7A 系统如图 1.6 所示,定位精度优于 0.46n mile/72h,重调周期可达 14 天[9],成为美国水面舰艇和各级攻击潜艇的标准设备[11],2006 年已装备了 130 艘水面舰船和 62 艘潜艇[49]。

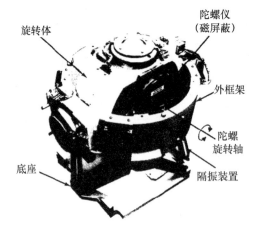

图 1.1　MK49 系统局部结构[47]　　　　图 1.2　MK39 Mod3A 型导航系统[42]

图 1.3　MK39 Mod3C 型导航系统[42]　　　图 1.4　AN/WSN−7B 系统外形图[49]

　　随着速率偏频激光陀螺的成功应用,采用速率偏频激光陀螺研制船用惯导系统也得到大力发展。1988 年,德国 Litef 公司研制出 PL41 MK4 激光陀螺惯导系统,并进行了海上试验[50]。PL41 MK4 分为 Mod1 和 Mod2 两个版本,其中 MK4 Mod1 系统的导航精度为 1n mile/8h。在 Mod1 的基础上,Mod2 采用速率偏频和卡尔曼滤波技术来提高系统精度,并在转入导航模式前进行 16 小时精确标校陀螺零位,其导航精度可提高为 1n mile/24h。德国订购了 6 套该系统,装备在 212 级潜艇上[26]。2010 年 6 月,意大利订购了 2 套 PL41 MK4 Mod2 惯导系统,装备在 U212A"托达罗"级潜艇上[51]。

图 1.5 AN/WSN – 7B 系统局部结构[13]

惯性测量单元
电子单元

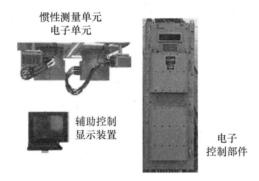

辅助控制
显示装置

电子
控制部件

图 1.6 AN/WSN – 7A 系统[49]

2006 年,日本海洋研究中心在其研制的水下机器人的导航定位中,进行了旋转补偿技术的研究[52-54]。他们采用激光陀螺惯导系统进行了试验,试验证明,当采用双轴连续转动方案时,系统的导航精度可提高到 0.09n mile/h。

由此可见,20 世纪 80 年代是船用激光陀螺惯导系统的理论探讨与海上试验阶段,90 年代以后船用激光陀螺惯导系统得到了大力发展和大量装备,用于替代到达服役年限的平台式系统。目前,为了替代价格昂贵的弹道导弹核潜艇的静电陀螺惯导系统,美国开启了光纤陀螺战略核潜艇导航计划,研制高精度光纤陀螺并采用更为先进和复杂的三轴连续旋转方案来抵消陀螺的比例因子误差、安装轴不稳定以及静态漂移,从而最大程度地提高系统精度,其初始阶段采用如图 1.7 所示的系统结构[13]。表 1.1 列出了几种比较著名的船用激光陀螺惯导系统,表 1.2 列举了目前大量装备的船用激光陀螺惯导系统情况[41]。

表 1.1　几种比较著名的船用激光惯导系统

系统型号	惯性器件	主要性能	国家	应用概况
MK49	3 个 GG - 1342 和 QA2000 加速度计	定位精度优于 1n mile/24h	美国	北约的水面舰艇和潜艇
MK39	3 个 GG - 1342 和 QA2000 加速度计	航向精度 <3.28′secφ(RMS) 纵横摇精度 1.75′(RMS)	美国	供美国及相关国家海军使用
AN/WSN - 7	3 个 GG - 1342 和 QA2000 加速度计	定位精度 1n mile/24h 启动校准时间 4h	美国	美国的水面舰艇和潜艇,美国各级攻击型核潜艇
PL - 41/MK4	3 个腔长 28cm 的激光陀螺	定位精度 1n mile/24h	德国	潜艇和水面舰艇

表 1.2　大量装备的船用激光陀螺惯导系统情况表

惯导类型	MK39 Mod3A	MK39 Mod3B	MK39 Mod3C	AN/WSN - 7B	MK49 AN/WSN - 7A
转位机构	无	无	单轴旋转	单轴旋转	双轴旋转
定位精度	<1n mile/8h	<1n mile/8h	<1n mile/24h	<1n mile/24h	0.46n mile/72h 0.7/7 天 1n mile/14 天
对准时间	4h	4h	16h	16h	4h
隔振措施	无	有	有	有	有
重量	<70kg	不详	<130kg	197kg	不详

图 1.7　三轴旋转 IFOG 系统局部结构[13]

国内船用激光陀螺惯导系统的研究起步较晚,目前,还没有成熟的系统应用于舰船上。但是,随着国内激光陀螺精度的逐步提高,将激光陀螺应用于船用导航领域的研究正成为国内研究的热点。

1999 年,哈尔滨工程大学[55]针对引进的激光陀螺进行了船用激光陀螺惯导系统的理论分析。由于当时的陀螺精度有限,系统精度并没有达到船用要求。2003 年,翁海娜等研究了光纤陀螺惯导系统的初始对准技术[56],采用旋转技术,提高了惯导系统的对准精度。杨勇采用旋转调制技术来提高光纤陀螺惯导系统的精度[57,58],对单轴旋转调制技术的基本原理进行了分析和仿真,仿真结果表明采用旋转调制技术的光纤陀螺惯导系统精度可提高约一个数量级。2006 年,陆煜明[59]、饶谷音和袁保伦[60]分别就二频机抖和四频差动激光陀螺船用惯导系统进行了原理探讨,原理分析和仿真实验表明:国内激光陀螺精度水平能够达到船用要求。2007 年,王其等研究了旋转式光纤捷联航姿系统[61],仿真结果证明采用旋转调制技术时其姿态精度能得到较大提高。2007 年 8 月,时代电子公司、国防科技大学、哈尔滨工程大学将本单位研制的激光和光纤陀螺惯导系统进行了简单改进,在海上进行了搭载实验,实验结果表明:基于目前国内激光陀螺的水平,研究船用激光陀螺惯导系统是可行的。同年,练军想[62]研究了船用激光陀螺惯导系统的对准和误差抑制技术。袁保伦采用四频差动陀螺研制出实验室原理样机,如图 1.8 所示[13],该样机采用双轴旋转技术,在实验室中取得了不错的结果。

图 1.8 船用四频激光陀螺原理样机[13]

2008 年,国内船用激光陀螺惯导系统的研究空前活跃。龙兴武等[63]研究了基于二频机抖激光陀螺的船用单轴旋转惯导系统,原理样机如图 1.9 所示。实验结果表明:在 16h 自对准条件下,系统的导航精度优于 1n mile/72h。黄昆等[64]对旋转式捷联惯导系统的误差特性进行了分析。张宇飞等[65]也分析了旋转补偿技术并提出了一种工程上易于实现的旋转方案。于旭东等[66]对单轴旋转下惯导系统的误差特性进行了理论分析。刘峰等[67]研究了水平初始对准误差对旋转 IMU 导航系统的影响,研究结果表明旋转会激励出初始对准误差,从而影响系统的导航精度。2009 年,翁海娜等研究了旋转式光学陀螺捷联惯导系统的旋转方案[68],对几种旋转方案进行了比较分析,研究结果表明:为了减小比例因子误差的影响,旋转方案必须进行往复旋转。为了减小载体运动对系统的影响,贾宏进[69]采用四频差动激光陀螺研制了船用平台罗经,其原理样机如图 1.10 所示。

图 1.9　船用激光陀螺原型机[63]　　图 1.10　四频激光陀螺平台罗经原理样机[69]

此外,张铃[70, 71]以及黄卫权[72]、聂奇[73]、孙枫[74, 75]等采用光纤陀螺进行了旋转调制样机的研制,在实验室中取得了不错的结果。这也说明旋转调制技术同样适用于光纤陀螺惯导系统。

国内船用激光陀螺惯导系统的研究尚处于起步阶段,主要对船用激光陀螺惯导系统的关键技术——旋转调制技术和误差自标校技术进行了理论研究,研究成果大多集中于仿真和论证[76, 77]。虽然国防科技大学和时代电子公司研制出船用激光陀螺原理样机,取得了不错的效果,但是与国外的研制水平相比还有较大的差距。

1.3　激光惯导系统旋转调制技术的研究进展

船用激光陀螺惯导系统的旋转技术,是将整个激光陀螺 IMU 安装在转位机构上,通过转位机构绕一个轴或多个轴进行旋转,使陀螺和加速度计的误差得到调制,从而将惯性器件的误差平均掉,所以旋转技术又称为旋转平均技术或旋转调制技术[15, 77]。它主要包括以下几个方面的研究内容:旋转调制技术的补偿机理和旋转方案编排、IMU 的转动速率、转动机构误差对系统精度的影响、载体角运动对旋转调制效果的影响、采用旋转调制技术的惯导解算、初始对准和测漂等。下面将对这些研究内容的国内外研究现状逐一进行分析。

▶ 1.3.1 旋转调制技术的补偿机理及旋转方案编排

激光陀螺惯导系统中存在多种误差因素,不恰当的旋转方案不但不会有效抑制系统的误差,而且还有可能引入新的误差。因此,旋转调制技术的机理研究以及旋转方案的编排历来受到重视。

1980 年,Levinson E[44, 78]对激光陀螺惯导系统单轴旋转调制技术的基本原理进行了研究,指出系统绕载体航向轴旋转可以平均水平方向陀螺和加速度计的常值零偏,并提出了一种四位置转位的旋转方案。相对于舰船的纵向轴,该转动方案的四个转位位置分别为 $-135°$、$+45°$、$+135°$、$-45°$。之后,Levinson E 采用该旋转方案,将 MK16 Mod11 型系统的惯性传感器组件安装在一个转位分度器上进行了海上试验[78]。系统运行 16h,其航向角误差为 $0.49'(0.37'\sec L, L$ 为纬度),表明旋转调制技术可以有效提高系统精度。四位置转位方案最大转角为 $270°$,可用软导线替代滑环,这样可进一步提高系统的可靠性,因此成为以后单轴旋转的经典转动方案。

Giovanni C[78]详细分析了单轴旋转调制技术对陀螺漂移、比例因子误差和安装误差的抑制作用,指出单轴旋转方案不但能调制水平方向器件的常值零偏,而且还能调制两个水平陀螺之间的安装误差、垂直陀螺相对于水平陀螺的安装误差以及水平陀螺不对称比例因子误差,但对对称比例因子误差却不能调制。

单轴旋转方案虽然能够调制多项误差,但却不能调制旋转轴上陀螺和加速度计的误差。为了消除这些误差对导航精度的影响,Sperry 公司和 Honeywell 公司联合研究了双轴旋转方案[45, 46]。这种方案可绕滚动轴和方位轴进行 $\pm 180°$ 定序旋转,可将所有惯性器件的主要误差平均掉。

单轴旋转方案和双轴旋转方案都得到了大力发展。采用单轴旋转方案的 MK39 Mod3C[79]以及在此基础上发展的 AN/WSN − 7B[11]系统导航精度可达 0.6n mile/24h,而基于双轴旋转方案的 MK49 和 AN/WSN − 7A 系统的导航精度更高,MK49 的导航精度为 0.46n mile/72h,AN/WSN − 7A 的导航精度据称可达 1n mile/14 天[13, 26]。这些系统都得到了大量应用,装备了除战略核潜艇外的其他所有种类的舰船。

采用单轴旋转和双轴旋转方案的激光陀螺惯导系统虽然得到了大量装备，但其精度仍然达不到战略核潜艇的要求。为了在战略核潜艇上取代价格昂贵的静电陀螺惯导系统，美国采用光纤陀螺开启了三轴旋转方案的研究[14]。采用三轴连续旋转方案，除了可平均惯性器件的常值误差和安装误差外，还可消除比例因子误差和安装轴不稳定性误差，同时可隔离三个轴向载体运动的影响，很大程度上提高系统精度。当时计划于 2010 年研制成第一套系统试用，但现在仍没有看到相关的应用报道。

单轴旋转的另外一个重要用途就是采用往复连续旋转的形式为激光陀螺提供速率偏频[80, 81]，克服陀螺的锁区。将三个基本正交的激光陀螺 IMU 斜置安装在转动机构上，转动机构带动 IMU 快速正向转动两圈，然后以相同的速率反向转动两圈，使激光陀螺绝大部分时间工作在锁区以外。速率偏频的形式不仅能克服激光陀螺的锁区，还能消除抖动偏频引起的陀螺漂移，改善随机抖动引起的随机游走特性[50, 82, 83]。同时，速率偏频还能调制与旋转轴垂直的陀螺和加速度计误差[50]，进一步提高系统精度。

国内直到近年来才开始对激光陀螺惯导系统的旋转技术方案进行研究。1998 年，凌明祥[84]研究了激光陀螺测量轴换向法，即系统级单轴旋转方法，这是国内能够找到的较早的文献。为了减小旋转给垂直陀螺增加额外误差，张铃[70, 85]等对惯性 IMU 的结构配置进行了改进。将两个水平陀螺和三个正交的加速度计安装在旋转平台上，而垂直陀螺安装在不旋转的机构上，相对载体没有旋转运动。这样，转动机构绕载体航向轴旋转就不会额外增加垂直陀螺的误差。这种方案比较新颖，但是否适用于工程实际仍需进行检验。孙枫[86]等对 Levinson E 的四位置转位方案进行研究后指出，该方案在一个旋转周期内不能将水平方向上惯性器件的常值误差完全平均。针对这一问题，他们提出了一种八次序的四位置转位方案，如图 1.11 所示[86]。该方案经过一个旋转周期，水平方向器件的常值误差可以被完全平均。针对这一问题，也可以在两个最大转角位置上的停留时间延长 $2/\omega$ 时间（ω 为 IMU 转动速率），这样也能将水平方向上的惯性器件常值漂移全部平均，同时又不增加转角，转动机构的滑环仍可用软导线替代[13, 87]。针对单轴旋转不能平均旋转轴上器件误差的问题，孙枫[88, 89]等提出一种新的结构方案，将 IMU 的一个水平轴仍与原来的轴重合，垂直轴和另一水平轴相对水平面成一定夹角，使两个方向的器件误差在旋转轴方向上相互抵消，如图 1.12 所示。这一方案利用器件自身的性质，在理论上可以部分消除旋转轴上惯性误差对系统精度的影响。

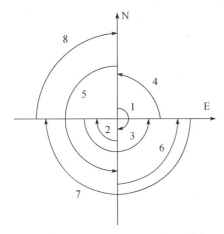

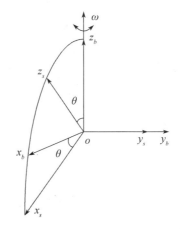

图 1.11 八次序四位置转位方案[86]   图 1.12 新的激光陀螺 IMU 配置方案[88]

对于双轴转位方案,国外公开发表的文献中没有找到具体的转位次序。袁保伦[13]对双轴转位方案的转位次序进行了深入研究,提出了一种八次序的转位方案和对此改进的十六次序的双轴转位方案,并采用实验室静态实验验证了该转位方案的可行性。伊国兴[90]等提出了一种新的转位调制方案,这种方案每两个陀螺为一组,采用两组构成四陀螺双单轴旋转调制系统。这种方案增加了一个陀螺和一个转动机构,成本较高,系统也比较复杂,另外标定和导航解算也比较困难。邱宏波[91]等提出另一种双轴转位调制方案,该方案中,三个基本正交的激光陀螺和加速度计相对内旋转轴斜置安装,内轴以恒定角速度连续旋转,外轴进行周期性的往复旋转运动。这种方案的优点是内轴的连续旋转可以为激光陀螺提供速率偏频,外轴的往复旋转又可消除陀螺因向一个方向旋转而在旋转轴上引入的误差。

旋转调制技术的机理研究以及转位方案的设计是激光陀螺惯导系统旋转调制技术的基础,得到很多学者的关注和研究。不同的旋转方案能够平均的器件误差不同,其复杂程度和成本差别也很大,因此,可根据系统精度要求和惯性器件的精度进行选择和设计。

▶▶ 1.3.2 IMU 的转动速率

IMU 的转动速率和在转位位置上的停留时间是旋转调制技术的关键因素。IMU 不同的转动速率和在每个转位位置上不同的停留时间对系统的导航结果产生不同的影响。合理的转动速率能够有效提高系统精度,否则会带来共振,给系统造成灾难性后果[62]。

Giovanni C 和 Levinson E 采用 MK16 Mod11[78]进行实验时,其转位速率为 10°/s,在每个转位位置上的停留时间约为 11min,但并未给出转动速率和停留时间的选取准则。在 MK39 Mod3C 和 AN/WSN - 7B[11]系统中,IMU 的转位速率为 20°/s,在每个转位位置停留大约 5min。在文献[92]中,其 IMU 的转位速率为 30°/s,在每个转位位置停留 1min 或 3min。在转位速率的选择上,练军想[62]基于惯导系统单通道误差模型,对导航误差和转位速率的解析关系进行了分析,指出旋转技术的转位速率接近于舒勒频率时,导航误差急剧增大。袁保伦[13]研究指出转位速率如果不接近惯导系统的固有频率(如舒勒频率),则速率增加或减小几倍对导航的精度影响较小,即 IMU 转位速率对导航精度影响较小,但 IMU 在转位位置上的停留时间长短对导航精度影响较大,并在转位速率为 18°/s 的情况下,采用十六次序双轴旋转方案,分别对停留时间为 100s、200s、300s 三种情况进行了实验,得到停留时间在 100~200s 之间比较合适的结论[13]。

转位速率和停留时间的选取与很多因素有关。转位速率太快或太慢,停留时间太长或太短都可能影响导航精度。转位速率太慢,停留时间太长会影响旋转的调制效果,进而影响系统精度;而旋转太快,停留时间太短,又会在旋转轴上带来较大误差,增加陀螺的高频误差,同时也会增大加速度计的尺寸效应,并且影响转动机构的寿命。如果转位速率过快,还有可能超出陀螺的测量频带,使导航解算失败。所以,转位速率和停留时间的选取准则要结合陀螺的频带、零偏、比例因子误差以及加速度计的尺寸效应等多种因素,同时要避免接近惯导系统的各个固有频率,必要时要对所研制的系统进行多种转位速率和停留时间的实验,从而选择一组较优的转位速率和停留时间。

▶ 1.3.3 转动机构误差对惯导系统精度的影响

在旋转式激光陀螺惯导系统中,由于增加了转动机构,其误差不可避免地会对系统精度产生影响。

转动机构的误差主要包括测角误差、转速稳定性误差和转轴的倾斜误差,而在动态环境中,旋转轴也会产生晃动。MK39 Mod3C[93]系统要求转动机构的测角误差小于 15″,并且要控制转轴的晃动,但是在相关文献中并没有给出理论说明。AN/WSN - 7B[11]系统对转轴的晃动进行了标定,从而可修正姿态误差。张红良在研究惯导系统标定时研究了转台误差对标定精度的影响[94,95],并对转台误差进行了建模。但是由于标定时转台要为系统提供输入基准,所以其误差会对标定精度产生影响。而旋转调制技术只是采用转动机构转动 IMU,并不为系统提供基准,其误差对系统姿态的影响比较直观,但如何影响系统速度和定位精度目前还没有学者进行研究。

基于目前单轴转台的设计和制造技术,在转动机构的设计中必须考虑动态环境因素,要能够保证动态环境中转动机构的测角精度、转轴的稳定性和转速的稳定性。如果转动机构转过的角度测量不准,将会直接影响载体的姿态精度,同时,如果转轴在空间的稳定性较差,则会使 IMU 在动态环境中产生不可补偿的锥摆运动,进而影响系统精度。

1.3.4 载体角运动对旋转调制技术的影响

旋转调制技术的实质是使 IMU 相对导航系进行有规律的转动。其实现方法是将 IMU 安装在转动机构上,转动机构与载体固连,并绕载体的方位轴旋转(单轴旋转方案),或者绕方位轴和滚动轴转动(双轴旋转方案)。可见,如果载体存在角运动,则 IMU 相对导航系的转动就会耦合载体的角运动,从而降低旋转调制的效果。一种极端的情况就是载体相对导航系的角转动与 IMU 相对载体的转动大小相等方向相反,这样 IMU 相对导航系完全没有转动,因此旋转没有任何效果。

Ishibashi S[52, 54]等通过实验研究发现载体绕横摇轴和纵摇轴的角运动降低了旋转的效果,载体角运动的幅度越大,频率越快,旋转调制的效果越差。并且,载体角运动的频率对旋转效果的影响更显著。在载体运动过程中,若载体航向角不断发生变化,也会降低水平方向惯性元件常值漂移的旋转平均效果。特别是在载体转弯或者进行机动时,载体的航向角运动幅度和频率都较大,对旋转平均的效果影响更突出。常国宾[96]理论分析了载体运动对连续旋转式惯导系统误差的影响,指出载体运动虽然对旋转调制的效果有所影响,但影响较小。Levinson E[45]研究了载体航向角运动对旋转平均效果的影响,提出了一种利用计算的 IMU 姿态数据驱动转动机构进行转动的抑制方法,即在转位停止的过程中,使 IMU 相对导航系保持固定方位。袁保伦[13]提出了另外一种隔离载体航向运动影响的方法,利用转轴在惯性空间内转过的角度值控制 IMU 相对载体的转动角度,使载体在导航系中始终按照设定的规律转动。这些方法都能有效隔离载体航向运动对旋转平均效果的影响,但在运动过程中,载体航向角不停地变化,为了控制 IMU 相对导航系保持固定方位或者按照一定的角度旋转,转动机构就需要频繁地转动和制动。为了解决这一问题,可以增加两个阈值[97],只有当载体航向角变化量超过其中一阈值或者目标角与航向角变化量的差值小于另一阈值时,才会对航向运动的影响进行隔离,其他时候 IMU 仍按照设定的规律运动。

对于 IMU 连续往复转动的激光陀螺惯导系统,由于工程实际中载体不可能一直连续旋转,可以不考虑载体航向角运动影响的隔离问题,也可以只在载体航向运动较剧烈时进行隔离,其他时候不予考虑。总的来说,载体运动对旋转效果有一定的影响,但相对其他因素来说,影响较小,特别是对于水面舰船这种机动性不大,水平姿态一直在零值附近的情况,旋转调制技术具有很大的优势。

 ## 1.3.5　采用旋转调制技术的惯导解算

惯性导航的解算是惯导系统的核心问题。对于采用旋转调制技术的激光陀螺惯导系统,由于其转动机构并不用来跟踪导航坐标系,只是用来转动 IMU 相对导航坐标系改变方向,抵消器件误差的影响,因此其本质上为捷联惯导系统,所以算法仍采用捷联算法。

但是,由于增加了旋转平台,其算法毕竟不同于经典的捷联算法,它有两种不同的解算方式:一种是将陀螺和加速度计的输出值利用转动机构转过的角度变换到载体坐标系中,然后采用经典的捷联算法进行导航解算,直接得到载体的速度、位置和姿态,可以称之为直接导航解算方案[57, 58];另一种是利用陀螺和加速度计的输出值采用经典的捷联算法计算 IMU 的速度、位置和姿态,IMU 相对载体没有线运动,所以载体的速度和位置与 IMU 的相同,然后利用转动机构转过的角度计算载体的姿态,可以称之为间接导航解算方案[77, 98]。

直接导航解算方案对转动机构轴系精度要求较高,转轴的摇摆和测角误差将直接影响惯性器件的转换精度,最终引起不可补偿的误差,并且当转动机构测角系统不能工作时,这种导航解算方案失效。而间接导航解算方案对转动机构的轴系精度要求相对可以放宽,转动机构的测角误差对速度和位置精度没有影响,只影响载体姿态精度,并且如果系统不输出载体的姿态,则测角系统可以省去。基于间接导航解算方案的这些优势,所以 MK39 Mod3C、MK49、AN/WSN – 7[9, 11]以及国内的一些实验系统等大都采用这种解算方案。

如果对 IMU 与转动机构的安装关系进行精确的标定,并且转动机构的转角具有足够的分辨率,也可采用直接导航解算方案。国内的一些旋转式寻北仪就采用这种方案[99 – 104],取得了不错的效果。

导航解算方案关系到惯导系统的成本、可靠性以及成败,是惯导系统的核心,相比于直接导航解算方案,间接导航解算方案在成本、可靠性等方面具有很大优势,是旋转式激光陀螺惯导系统的首选解算方案。

▶▶ 1.3.6　初始对准与测漂技术

采用旋转调制技术的惯导系统一般应用于长时间高精度的自主导航场合，并且旋转调制技术不能抑制初始对准误差[67]，所以对系统的对准精度要求很高，而对初始对准的时间可以适当放宽。此外，系统带有转动机构，可以在对准过程中改变 IMU 的姿态，提高系统误差状态的可观测性，进而提高对准精度[79, 105]。在对准过程中另一个重要任务就是估计惯性器件的误差，特别是对于单轴旋转调制技术，由于旋转轴上的器件误差不能被平均，所以估计旋转轴上的器件误差就显得更为重要。

传统的捷联惯导系统，由于没有转位机构，系统一般在一个位置进行对准，对准精度受惯性器件误差的影响较大。而采用旋转调制技术的惯导系统，可以在对准过程中进行转位，采用多位置对准提高系统的可观测性，估计出惯性器件的误差，进一步提高对准精度。对于初始对准，系统状态的可观测性分析是研究的热点和难点。在码头系泊时，多位置对准的惯导系统模型可看作线性时变系统。对于线性时变系统的可观测性分析，Goshen – Meskin 和 Bar – Itzhack[106, 107] 提出了将线性时变系统分解为分段线性定常系统的可观测性分析方法，使线性时变系统的可观性分析问题的研究前进了一大步。在分段线性定常系统可观性分析的理论基础上，Jang[79] 研究了捷联惯导系统的多位置对准问题，Chung[108] 对捷联惯导系多位置对准的误差模型进行了研究。这些研究结果指出，改变载体的航向，即绕载体航向轴转动，系统的三个姿态失准角、两个水平方向的速度误差、三个等效陀螺误差，两个水平方向的等效加速度计误差都是可观的，即系统是完全可观的。但武元新[109-111]、张红良[94] 等采用系统全局可观性理论研究后发现，绕载体航向轴转动时，系统并不完全可观，指出基于分段线性定常理论得出的结论不足之处在于：将相距较远的多个解的不可观状态认为可观，将可观度较弱的状态视为不可观，因此，采用分段线性定常理论得出的结论在全局意义下不够严格。系统状态的可观性分析是初始对准中研究的难点，不同的初始对准系统模型和转动方法会得出不同的结论。所以，在研究可观性分析新理论时，应重点研究初始对准的误差模型和在对准过程中 IMU 的优化转动方案等问题。

相对于多位置对准，近年来发展起来的连续旋转对准方法精度更高。这是因为经过连续旋转，惯性器件的误差得到了有效调制，从而对初始对准的精度影响更小。杨勇[57]、钱伟行[112]、赵文芳[113]、郝燕玲[114] 等对连续旋转对准进行了研究，证明了连续旋转对准方法的优势。但是在连续旋转方式下，由于陀螺比例因子误差等因素的影响会在旋转轴方向上引入新的误差,所以该方法是否适用于旋转式激光陀螺惯导系统的初始对准仍需进一步检验。

激光陀螺和加速度计每次启动,其常值零偏都是不同的,如果能在初始对准过程中对逐次启动误差进行标定,则会提高初始对准和导航的精度。Levinson E 和 Giovanni C[44] 指出在码头系泊初始对准过程中,采用单轴旋转方案可将三个陀螺和三个加速度计的常值零偏估计出来。但惯性器件白噪声影响常值误差的估计精度,估计后的残差可由下式估计:

$$\varepsilon = \sqrt{2}A_N / \sqrt{T_C} \tag{1.1}$$

式中:A_N 为陀螺白噪声漂移,单位为 $(°)/\sqrt{h}$;T_C 为对准标校时间;单位为 h。

残差与对准标校时间的平方根成反比,为了减小陀螺白噪声对系统精度的影响,需要较长的对准标校时间。Levinson E 和 Giovanni C 采用的初始对准时间为 48h,其中 12h 用于预热,36h 进行标校和对准。而其后的单轴旋转惯导系统,其初始对准与标校时间缩短为 16h,而双轴旋转系统由于惯性器件的常值误差都可以平均,并且 IMU 可绕两个轴旋转,器件误差的可观测性和可观测度更好,所以其对准标校时间一般为 4h[63]。

在惯性器件测漂方法上,除卡尔曼滤波方法外,Don N Pittman[115] 提出了一种基于导航解算的惯性器件误差现场标校方法,即采用一段时间内的速度误差和位置误差,并根据惯导系统误差模型对器件误差进行估计。但这种方法涉及几个问题:①导航时间的选取,导航时间选取的过短,陀螺和加速度计误差不能被充分激励;导航时间过长,随机误差又会造成较大的影响。对于这一问题,Don N Pittman 进行了仿真分析,指出选取 25min 的导航时间比较合理。②标校过程问题,Don N Pittman 采用了双轴转动,这样可将系统姿态失准角和器件误差进行有效分离,但是在单轴旋转中,水平失准角与方位陀螺误差不能有效分离,从而影响了方位陀螺的测漂精度。程建华[116] 等将基于惯导系统模型的方法用于平台惯导系统的陀螺测漂,取得了良好效果。吴赛成[117] 提出了一种在屏蔽位置解算环路条件下,通过姿态解算进行天向陀螺零偏估计的方法,并进行了 16h 的对准与测漂。在这 16h 中,前 4h 进行姿态角精对准、水平方向惯性元器件测漂,后 12h 对天向陀螺零偏进行更精确的估计。于旭东[118] 利用 RBF 神经网络对天向陀螺误差进行了辨识,对神经网络进行充分训练后,系统无论是在冷启动还是在热启动条件下都能对天向陀螺误差进行充分的辨识,取得了良好的效果。

采用旋转调制技术的惯导系统初始对准和测漂所需时间较长,特别是单轴旋转惯导系统,由于天向陀螺零偏的可观测度较弱,需要 16h 的时间进行测漂。

针对这一问题,文献[119]提出了一种基于预滤波的初始对准测漂方法,首先通过最小二乘方法进行预滤波,然后再进行对准和测漂。仿真研究表明,这种方法可在 1 小时左右的时间测出天向陀螺的漂移。

初始对准和测漂技术是惯导系统的关键技术,特别是对于采用单轴旋转技术的惯导系统,由于天向陀螺和加速度计的误差不能被调制,要想取得 1n mile/24 小时或者更高精度,则需在初始对准过程中对天向陀螺和加速度计的误差进行比较精确的估计。从现有资料看,多位置初始对准技术、初始对准过程中 IMU 最优转动次序、卡尔曼滤波的最优修正时间间隔以及提高测漂精度和缩短对准测漂时间仍是下一步需要重点研究的问题。

1.4　本书主要内容

基于 1.2 节、1.3 节的分析可知,旋转调制及其相关技术是船用激光陀螺惯导系统的关键技术,国外船用激光和光纤陀螺惯导系统无一例外都采用了该技术。鉴于高精度惯导系统及其技术的军事敏感性,发达国家一直对我国进行严密封锁。随着我国海洋战略利益的拓展,保障舰船长时间高精度远洋航行安全的惯导技术得到了越来越多的关注。然而,国内相关的技术研究刚刚起步,很多问题需要深入研究,基于此,本书以船用激光陀螺惯导系统为研究背景,主要研究与之相适应的旋转调制技术和惯性器件在线测漂方法。具体包括激光陀螺惯导系统的旋转调制机理,旋转调制技术下惯导系统的误差特性分析,惯导系统的最优转动方案和转动速率,转动机构误差和载体角运动对旋转调制效果的影响,旋转调制技术下惯导系统的导航解算方案,旋转调制技术下惯性器件的在线测漂方法等内容,以期能够对我国船用激光惯导系统的研制做少许贡献。

全书主要内容共分 7 章,各章内容安排如下:

第 1 章　绪论。这一章首先简单概述了激光陀螺惯导系统的优势及其应用于舰船导航时涉及的系统级误差补偿技术,然后综述了船用激光陀螺惯导系统的进展和旋转调制相关技术的国内外研究现状,最后介绍了本书的主要内容及其安排,使读者能够有针对性地阅读感兴趣的章节。

第 2 章　旋转调制技术对捷联惯导系统误差抑制机理研究。本章主要对旋转调制技术的基本原理和旋转调制技术对系统误差抑制的机理进行研究。基于激光陀螺惯性测量单元的误差模型,分析了旋转调制技术的基本原理。结合惯导系统的主要误差源,分析了旋转调制技术对惯性器件的常值误差、慢变漂移、比例因子误差、安装误差和初始对准误差的抑制效果,指出旋转调制技术的本质就是改变惯性器件敏感轴方向,使依附于惯性器件敏感轴上的误差方向在导航系中改变,使不同方向上的等效器件引起的系统导航误差相互平均抵消,从而提高导航精度。

根据旋转调制技术对系统误差的抑制机理,设计了 IMU 的转位方案。针对传统的 ±180°定序双轴旋转调制方案不能有效消除旋转式惯导系统的二次谐波误差,为了有效调制系统的二次谐波误差,提出了一种改进的二十次序的双轴旋转调制方案,该方案在绕系统航向轴旋转时,旋转90°和旋转180°交替进行,从而消除了系统的二次谐波误差。

第3章　转动机构误差和载体角运动对单轴旋转调制效果的影响分析。这一章研究了转动机构误差和载体角运动对旋转调制效果的影响。基于单轴转动机构的主要误差,建立了转动机构误差与旋转式惯导系统的误差传播方程,分析了转动机构测角误差和转速稳定性误差对旋转调制效果的影响,并利用仿真实验进行了验证,理论分析和仿真表明转动机构测角误差小于 1″时,对系统的速度和位置误差几乎没有影响,进一步为转动机构的选型和设计提供了理论指导。

根据定点转动理论,分析了载体角运动对旋转调制效果的影响,研究了单轴旋转系统中载体航向运动的隔离方法,并根据工程应用要求,提出了一种基于载体姿态解算的载体航向运动隔离方法。在这种方法中设置两个阈值,这样既可有效隔离载体航向运动造成的影响,又使转动机构不会频繁地启动和制动,提高了系统的可靠性和寿命。

第4章　单轴旋转式惯导系统导航解算方案与误差模型研究。本章研究了旋转调制技术下激光陀螺惯导系统的导航解算方案。根据旋转调制技术下惯导系统的特点,研究了直接导航解算和间接导航解算两种导航解算方案,理论推导了这两种解算方案的误差传播特性。误差传播方程表明,间接导航解算方案中速度误差和位置误差不受转动机构误差的影响,降低了转动机构的精度要求。采用间接导航解算方案,即使转动机构的测角系统出现故障,惯导系统仍可以计算载体的速度和位置,提高了系统的可靠性。

第5章　单轴旋转式惯导系统在线标较方法研究。这一章对单轴旋转式激光陀螺惯导系统的在线测漂方法进行了研究。首先采用实验方法研究了陀螺和加速度计零偏等标定参数的变化对系统导航精度的影响。然后分析了惯导系统在一般情形和单轴多位置转动情形下的可观性,分析指出惯导系统绕载体航向轴进行多位置转动时,系统的位置误差、速度误差、姿态角误差、三个陀螺的常值误差和三个加速度计的常值零偏都可观。基于可观性分析,研究了基于惯导解算和基于卡尔曼滤波的两种在线测漂方法。针对船用惯导系统惯性器件逐次启动误差大、载体系泊过程中定点摇摆等特点,采用 15 状态卡尔曼滤波对系统进行初始对准和在线测漂,并利用仿真和实验进行了验证。仿真和实验表明,卡尔曼滤波具有较好的环境适应性和鲁棒性,能够满足单轴旋转式船用惯导系统初始对准和在线测漂的精度要求。

第 6 章 单轴旋转式激光陀螺惯导系统实验研究与结果分析。本章主要对采用单轴旋转调制技术的船用激光陀螺惯导系统进行了实验研究。对所研制的单轴旋转式激光陀螺惯导系统进行了实验室静态实验、摇摆台摇摆实验、车载实验和船载实验等多种实验环境下的实验,对不同环境下的实验结果进行了分析,结果表明,所研究的单轴旋转式激光惯导系统位置精度优于 1n mile/24h,这充分验证了前述章节理论分析的正确性。

第 7 章 结论与展望。本章对相关的研究进行了总结,并对旋转调制技术的进一步应用进行了展望,提出了下一步的研究思路。

第 2 章　旋转调制技术对捷联惯导系统误差抑制机理研究

旋转调制技术是一种系统级误差自补偿技术,它在不提高惯性器件本身精度的基础上提高系统精度,缩短了高精度惯导系统的研制周期。本章主要研究旋转调制技术对捷联惯导系统误差抑制的机理,首先基于激光陀螺 IMU 的测量误差模型,阐述了旋转调制技术的基本原理;然后采用求解惯导系统解析解的方法对比分析旋转调制技术对惯性器件常值零偏、激光陀螺慢变漂移、惯性器件比例因子误差、安装误差和系统初始对准误差的抑制情况;之后研究了旋转调制技术的旋转方案,给出了旋转方案的设计准则。

2.1　旋转调制技术的基本原理

在分析旋转调制技术的基本原理之前,首先定义如下的坐标系。

惯性传感器坐标系(s 系):原点为三个陀螺敏感轴相交的点,坐标轴为三个陀螺敏感轴约束的正交轴,表示为 ox_s,oy_s,oz_s。

载体坐标系(b 系):坐标轴沿载体的横摇轴、航向轴和纵摇轴,表示为 ox_b,oy_b,oz_b。

导航坐标系(n 系):当地地理坐标系,原点位于载体所处的位置,坐标轴沿北向、天向和东向。

2.1.1　IMU 的测量误差

在工程实际中,由于应用环境的变化,以及惯性器件存在逐次启动误差,内场环境中精确标定的 IMU 也会存在误差。IMU 的测量误差主要取决于陀螺和加速度计的误差模型。通常,激光陀螺 IMU 的误差主要包括陀螺和加速度计的常值零偏、比例因子误差、安装误差和白噪声等[120, 121]。在理想角速度 ω_{is}^s 和比力 f^s 的激励下,IMU 中陀螺和加速度计的测量输出可表示为:

$$\begin{cases} \widetilde{\omega}_{is}^s = (I + \delta K_g)(I + \delta C_g)\omega_{is}^s + \varepsilon + \varepsilon_n \\ \widetilde{f}^s = (I + \delta K_a)(I + \delta C_a)f^s + \nabla + \nabla_n \end{cases} \tag{2.1}$$

式中：$\widetilde{\omega}_{is}^s$、$\widetilde{f}^s$ 分别为激光陀螺和加速度计的输出值；δK_g、δK_a 分别为激光陀螺和加速度计比例因子误差矩阵；δC_g、δC_a 分别为激光陀螺和加速度计的安装关系误差矩阵；ω_{is}^s、f^s 分别为激光陀螺和加速度计的真实输入值；ε、∇ 分别为激光陀螺和加速度计的随机常值误差；ε_n、∇_n 分别为激光陀螺和加速度计的白噪声误差。

将式(2.1)展开，略去二阶小量，可得陀螺和加速度计的测量误差为：

$$\begin{cases} \delta\omega_{is}^s = (\delta K_g + \delta C_g)\omega_{is}^s + \varepsilon + \varepsilon_n \\ \delta f^s = (\delta K_a + \delta C_a)f^s + \nabla + \nabla_n \end{cases} \tag{2.2}$$

▶ 2.1.2 旋转调制技术的基本原理

为了方便分析旋转调制技术的基本原理，不妨假设初始时刻 s 系、b 系和 n 系重合，如图 2.1 所示。则在导航系中等效陀螺漂移为：

$$\begin{cases} \varepsilon_N = \varepsilon_x \\ \varepsilon_U = \varepsilon_y \\ \varepsilon_E = \varepsilon_z \end{cases} \tag{2.3}$$

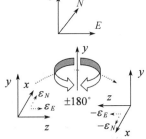

式中：ε_N、ε_U、ε_E 分别为导航系中等效北向、等效天向和等效东向陀螺误差；ε_x、ε_y、ε_z 分别为 x 陀螺、y 陀螺和 z 陀螺的随机常值误差。

为了分析方便，忽略 IMU 与转动机构之间的安装误差，假设 IMU 以角速度 ω_c 绕载体的航向轴相对

图 2.1　旋转调制技术
基本原理示意图

载体旋转。旋转过程中，载体静止，经过时间 t，b 系相对 s 系的方向余弦阵为：

$$C_b^s = \begin{bmatrix} \cos\omega_c t & 0 & -\sin\omega_c t \\ 0 & 1 & 0 \\ \sin\omega_c t & 0 & \cos\omega_c t \end{bmatrix} = \begin{bmatrix} \cos\theta & 0 & -\sin\theta \\ 0 & 1 & 0 \\ \sin\theta & 0 & \cos\theta \end{bmatrix} \tag{2.4}$$

式中：$\theta = \omega_c t$ 为 IMU 相对载体转过的角度。

载体系相对惯性系的真实角速度和比力分别为 ω_{ib}^b 和 f^b，又 IMU 相对载体没有线运动，所以 IMU 相对载体没有加速度，则陀螺和加速度计的真实输入为：

$$\begin{cases} \omega_{is}^s = C_b^s\omega_{ib}^b + \omega_{bs}^s \\ f^s = C_b^s f^b \end{cases} \tag{2.5}$$

式中：$\boldsymbol{\omega}_{bs}^s = \begin{bmatrix} 0 & \omega_c & 0 \end{bmatrix}^T$。

将式(2.4)和式(2.5)代入式(2.2)，并将陀螺和加速度计的测量误差投影到导航系中，可得：

$$\begin{cases} \delta\boldsymbol{\omega}_{is}^n = \boldsymbol{C}_s^n \left[(\delta K_g + \delta C_g)(\boldsymbol{C}_b^s \boldsymbol{\omega}_{ib}^b + \boldsymbol{\omega}_{bs}^s) + \boldsymbol{\varepsilon} + \boldsymbol{\varepsilon}_n \right] \\ \delta\boldsymbol{f}^n = \boldsymbol{C}_s^n \left[(\delta K_a + \delta C_a)\boldsymbol{C}_b^s \boldsymbol{f}^b + \nabla + \nabla_n \right] \end{cases} \quad (2.6)$$

式中：$\boldsymbol{C}_s^n = \boldsymbol{C}_b^n \boldsymbol{C}_s^b$；$\boldsymbol{C}_s^b = (\boldsymbol{C}_b^s)^T$。

由假设可知，b 系和 n 系重合，则 $\boldsymbol{C}_b^n = \boldsymbol{I}$。如果不考虑陀螺和加速度计的比例因子误差及安装误差，则式(2.6)可化简为：

$$\begin{cases} \delta\boldsymbol{\omega}_{is}^n = \boldsymbol{C}_s^b (\boldsymbol{\varepsilon} + \boldsymbol{\varepsilon}_n) \\ \delta\boldsymbol{f}^n = \boldsymbol{C}_s^b (\nabla + \nabla_n) \end{cases} \quad (2.7)$$

不考虑噪声的影响，将式(2.4)代入式(2.7)，展开可得：

$$\begin{cases} \delta\boldsymbol{\omega}_{is}^n = \begin{bmatrix} \varepsilon_x\cos\theta + \varepsilon_z\sin\theta \\ \varepsilon_y \\ -\varepsilon_x\sin\theta + \varepsilon_z\cos\theta \end{bmatrix} \\ \delta\boldsymbol{f}^n = \begin{bmatrix} \nabla_x\cos\theta + \nabla_z\sin\theta \\ \nabla_y \\ -\nabla_x\sin\theta + \nabla_z\cos\theta \end{bmatrix} \end{cases} \quad (2.8)$$

可见，经单轴旋转调制，与旋转轴垂直的器件误差被调制成正余弦变化的信号，从而在导航解算中可以被平均掉，而与旋转轴方向重合的器件误差没有变化，不能被调制。

当 IMU 相对载体转过180°后，在导航系中等效陀螺漂移为：

$$\begin{cases} \varepsilon_N = -\varepsilon_x \\ \varepsilon_U = \varepsilon_y \\ \varepsilon_E = -\varepsilon_z \end{cases} \quad (2.9)$$

此时，z 陀螺由初始时刻的指东改变为指西，x 陀螺由初始时刻指北改变为指南。由式(2.3)和式(2.9)可知，等效北向和东向陀螺误差的符号由正变为负。因此，由 x,z 陀螺引起的导航误差在一个旋转周期内相互抵消。在旋转过程中，y 陀螺敏感轴始终没有变化，因此由 y 陀螺误差引起的导航误差不能被抵消。

在上面的分析中，旋转运动本身没有增加惯性器件的误差。如果旋转运动对惯性器件带来比较大的误差，则系统不能采用旋转技术。另外，为了调制三个陀螺和三个加速度计的误差,可以采用双轴旋转调制技术,也就是 IMU 不仅绕航向轴转动,而且还绕横摇轴或者纵摇轴转动。在双轴旋转调制技术中,陀螺和加速度计势必发生翻转运动,翻转运动也不能增加器件误差,否则也会影响导航精度。例如液浮陀螺,由于自身精度受重力影响较大,当进行翻转时,陀螺会产生较大的漂移,所以就不适合采用双轴旋转调制技术。

由以上的分析可知,旋转调制技术的本质就是改变陀螺敏感轴方向,使依附于陀螺敏感轴上的误差在导航系中改变方向,使不同方向上的等效器件误差引起的导航误差相互平均抵消,从而提高导航精度。旋转调制技术必须具有以下三个基本条件才能提高系统精度:①旋转或者翻转不能增加惯性器件误差;②惯性器件的敏感轴方向在导航系中有规律地变化;③影响系统精度的误差能够随惯性器件敏感轴一起变化。

激光陀螺的工作原理基于量子力学,对重力 g 和 g^2 不敏感,旋转和翻转不会对激光陀螺增加额外误差,所以很适合采用旋转调制技术。

2.2　旋转调制技术对系统误差抑制的机理

▶ 2.2.1　惯导系统的主要误差源

惯导系统的误差源有很多,其中主要有惯性器件误差、初始对准误差、计算误差和各种干扰引起的误差等[5, 122]。不同类型的惯性器件包括不同的误差,对于激光陀螺和石英挠性加速度计,主要包括随机常值零偏、慢变漂移、快变误差和比例因子误差[6, 8]。除此之外,由于机械加工和安装等原因,惯性器件之间还存在安装误差。下面将详细分析单轴旋转调制技术对这些误差的调制情况。

▶ 2.2.2　旋转技术对惯性器件常值零偏的抑制

陀螺和加速度计每次启动后的平均漂移称为常值零偏,它是一个随机常值,每次启动都不相同。由 2.1 节的分析可知,经单轴连续旋转调制,与旋转轴垂直的器件误差在导航系中被调制成正余弦变化信号,经导航算法的积分运算后,周期性变化的误差可以平均掉,从而提高导航精度。也就是旋转技术对惯性器件常值零偏能够起到较好的抑制作用。假设 $\varepsilon_{xg} = 0.01°/h$,$\varepsilon_{zg} = 0.02°/h$,则 IMU 旋转和不旋转两种情况下导航系中水平等效陀螺误差如图 2.2 所示。

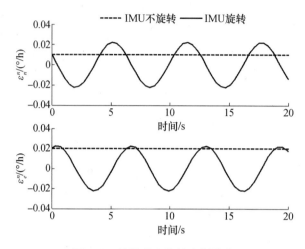

图 2.2　导航系中等效陀螺误差

由图 2.2 可知,经单轴旋转调制后,导航系中水平等效陀螺误差发生周期性变化,并且在大部分时间内,等效误差都小于单个陀螺的最大误差,经导航算法的积分运算后,周期性变化的误差就可以平均掉。

经旋转调制后,导航系中等效陀螺误差虽然发生周期性变化,但对姿态、速度和位置产生怎样的影响并不直观。为了更加清楚地看出采用旋转调制技术后惯性器件常值误差对姿态、速度和位置的影响,可根据误差方程对这些参数求解析解。文献[6]求解了静基座情况下姿态、速度和位置的解析式。为了更好地比较旋转和不旋转两种情况下姿态、速度和位置误差,本章采用与文献[6]相同的坐标系,求解旋转情况下姿态、速度和位置误差的解析解。

假设 IMU 绕航向轴以角速率 ω_c 转动。同样,不考虑垂直通道。经度误差在系统回路之外,可以单独计算。这样,只考虑惯性器件常值误差时,绕航向轴转动的系统误差方程为:

$$
\begin{bmatrix} \delta\dot{v}_e \\ \delta\dot{v}_n \\ \delta\dot{L} \\ \dot{\phi}_e \\ \dot{\phi}_n \\ \dot{\phi}_u \end{bmatrix} =
\begin{bmatrix}
0 & 2\omega_{ie}\sin L & 0 & 0 & -g & 0 \\
-2\omega_{ie}\sin L & 0 & 0 & g & 0 & 0 \\
0 & 1/R & 0 & 0 & 0 & 0 \\
0 & -1/R & 0 & 0 & \omega_{ie}\sin L & -\omega_{ie}\cos L \\
1/R & 0 & -\omega_{ie}\sin L & -\omega_{ie}\sin L & 0 & 0 \\
\tan L/R & 0 & \omega_{ie}\cos L & \omega_{ie}\cos L & 0 & 0
\end{bmatrix}
\begin{bmatrix} \delta v_e \\ \delta v_n \\ \delta L \\ \phi_e \\ \phi_n \\ \phi_u \end{bmatrix} +
$$

$$\begin{bmatrix} \nabla_x \cos(\omega_c t) - \nabla_y \sin(\omega_c t) \\ \nabla_x \sin(\omega_c t) + \nabla_y \cos(\omega_c t) \\ 0 \\ \varepsilon_x \cos(\omega_c t) - \varepsilon_y \sin(\omega_c t) \\ \varepsilon_x \sin(\omega_c t) + \varepsilon_y \cos(\omega_c t) \\ \varepsilon_z \end{bmatrix} \qquad (2.10)$$

$$\delta \dot{\lambda} = \frac{\delta v_e \sec L}{R} \qquad (2.11)$$

式中:δv_e、δv_n 分别为东向速度误差和北向速度误差;ϕ_e、ϕ_n、ϕ_u 为三个方向上的姿态误差;δL、L 分别为纬度误差和当地真实纬度;ω_{ie} 为地球自转角速度;∇_x、∇_y 为水平加速度计零偏;ε_x、ε_y、ε_z 为陀螺的常值漂移;$\delta\lambda$ 为经度误差。

令 $\boldsymbol{X} = \begin{bmatrix} \delta v_e & \delta v_n & \delta L & \phi_e & \phi_n & \phi_u \end{bmatrix}^T$,则式(2.10)可写成:

$$\dot{\boldsymbol{X}} = \boldsymbol{A} \boldsymbol{X} + \boldsymbol{W}(t) \qquad (2.12)$$

式中,

$$\boldsymbol{A} = \begin{bmatrix} 0 & 2\omega_{ie}\sin L & 0 & 0 & -g & 0 \\ -2\omega_{ie}\sin L & 0 & 0 & g & 0 & 0 \\ 0 & 1/R & 0 & 0 & 0 & 0 \\ 0 & -1/R & 0 & 0 & \omega_{ie}\sin L & -\omega_{ie}cos L \\ 1/R & 0 & -\omega_{ie}\sin L & -\omega_{ie}\sin L & 0 & 0 \\ \tan L/R & 0 & \omega_{ie}cos L & \omega_{ie}cos L & 0 & 0 \end{bmatrix}$$

$$\boldsymbol{W}(t) = \begin{bmatrix} \nabla_x \cos(\omega_c t) - \nabla_y \sin(\omega_c t) \\ \nabla_x \sin(\omega_c t) + \nabla_y \cos(\omega_c t) \\ 0 \\ \varepsilon_x \cos(\omega_c t) - \varepsilon_y \sin(\omega_c t) \\ \varepsilon_x \sin(\omega_c t) + \varepsilon_y \cos(\omega_c t) \\ \varepsilon_z \end{bmatrix}$$

对式(2.12)进行拉普拉斯变换可得:

$$s\boldsymbol{X}(s) - \boldsymbol{X}_0 = \boldsymbol{A}\boldsymbol{X}(s) + \boldsymbol{W}(s) \qquad (2.13)$$

式中:$\boldsymbol{X}_0$ 为初始条件阵。

整理式(2.13)可得:

$$X(s) = (sI - A)^{-1}[X_0 + W(s)] \tag{2.14}$$

如果不考虑傅科周期振荡的影响,则式(2.14)可写成:

$$X(s) = (sI - A')^{-1}[X_0 + W(s)] \tag{2.15}$$

式中,

$$A' = \begin{bmatrix} 0 & 0 & 0 & 0 & -g & 0 \\ 0 & 0 & 0 & g & 0 & 0 \\ 0 & 1/R & 0 & 0 & 0 & 0 \\ 0 & -1/R & 0 & 0 & \omega_{ie}\sin L & -\omega_{ie}\cos L \\ 1/R & 0 & -\omega_{ie}\sin L & -\omega_{ie}\sin L & 0 & 0 \\ \tan L/R & 0 & \omega_{ie}\cos L & \omega_{ie}\cos L & 0 & 0 \end{bmatrix}$$

令 $C = (sI - A')^{-1}$。文献[6]对 C 进行了求解,为了方便分析,这里重写如下:

$$c_{11} = \frac{s}{s^2 + \omega_s^2}, \qquad\qquad c_{12} = 0,$$

$$c_{13} = \frac{gs\omega_{ie}\sin L}{(s^2 + \omega_s^2)(s^2 + \omega_{ie}^2)}, \qquad c_{14} = \frac{gs\omega_{ie}\sin L}{(s^2 + \omega_s^2)(s^2 + \omega_{ie}^2)},$$

$$c_{15} = -\frac{g(s^2 + \omega_{ie}^2\cos^2 L)}{(s^2 + \omega_s^2)(s^2 + \omega_{ie}^2)}, \qquad c_{16} = -\frac{g\omega_{ie}^2\sin L\cos L}{(s^2 + \omega_s^2)(s^2 + \omega_{ie}^2)},$$

$$c_{21} = 0, \qquad\qquad c_{22} = \frac{s}{s^2 + \omega_s^2},$$

$$c_{23} = -\frac{g\omega_{ie}^2}{(s^2 + \omega_s^2)(s^2 + \omega_{ie}^2)}, \qquad c_{24} = \frac{gs^2}{(s^2 + \omega_s^2)(s^2 + \omega_{ie}^2)},$$

$$c_{25} = \frac{gs\omega_{ie}\sin L}{(s^2 + \omega_s^2)(s^2 + \omega_{ie}^2)}, \qquad c_{26} = -\frac{gs\omega_{ie}\cos L}{(s^2 + \omega_s^2)(s^2 + \omega_{ie}^2)},$$

$$c_{31} = 0, \qquad\qquad c_{32} = \frac{1}{R(s^2 + \omega_s^2)},$$

$$c_{33} = \frac{(s^2 + \omega_s^2 + \omega_{ie}^2)}{(s^2 + \omega_s^2)(s^2 + \omega_{ie}^2)}, \qquad c_{34} = \frac{\omega_s^2 s}{(s^2 + \omega_s^2)(s^2 + \omega_{ie}^2)},$$

$$c_{35} = \frac{\omega_s^2\omega_{ie}\sin L}{(s^2 + \omega_s^2)(s^2 + \omega_{ie}^2)}, \qquad c_{36} = -\frac{\omega_s^2\omega_{ie}\cos L}{(s^2 + \omega_s^2)(s^2 + \omega_{ie}^2)},$$

$$c_{41} = 0, \qquad\qquad c_{42} = -\frac{1}{R(s^2 + \omega_s^2)},$$

$$c_{43} = -\frac{\omega_{ie}^2 s}{(s^2 + \omega_s^2)(s^2 + \omega_{ie}^2)},$$

$$c_{44} = \frac{s^3}{(s^2 + \omega_s^2)(s^2 + \omega_{ie}^2)},$$

$$c_{45} = \frac{\omega_{ie} s^2 \sin L}{(s^2 + \omega_s^2)(s^2 + \omega_{ie}^2)},$$

$$c_{46} = -\frac{\omega_{ie} s^2 \cos L}{(s^2 + \omega_s^2)(s^2 + \omega_{ie}^2)},$$

$$c_{51} = \frac{1}{R(s^2 + \omega_s^2)},$$

$$c_{52} = 0,$$

$$c_{53} = -\frac{\omega_{ie} s^2 \sin L}{(s^2 + \omega_s^2)(s^2 + \omega_{ie}^2)},$$

$$c_{54} = -\frac{\omega_{ie} s^2 \sin L}{(s^2 + \omega_s^2)(s^2 + \omega_{ie}^2)},$$

$$c_{55} = \frac{(s^2 + \omega_{ie}^2 \cos^2 L)s}{(s^2 + \omega_s^2)(s^2 + \omega_{ie}^2)},$$

$$c_{56} = \frac{\omega_{ie}^2 s \sin L \cos L}{(s^2 + \omega_s^2)(s^2 + \omega_{ie}^2)},$$

$$c_{61} = \frac{\tan L}{R(s^2 + \omega_s^2)},$$

$$c_{62} = 0,$$

$$c_{63} = \frac{\omega_{ie}(s^2 \cos L + \omega_s^2 \sec L)}{(s^2 + \omega_s^2)(s^2 + \omega_{ie}^2)},$$

$$c_{64} = \frac{\omega_{ie}(s^2 \cos L + \omega_s^2 \sec L)}{(s^2 + \omega_s^2)(s^2 + \omega_{ie}^2)},$$

$$c_{65} = \frac{(\omega_{ie}^2 \sin L \cos L - \omega_s^2 \tan L)s}{(s^2 + \omega_s^2)(s^2 + \omega_{ie}^2)},$$

$$c_{66} = \frac{(s^2 + \omega_s^2 + \omega_{ie}^2 \sin^2 L)s}{(s^2 + \omega_s^2)(s^2 + \omega_{ie}^2)}$$

将 $\boldsymbol{W}(t)$ 进行拉普拉斯变换可得：

$$\boldsymbol{W}(s) = \begin{bmatrix} \dfrac{\nabla_x s}{s^2 + \omega_c^2} - \dfrac{\nabla_y \omega_c}{s^2 + \omega_c^2} \\[2mm] \dfrac{\nabla_x \omega_c}{s^2 + \omega_c^2} + \dfrac{\nabla_y s}{s^2 + \omega_c^2} \\[2mm] 0 \\[2mm] \dfrac{\varepsilon_x s}{s^2 + \omega_c^2} - \dfrac{\varepsilon_y \omega_c}{s^2 + \omega_c^2} \\[2mm] \dfrac{\varepsilon_x \omega_c}{s^2 + \omega_c^2} + \dfrac{\varepsilon_y s}{s^2 + \omega_c^2} \\[2mm] \dfrac{\varepsilon_z}{s} \end{bmatrix} \qquad (2.16)$$

不考虑初始时刻引入的误差，即 $\boldsymbol{X}_0 = \boldsymbol{0}$，对式(2.15)进行求解并进行拉普拉斯反变换，可求得系统的误差传播特性。为了比较清晰地看出采用旋转调制技术后陀螺随机常值漂移和加速度计随机常值零偏引起的系统误差特性，根据文献[6]的形式，在求解式(2.15)时，对误差源分别进行考虑，旋转和不旋转两种情况下每一种误差源所产生的系统误差如表2.1～表2.3所示。

表2.1　加速度计零偏误差引起的导航误差

误差 ＼ 误差源		∇_x	∇_y
δv_e	无旋转	$\dfrac{\sin\omega_s t}{\omega_s}$	0
	旋转	$\dfrac{\omega_c \sin\omega_c t - \omega_s \sin\omega_s t}{\omega_c^2 - \omega_s^2}$	$\dfrac{\omega_c(\cos\omega_c t - \cos\omega_s t)}{\omega_s^2 - \omega_c^2}$
δv_n	无旋转	0	$\dfrac{\sin\omega_s t}{\omega_s}$
	旋转	$\dfrac{\omega_c(\cos\omega_c t - \cos\omega_s t)}{\omega_s^2 - \omega_c^2}$	$\dfrac{\omega_c \sin\omega_c t - \omega_s \sin\omega_s t}{\omega_c^2 - \omega_s^2}$
δL	无旋转	0	$\dfrac{1 - \cos\omega_s t}{R\omega_s^2}$
	旋转	$\dfrac{\omega_s \sin\omega_c t - \omega_c \sin\omega_s t}{R\omega_s(\omega_s^2 - \omega_c^2)}$	$\dfrac{\cos\omega_c t - \cos\omega_s t}{R(\omega_s^2 - \omega_c^2)}$
ϕ_e	无旋转	0	$-\dfrac{1 - \cos\omega_s t}{R\omega_s^2}$
	旋转	$-\dfrac{\omega_s \sin\omega_c t - \omega_c \sin\omega_s t}{R\omega_s(\omega_s^2 - \omega_c^2)}$	$-\dfrac{\cos\omega_c t - \cos\omega_s t}{R(\omega_s^2 - \omega_c^2)}$
ϕ_n	无旋转	$\dfrac{1 - \cos\omega_s t}{R\omega_s^2}$	0
	旋转	$\dfrac{\cos\omega_c t - \cos\omega_s t}{R(\omega_s^2 - \omega_c^2)}$	$-\dfrac{\omega_s \sin\omega_c t - \omega_c \sin\omega_s t}{R\omega_s(\omega_s^2 - \omega_c^2)}$
ϕ_u	无旋转	$\dfrac{\tan L(1 - \cos\omega_s t)}{R\omega_s^2}$	0
	旋转	$\dfrac{\tan L(\cos\omega_c t - \cos\omega_s t)}{R(\omega_s^2 - \omega_c^2)}$	$-\dfrac{\tan L(\omega_s \sin\omega_c t - \omega_c \sin\omega_s t)}{R\omega_s(\omega_s^2 - \omega_c^2)}$
$\delta\lambda$	无旋转	$\dfrac{\sec L(1 - \cos\omega_s t)}{R\omega_s^2}$	0
	旋转	$\dfrac{\sec L(\cos\omega_c t - \cos\omega_s t)}{R(\omega_s^2 - \omega_c^2)}$	$-\dfrac{\sec L(\omega_s \sin\omega_c t - \omega_c \sin\omega_s t)}{R\omega_s(\omega_s^2 - \omega_c^2)}$

表 2.2　x 陀螺常值漂移引起的导航误差

误差源＼误差		ε_x
δv_e	无旋转	$\dfrac{g\sin L}{\omega_s^2-\omega_{ie}^2}\left(\sin\omega_{ie}t-\dfrac{\omega_{ie}}{\omega_s}\sin\omega_s t\right)$
	旋转	$g\left\{\begin{array}{l}\dfrac{\omega_c^2-\omega_{ie}^2\cos^2 L-\omega_c\omega_{ie}\sin L}{\left(\omega_c^2-\omega_{ie}^2\right)\left(\omega_c^2-\omega_s^2\right)}\sin\omega_c t+\\[3mm]\dfrac{\omega_{ie}\sin L\left(\omega_{ie}-\omega_c\sin L\right)}{\left(\omega_c^2-\omega_{ie}^2\right)\left(\omega_{ie}^2-\omega_s^2\right)}\sin\omega_{ie}t\\[3mm]-\dfrac{-\omega_c\omega_s^2+\omega_c\omega_{ie}^2\cos^2 L+\omega_{ie}\omega_s^2\sin L}{\omega_s\left(\omega_c^2-\omega_s^2\right)\left(\omega_{ie}^2-\omega_s^2\right)}\sin\omega_s t\end{array}\right\}$
δv_n	无旋转	$\dfrac{g}{\omega_s^2-\omega_{ie}^2}\left(\cos\omega_{ie}t-\cos\omega_s t\right)$
	旋转	$g\left\{\begin{array}{l}\dfrac{\omega_c\left(\omega_{ie}\sin L-\omega_c\right)}{\left(\omega_c^2-\omega_{ie}^2\right)\left(\omega_c^2-\omega_s^2\right)}\cos\omega_c t\\[3mm]+\dfrac{\omega_{ie}\left(\omega_{ie}-\omega_c\sin L\right)}{\left(\omega_c^2-\omega_{ie}^2\right)\left(\omega_{ie}^2-\omega_s^2\right)}\cos\omega_{ie}t+\\[3mm]\dfrac{\omega_{ie}\omega_c\sin L-\omega_s^2}{\left(\omega_c^2-\omega_s^2\right)\left(\omega_{ie}^2-\omega_s^2\right)}\cos\omega_s t\end{array}\right\}$
δL	无旋转	$\dfrac{\omega_s^2}{\omega_s^2-\omega_{ie}^2}\left(\dfrac{\sin\omega_{ie}t}{\omega_{ie}}-\dfrac{\sin\omega_s t}{\omega_s}\right)$
	旋转	$\omega_s\left\{\begin{array}{l}\dfrac{\omega_s\left(\omega_{ie}\sin L-\omega_c\right)}{\left(\omega_c^2-\omega_{ie}^2\right)\left(\omega_c^2-\omega_s^2\right)}\sin\omega_c t+\\[3mm]\dfrac{\omega_s\left(\omega_{ie}-\omega_c\sin L\right)}{\left(\omega_c^2-\omega_{ie}^2\right)\left(\omega_{ie}^2-\omega_s^2\right)}\sin\omega_{ie}t\\[3mm]+\dfrac{\omega_c\omega_{ie}\sin L-\omega_s^2}{\left(\omega_c^2-\omega_s^2\right)\left(\omega_{ie}^2-\omega_s^2\right)}\sin\omega_s t\end{array}\right\}$
ϕ_e	无旋转	$\dfrac{\omega_s\sin\omega_s t-\omega_{ie}\sin\omega_{ie}t}{\omega_s^2-\omega_{ie}^2}$
	旋转	$\dfrac{\omega_c^2\left(\omega_c-\omega_{ie}\sin L\right)}{\left(\omega_c^2-\omega_{ie}^2\right)\left(\omega_c^2-\omega_s^2\right)}\sin\omega_c t+\dfrac{\omega_{ie}^2\left(\omega_c\sin L-\omega_{ie}\right)}{\left(\omega_c^2-\omega_{ie}^2\right)\left(\omega_{ie}^2-\omega_s^2\right)}\sin\omega_{ie}t+\dfrac{\omega_s\left(\omega_s^2-\omega_c\omega_{ie}\sin L\right)}{\left(\omega_c^2-\omega_s^2\right)\left(\omega_{ie}^2-\omega_s^2\right)}\sin\omega_s t$

（续）

误差源 / 误差		ε_x
ϕ_n	无旋转	$\dfrac{\omega_{ie}\sin L}{\omega_s^2 - \omega_{ie}^2}(\cos\omega_s t - \cos\omega_{ie} t)$
	旋转	$\dfrac{\omega_c(\omega_{ie}^2\cos^2 L - \omega_c^2 + \omega_c\omega_{ie}\sin L)}{(\omega_c^2 - \omega_{ie}^2)(\omega_c^2 - \omega_s^2)}\cos\omega_c t +$ $\dfrac{\omega_{ie}^2\sin L(\omega_c\sin L - \omega_{ie})}{(\omega_c^2 - \omega_{ie}^2)(\omega_{ie}^2 - \omega_s^2)}\cos\omega_{ie} t +$ $\dfrac{\omega_{ie}\omega_s^2\sin L + \omega_c\omega_{ie}^2\cos^2 L - \omega_c\omega_s^2}{(\omega_c^2 - \omega_s^2)(\omega_{ie}^2 - \omega_s^2)}\cos\omega_s t$
ϕ_u	无旋转	$\dfrac{\cos L}{\omega_{ie}(\omega_s^2 - \omega_{ie}^2)}\left[\begin{array}{l}\omega_{ie}^2\tan^2 L\cos\omega_s t \\ + (\omega_{ie}^2 - \omega_s^2\sec^2 L)\cos\omega_{ie} t\end{array}\right] + \dfrac{1}{\omega_{ie}\cos L}$
	旋转	$\dfrac{\omega_{ie}(\omega_s^2\sec L - \omega_c^2\cos L) + \omega_c(\omega_{ie}^2\sin L\cos L - \omega_s^2\tan L)}{(\omega_c^2 - \omega_{ie}^2)(\omega_c^2 - \omega_s^2)}\cos\omega_c t +$ $\dfrac{\omega_{ie}(\omega_{ie}^2\cos L - \omega_s^2\sec L) - \omega_c(\omega_{ie}^2\sin L\cos L - \omega_s^2\tan L)}{(\omega_c^2 - \omega_{ie}^2)(\omega_{ie}^2 - \omega_s^2)}\cos\omega_{ie} t +$ $\dfrac{\omega_{ie}\omega_s^2(\sec L - \cos L) + \omega_c(\omega_{ie}^2\sin L\cos L - \omega_s^2\tan L)}{(\omega_c^2 - \omega_s^2)(\omega_{ie}^2 - \omega_s^2)}\cos\omega_s t$
$\delta\lambda$	无旋转	$\dfrac{\tan L}{\omega_{ie}}(1 - \cos\omega_{ie} t) - \dfrac{\omega_{ie}\tan L}{\omega_s^2 - \omega_{ie}^2}(\cos\omega_{ie} t - \cos\omega_s t)$
	旋转	$-\dfrac{\cos L}{\omega_c} + \dfrac{g}{R}\left\{\begin{array}{l}\dfrac{\omega_{ie}^2\cos L - \omega_c^2\sec L + \omega_c\omega_{ie}\tan L}{\omega_c(\omega_c^2 - \omega_{ie}^2)(\omega_c^2 - \omega_s^2)}\cos\omega_c t \\[2mm] + \dfrac{\tan L(\omega_c\sin L - \omega_{ie})}{(\omega_c^2 - \omega_{ie}^2)(\omega_{ie}^2 - \omega_s^2)}\cos\omega_{ie} t \\[2mm] + \dfrac{\omega_c\omega_{ie}^2\cos L - \omega_c\omega_s^2\sec L + \omega_{ie}\omega_s^2\tan L}{\omega_s^2(\omega_c^2 - \omega_s^2)(\omega_{ie}^2 - \omega_s^2)}\cos\omega_s t\end{array}\right\}$

表2.3 y 陀螺常值漂移引起的导航误差

误差 / 误差源		ε_y
δv_e	无旋转	$R\left(\dfrac{\omega_s^2 - \omega_{ie}^2\cos^2 L}{\omega_s^2 - \omega_{ie}^2}\cos\omega_s t - \dfrac{\omega_s^2 \sin^2 L}{\omega_s^2 - \omega_{ie}^2}\cos\omega_{ie}t - \cos^2 L\right)$
	旋转	$g\left\{\begin{array}{l}\dfrac{\omega_c^2 - \omega_{ie}^2\cos^2 L - \omega_c\omega_{ie}\sin L}{(\omega_c^2 - \omega_{ie}^2)(\omega_c^2 - \omega_s^2)}\cos\omega_c t \\[2mm] +\dfrac{\omega_{ie}\sin L(\omega_{ie}\sin L - \omega_c)}{(\omega_c^2 - \omega_{ie}^2)(\omega_{ie}^2 - \omega_s^2)}\cos\omega_{ie}t + \\[2mm] \dfrac{\omega_s^2 - \omega_{ie}^2\cos^2 L - \omega_{ie}\omega_c\sin L}{(\omega_c^2 - \omega_s^2)(\omega_{ie}^2 - \omega_s^2)}\cos\omega_s t\end{array}\right\}$
δv_n	无旋转	$\dfrac{g\sin L}{\omega_s^2 - \omega_{ie}^2}\left(\sin\omega_{ie}t - \dfrac{\omega_{ie}}{\omega_s}\sin\omega_s t\right)$
	旋转	$g(\omega_c - \omega_{ie}\sin L)\left\{\begin{array}{l}\dfrac{\omega_c}{(\omega_c^2 - \omega_{ie}^2)(\omega_c^2 - \omega_s^2)}\sin\omega_c t - \\[2mm] \dfrac{\omega_{ie}}{(\omega_c^2 - \omega_{ie}^2)(\omega_{ie}^2 - \omega_s^2)}\sin\omega_{ie}t + \\[2mm] \dfrac{\omega_s}{(\omega_c^2 - \omega_s^2)(\omega_{ie}^2 - \omega_s^2)}\sin\omega_s t\end{array}\right\}$
δL	无旋转	$\dfrac{\omega_s^2\omega_{ie}\sin L}{\omega_s^2 - \omega_{ie}^2}\left(\dfrac{\cos\omega_s t}{\omega_s^2} - \dfrac{\cos\omega_{ie}t}{\omega_{ie}^2}\right) + \dfrac{\sin L}{\omega_{ie}}$
	旋转	$\omega_s^2(\omega_{ie}\sin L - \omega_c)\left\{\begin{array}{l}\dfrac{1}{(\omega_c^2 - \omega_{ie}^2)(\omega_c^2 - \omega_s^2)}\cos\omega_c t - \\[2mm] \dfrac{1}{(\omega_c^2 - \omega_{ie}^2)(\omega_{ie}^2 - \omega_s^2)}\cos\omega_{ie}t + \\[2mm] \dfrac{1}{(\omega_c^2 - \omega_s^2)(\omega_{ie}^2 - \omega_s^2)}\cos\omega_s t\end{array}\right\}$
ϕ_e	无旋转	$\dfrac{\omega_{ie}\sin L(\cos\omega_{ie}t - \cos\omega_s t)}{\omega_s^2 - \omega_{ie}^2}$
	旋转	$(\omega_c - \omega_{ie}\sin L)\left\{\begin{array}{l}\dfrac{\omega_c^2}{(\omega_c^2 - \omega_{ie}^2)(\omega_c^2 - \omega_s^2)}\cos\omega_c t - \\[2mm] \dfrac{\omega_{ie}^2}{(\omega_c^2 - \omega_{ie}^2)(\omega_{ie}^2 - \omega_s^2)}\cos\omega_{ie}t + \\[2mm] \dfrac{\omega_s^2}{(\omega_c^2 - \omega_s^2)(\omega_{ie}^2 - \omega_s^2)}\cos\omega_s t\end{array}\right\}$

（续）

误差\误差源		ε_y
ϕ_n	无旋转	$\dfrac{\omega_s^2 - \omega_{ie}^2\cos^2 L}{\omega_s(\omega_s^2 - \omega_{ie}^2)}\sin\omega_s t - \dfrac{\omega_{ie}\sin^2 L}{\omega_s(\omega_s^2 - \omega_{ie}^2)}\sin\omega_{ie} t$
	旋转	$\dfrac{\omega_c(\omega_c^2 - \omega_{ie}^2\cos^2 L - \omega_c\omega_{ie}\sin L)}{(\omega_c^2 - \omega_{ie}^2)(\omega_c^2 - \omega_s^2)}\sin\omega_c t +$ $\dfrac{\omega_{ie}^2\sin L(\omega_{ie}\sin L - \omega_c)}{(\omega_c^2 - \omega_{ie}^2)(\omega_{ie}^2 - \omega_s^2)}\sin\omega_{ie} t +$ $\dfrac{\omega_s(\omega_s^2 - \omega_{ie}^2\cos^2 L - \omega_c\omega_{ie}\sin L)}{(\omega_c^2 - \omega_s^2)(\omega_{ie}^2 - \omega_s^2)}\sin\omega_s t$
ϕ_u	无旋转	$\dfrac{\omega_{ie}^2\sin L\cos L - \omega_s^2\tan L}{\omega_s^2 - \omega_{ie}^2}\left(\dfrac{\sin\omega_{ie} t}{\omega_{ie}} - \dfrac{\sin\omega_s t}{\omega_s}\right)$
	旋转	$\dfrac{\omega_{ie}(\omega_c^2\cos L - \omega_s^2\sec L) - \omega_c(\omega_{ie}^2\sin L\cos L - \omega_s^2\tan L)}{(\omega_c^2 - \omega_{ie}^2)(\omega_c^2 - \omega_s^2)}\sin\omega_c t +$ $\dfrac{\omega_c(\omega_s^2\sec L - \omega_{ie}^2\cos L) + \omega_{ie}(\omega_{ie}^2\sin L\cos L - \omega_s^2\tan L)}{(\omega_c^2 - \omega_{ie}^2)(\omega_{ie}^2 - \omega_s^2)}\sin\omega_{ie} t +$ $\dfrac{\omega_s\omega_c\omega_{ie}(\cos L - \sec L) - \omega_s(\omega_{ie}^2\sin L\cos L - \omega_s^2\tan L)}{(\omega_c^2 - \omega_s^2)(\omega_{ie}^2 - \omega_s^2)}\sin\omega_s t$
$\delta\lambda$	无旋转	$\dfrac{\sec L(\omega_s^2 - \omega_{ie}^2\cos^2 L)}{\omega_s(\omega_s^2 - \omega_{ie}^2)}\sin\omega_s t - \dfrac{\omega_s^2\sin L\tan L}{\omega_{ie}(\omega_s^2 - \omega_{ie}^2)}\sin\omega_{ie} t - \cos L\cdot t$
	旋转	$\dfrac{g}{R}\left\{\begin{array}{l}\dfrac{\omega_c^2\sec L - \omega_{ie}^2\cos L - \omega_c\omega_{ie}\tan L}{\omega_c(\omega_c^2 - \omega_{ie}^2)(\omega_c^2 - \omega_s^2)}\sin\omega_c t + \\[6pt] \dfrac{(\omega_{ie}\sin L - \omega_c)\tan L}{(\omega_c^2 - \omega_{ie}^2)(\omega_{ie}^2 - \omega_s^2)}\sin\omega_{ie} t + \\[6pt] \dfrac{\omega_s^2\sec L - \omega_{ie}^2\cos L - \omega_c\omega_{ie}\sin L}{\omega_s(\omega_c^2 - \omega_s^2)(\omega_{ie}^2 - \omega_s^2)}\sin\omega_s t\end{array}\right\}$

归纳分析表 2.1 ~ 表 2.3，可以得出：

（1）当转动角速度 $\omega_c \to 0$ 时，采用旋转调制技术的系统误差解析解趋近于静态时的解析解。由于 IMU 处于静态时可看作转动角速度 $\omega_c = 0$ 的旋转式系统的特例，这从一个侧面反映了所求解析解的正确性。

（2）当转动角速度 ω_c 接近于舒勒频率 ω_s 或地球自转角速度 ω_{ie} 时，姿态角误差、速度误差和位置误差的解析表达式的分母趋近于 0，即导航误差趋近于无穷大。

（3）当转动角速度 ω_c 远大于舒勒频率 ω_s 和地球自转角速度 ω_{ie} 时，系统的误差特征包括旋转周期振荡、舒勒周期振荡和地球周期振荡。由于在求解解析解时忽略了傅科周期振荡，所以实际旋转式惯导系统的误差特征还包括傅科周期振荡。

（4）当转动角速度 ω_c 远大于舒勒频率 ω_s 和地球自转角速度 ω_{ie} 时，各项导航误差参数的振荡幅值明显小于静态时的振荡幅值。

（5）采用旋转调制技术后，由水平陀螺引起的系统常值偏差除经度误差外都为零，由水平加速度计引起的系统常值偏差都为零。在静态时，水平陀螺将引起随时间 t 增长的经度误差，采用旋转调制技术后，水平陀螺引起的经度误差将不再随时间 t 增长。

表 2.2 和表 2.3 中没有求解天向陀螺随机常值误差引起的导航误差，但从式（2.16）可以看出，旋转式系统中天向陀螺随机常值误差的拉普拉斯变换与静态时的拉普拉斯变换相同，所以其引起的导航误差与静态时相同。这也说明绕天向陀螺敏感轴旋转时，天向陀螺的随机常值误差是抑制不掉的。要想抑制掉天向陀螺误差，需绕其他轴旋转才行，这与 2.1 节的分析结论一致。

为了更直观地看出旋转调制技术对水平惯性器件误差的调制情况，采用仿真手段对上述分析结果进行仿真。在仿真中，假设绕航向轴匀速旋转，转动角速度 $\omega_c = 6°/\text{s}$，两个水平陀螺的随机常值漂移都为 $0.01°/\text{h}$，三个初始姿态角都为 $0°$，经纬度为 $110°$ 和 $30°$，不考虑其他惯性器件误差和初始对准误差，仿真运行 48 小时，则系统的导航误差如图 2.3 ～ 图 2.5 所示。

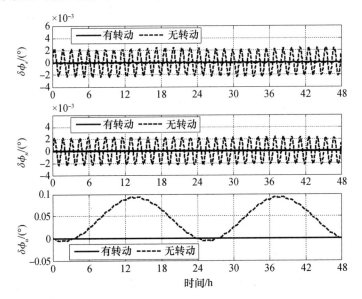

图 2.3　静止与转动时陀螺误差引起的姿态误差

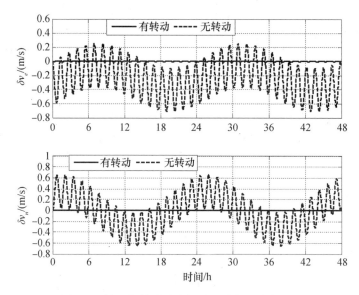

图 2.4 静止与转动时陀螺误差引起的速度误差

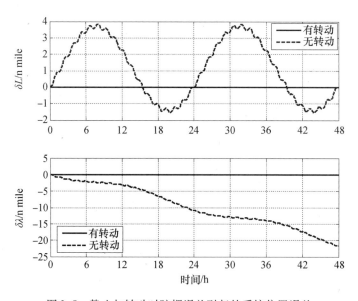

图 2.5 静止与转动时陀螺误差引起的系统位置误差

图 2.3～图 2.5 给出了采用旋转调制技术前后对惯导系统各项误差参数的影响,分析图中误差曲线可以看出:

（1）采用旋转调制技术后，由水平陀螺随机常值误差引起的姿态失准角、速度误差和位置误差都得到有效抑制。

（2）航向角误差、东向速度误差和纬度误差在静态情况下有常值误差，采用旋转调制技术后，误差以零为均值振荡，振幅也有效减小。

（3）静态时，经度误差随时间增长，采用旋转调制技术后，经度误差不再随时间增长。

这说明，旋转调制技术能有效调制水平陀螺的随机常值误差，使其基本不再影响导航精度。

对水平加速度计随机常值零偏的影响进行仿真。仿真中，假设两个水平加速度计的零偏都为 $2 \times 10^{-5} g$，其他条件与上述仿真一样，仿真运行 48 小时，则系统的导航误差如图 2.6 ~ 图 2.8 所示。

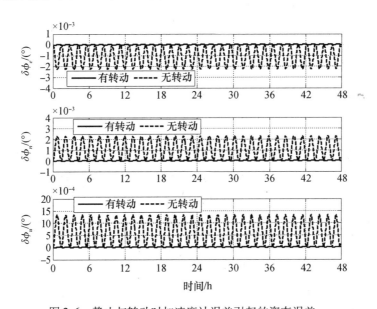

图 2.6　静止与转动时加速度计误差引起的姿态误差

由图 2.6 ~ 图 2.8 可知，采用旋转调制技术后，由水平加速度计随机常值零偏引起的导航误差得到了有效抑制。也就是说，旋转调制技术能够有效调制水平加速度计的随机常值零偏，使其基本不再影响导航精度。

图 2.6 ~ 图 2.8 中的曲线都为等幅振荡，这是由于求解误差解析式时没有考虑傅科振荡周期的原因。如果考虑傅科振荡周期，则误差解析式中还应包括傅科振荡周期，但不影响上述分析得出的基本结论。

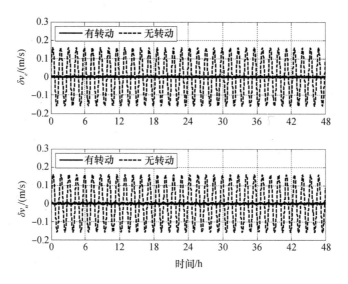

图 2.7　静止与转动时加速度计误差引起的速度误差

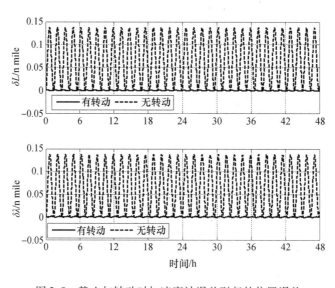

图 2.8　静止与转动时加速度计误差引起的位置误差

▶ 2.2.3　旋转技术对激光陀螺慢变漂移的抑制

由 2.2.2 节的分析可知,旋转调制技术能够完全调制水平惯性器件的随机常值误差。但激光陀螺在工作过程中,环境条件、电气参数等都在变化。由于这些因素的影响,激光陀螺的误差除随机常值外,还有随时间变化的分量。该量是一个缓慢变化的随机过程,反映了激光陀螺零偏的稳定性,有时也称为激光陀螺慢变误差或慢变漂移[123, 124]。

一般情况下,激光陀螺慢变漂移常用一阶马尔可夫过程描述[125]:

$$\dot{\varepsilon}_r = -\frac{1}{\beta}\varepsilon_r + w_r \qquad (2.17)$$

式中:ε_r 为激光陀螺漂移;w_r 为一阶马尔可夫过程的激励白噪声;β 为过程的相关时间。

一阶马尔可夫过程的方差与白噪声的方差之间的关系为:

$$\sigma_r^2 = \beta\sigma_{wr}^2/2 \qquad (2.18)$$

式中:σ_{wr}^2 为一阶马尔可夫过程的激励白噪声的方差。

一阶马尔可夫过程的自相关函数为:

$$R_{nn}(\tau) = \sigma_r^2 \mathrm{e}^{-\tau/\beta} \qquad (2.19)$$

采用随机误差的协方差分析法,分析静止和旋转两种情况下激光陀螺慢变漂移对惯导系统精度的影响。惯导系统虽然是一个复杂的系统,但是我们仅分析 IMU 静止和旋转情况下惯导系统的输出误差的协方差,并且由 2.2.2 节的分析可知,旋转并不改变惯导系统的固有属性,所以为了分析简便,对慢变误差而言,可以假设惯导系统为一个"惯性环节",这样可以通过分析静止和旋转两种情况下系统输出的协方差来分析旋转对激光陀螺慢变漂移的抑制情况,如图 2.9 所示[123]。

图 2.9　惯导系统误差模型

当 $t \geqslant 0$ 时,对任意线性系统来说,均方差可表示为[123]:

$$\overline{x(t)^2} = \int_0^t \int_0^t w(t-\sigma_1)w(t-\sigma_2)R_{nn}(\sigma_2-\sigma_1)\mathrm{d}\sigma_1\mathrm{d}\sigma_2 \qquad (2.20)$$

式中:$\overline{x(t)^2}$ 为系统输出的均方差;$w(t)$ 为惯导系统的权重函数;$R_{nn}(\tau)$ 为输入噪声的自相关函数;t 为时间;σ_1 和 σ_2 为积分变量。

针对慢变漂移,将惯导系统假设为惯性环节,其传递函数为[126]:

$$G(s) = \frac{1}{\alpha s + 1} \qquad (2.21)$$

式中:α 为时间常数。

相应地,权重函数为:

$$w(t) = \frac{1}{\alpha} e^{-t/\alpha} \tag{2.22}$$

将式(2.19)和式(2.22)代入式(2.20)可得:

$$\overline{x(t)^2} = \frac{\sigma_r^2}{\alpha^2} \int_0^t e^{-(t-\sigma_1)/\alpha} d\sigma_1 \int_0^t e^{-(t-\sigma_2)/\alpha} e^{-|\sigma_2-\sigma_1|/\beta} d\sigma_2 \tag{2.23}$$

对上式进行积分,可得:

$$\overline{x(t)^2} = -\frac{\sigma_r^2 \alpha\beta}{(\beta+\alpha)(\beta-\alpha)}(1 - e^{-2t/\alpha}) +$$

$$\frac{\sigma_r^2 \beta^2}{(\beta+\alpha)(\beta-\alpha)}(1 - 2e^{-|(\beta+\alpha)/\beta\alpha|t} e^{-2(t/\alpha)}) \tag{2.24}$$

稳态时,均方差为:

$$\overline{x(t)^2}\Big|_{ss} = \frac{\sigma_r^2 \beta}{\beta+\alpha} \tag{2.25}$$

式中:$\overline{x(t)^2}\big|_{ss}$ 为 IMU 静止时的稳态均方差。

当 IMU 旋转时,激光陀螺的慢变漂移得到正余弦调制,其自相关函数为[123]:

$$R_{nns}(\tau) = \sigma_r^2 \cos(\omega_c \tau) e^{-\tau/\beta} \tag{2.26}$$

式中:$R_{nns}(\tau)$ 为 IMU 旋转后激光陀螺随机误差的自相关函数;ω_c 为 IMU 的转动角速度。

则 IMU 旋转时,惯导系统输出信号的协方差为:

$$\overline{x(t)_s^2} = \frac{\sigma_r^2}{\alpha^2} \int_0^t e^{-(t-\sigma_1)/\alpha} d\sigma_1 \int_0^t e^{-(t-\sigma_2)/\alpha} \cos\omega_c(\sigma_2 - \sigma_1) e^{-|\sigma_2-\sigma_1|/\beta} d\sigma_2 \tag{2.27}$$

经积分运算,稳态时上式为:

$$\overline{x(t)_s^2}\Big|_{ss} = \frac{\sigma_r^2 \beta(\beta+\alpha)}{\beta^2 + 2\beta\alpha + \alpha^2 + \omega_c^2 \beta^2 \alpha^2} \tag{2.28}$$

将式(2.25)除以式(2.28),可得 IMU 静止和旋转时惯导系统输出信号的均方差稳态值之比 b 为:

$$b = 1 + \frac{\omega_c^2 \beta^2 \alpha^2}{(\alpha+\beta)^2} \tag{2.29}$$

由式(2.29)可知:①IMU 旋转后惯导系统输出信号的协方差小于 IMU 静止时惯导系统输出信号的协方差。②当 $\omega_c = 0, b = 1$,说明当 IMU 转动速度为零时,惯导系统输出信号的协方差与 IMU 静止时的相同。其实 IMU 转动速度为零也就是 IMU 静止,所以其协方差相同是不言而喻的。③当陀螺慢变漂移的相关时间 $\beta = 0$ 时, $b = 1$,说明旋转对激光陀螺不相关的噪声(白噪声)不能进行抑制。

假设时间常数 α 为 30s,陀螺慢变漂移的相关时间分别为 300s 和 3600s 时, $\sqrt{b}$ 与 IMU 的转动速度 ω_c 的关系如图 2.10 所示。如果 IMU 的转动速度 ω_c 分别为 6°/s 和 12°/s,则 $\sqrt{b}$ 与陀螺慢变漂移的相关时间 β 的关系如图 2.11 所示。

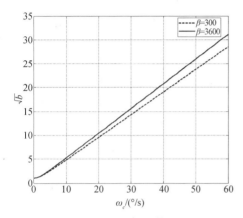

图 2.10　相关时间不同时 $\sqrt{b}$ 与 ω_c 的关系　　图 2.11　转动速率不同时 $\sqrt{b}$ 与 β 的关系

由图 2.10 和图 2.11 可知:

(1) 随着 IMU 转动速度的增加, $\sqrt{b}$ 的值增加,说明 IMU 的转动速度越快,对激光陀螺慢变漂移的调制效果越好。

(2) 随着陀螺慢变漂移的相关时间增大, $\sqrt{b}$ 的值增大,说明陀螺慢变漂移的相关时间越大,旋转调制效果越好。

(3) 当相关时间增大到一定程度后,再增大相关时间, $\sqrt{b}$ 的值增加很小,接近于常值,说明陀螺慢变漂移的相关时间增大到一定程度后,相同的 IMU 转动速度对不同相关时间的陀螺慢变漂移的调制效果相同。这一点也可以这样理解,当陀螺慢变漂移的相关时间增大到一定程度后,陀螺慢变漂移可看成随机常值,由 2.2.2 节的分析可知,对陀螺随机常值误差,相同的 IMU 转动速度其调制效果相同。

为了更直观地看出旋转调制技术对水平惯性器件慢变漂移的调制情况,采用 Simulink 进行仿真。在仿真中,假设马尔可激励白噪声的标准差为 0.001°/h,三个初始姿态角都为 0°,经纬度为东经 110° 和北纬 30°,不考虑其他惯性器件误差和初始对准误差,仿真运行 48h。图 2.12 和图 2.13 示出了陀螺慢变漂移相关时间为 300s 时,IMU 静止和以 6°/s 转动时的速度误差和位置误差。图 2.14 和图 2.15 示出了陀螺慢变漂移相关时间为 300s 时,IMU 以角速度 12°/s 和 6°/s 转动情况下的速度误差和位置误差。图 2.16 和图 2.17 示出了 IMU 以角速度 6°/s 转动时,陀螺慢变漂移的相关时间为 3600s 和 300s 时的速度误差和位置误差。

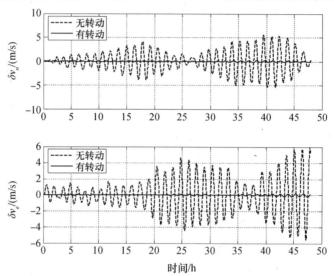

图 2.12 $\beta = 300\text{s}$ 时,IMU 静止和旋转情况下系统速度误差

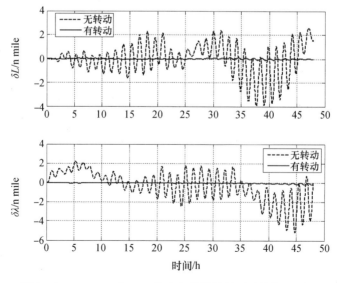

图 2.13 $\beta = 300\text{s}$ 时,IMU 静止和旋转情况下系统位置误差

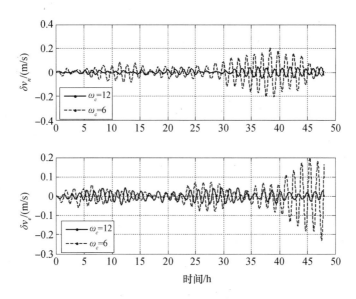

图 2.14　$\beta = 300\mathrm{s}$ 时, IMU 不同旋转速率情况下系统速度误差

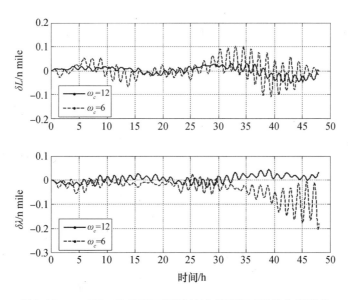

图 2.15　$\beta = 300\mathrm{s}$ 时, IMU 不同旋转速率情况下系统位置误差

　　由图 2.12 和图 2.13 可知,采用旋转调制技术后,由激光陀螺慢变漂移引起的系统最大速度误差和位置误差约为 IMU 静止时的 1/40,陀螺慢变漂移得到了有效调制。

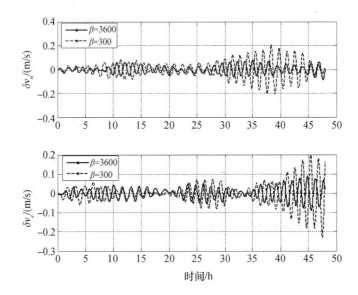

图 2.16 旋转速率相同时,不同相关时间的系统速度误差

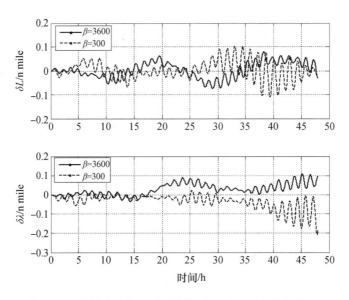

图 2.17 旋转速率相同时,不同相关时间的系统位置误差

由图 2.14 和图 2.15 可知:

(1) IMU 转动角速度越大,由激光陀螺慢变漂移引起的系统最大导航误差越小,说明转动角速度越大,调制效果越好。

(2) 随着工作时间的增加,导航误差的振幅增大,说明导航误差仍然会随时间累积,不过增长速度较慢。

由图 2.16 和图 2.17 可知,激光陀螺慢变漂移的相关时间越大,系统的导航误差越小。说明陀螺漂移变化越缓慢,旋转调制的效果越好。

采用 Simulink 的全三维仿真结果验证了理论分析的正确性,进一步表明旋转调制技术能够有效调制激光陀螺的慢变漂移。理论分析和仿真结果表明,对于慢变漂移相关时间小的陀螺,可以采用增大 IMU 转动速度的方法提高旋转调制的效果,进而提高导航精度。但由于多种因素,IMU 的转动角速度是有限的,对于相关时间太小的陀螺,IMU 的转动频率远远小于陀螺漂移变化的频率,所以对这些陀螺漂移旋转调制技术没有调制效果。

 ## 2.2.4　旋转技术对惯性器件比例因子误差的抑制

惯导系统在出厂之前,需要对惯性器件的比例因子进行标定。但由于转台、标定方法等多种因素的存在,惯性器件的比例因子不可能标定得绝对准确,并且比例因子还随时间、温度等环境因素的变化而变化,所以惯性器件的比例因子与真实值之间总会存在或大或小的偏差,从而引起惯性器件的输出误差。

在 2.1.2 节的分析中,式(2.6)中包含了由惯性器件比例因子误差引起的惯性器件误差。如果忽略其他误差,只考虑惯性器件比例因子误差引起的误差,则式(2.6)可化简为:

$$\begin{cases} \delta\boldsymbol{\omega}_{is}^{n} = \boldsymbol{C}_{s}^{n}\delta\boldsymbol{K}_{g}\boldsymbol{C}_{b}^{s}\boldsymbol{\omega}_{ib}^{b} + \boldsymbol{C}_{s}^{n}\delta\boldsymbol{K}_{g}\boldsymbol{\omega}_{bs}^{s} \\ \delta\boldsymbol{f}^{n} = \boldsymbol{C}_{s}^{n}\delta\boldsymbol{K}_{a}\boldsymbol{C}_{b}^{s}\boldsymbol{f}^{b} \end{cases} \tag{2.30}$$

又 $\boldsymbol{C}_{b}^{n} = \boldsymbol{I}$,则上式中陀螺误差的第一项为:

$$\boldsymbol{C}_{s}^{n}\delta\boldsymbol{K}_{g}\boldsymbol{C}_{b}^{s}\boldsymbol{\omega}_{ib}^{b} = \begin{bmatrix} \delta K_{gx}\cos^{2}\theta + \delta K_{gz}\sin^{2}\theta & 0 & \sin\theta\cos\theta(\delta K_{gz} - \delta K_{gx}) \\ 0 & \delta K_{gy} & 0 \\ \sin\theta\cos\theta(\delta K_{gz} - \delta K_{gx}) & 0 & \delta K_{gx}\sin^{2}\theta + \delta K_{gz}\cos^{2}\theta \end{bmatrix}\boldsymbol{\omega}_{ib}^{b} \tag{2.31}$$

由上式可知,在 IMU 转动的过程中,对角线上与比例因子误差相乘的因子为三角函数的平方项。因此,IMU 无论怎样旋转,都不能抑制掉陀螺比例因子误差。

将式(2.30)的第二项展开可得:

$$\boldsymbol{C}_{s}^{n}\delta\boldsymbol{K}_{g}\boldsymbol{\omega}_{bs}^{s} = \begin{bmatrix} 0 \\ \delta K_{gy}\omega_{c} \\ 0 \end{bmatrix} \tag{2.32}$$

由上式可知,旋转轴方向上的陀螺比例因子误差 δK_{gy} 与 IMU 转动角速度 ω_c 耦合,相当于在旋转轴方向上增加了一大小为 $\delta K_{gy}\omega_c$ 的陀螺常值误差。例如,陀螺比例因子误差为 1ppm,如果 IMU 以 6°/s 的角速度连续匀速转动,则相当于在旋转轴方向上增加了一大小为 0.0216°/h 的陀螺常值误差。所以,IMU 应避免往一个方向转动,应该正向转动一定角度,然后反向转动相同角度,使旋转轴上产生时正时负的误差,从而避免产生较大的导航误差。

在式(2.31)中,无论载体静止与否,$\boldsymbol{\omega}_{ib}^b$ 总是包含地球自转角速度 ω_{ie},也就是说陀螺比例因子误差与地球自转角速度始终耦合,这是由于 IMU 的转动是相对地理坐标系进行的。如果要消除地球自转的影响,则 IMU 应该相对惯性空间进行旋转,这必须采用三个或者三个以上的转轴才能实现[127]。

同样的道理,IMU 的旋转也不能抑制加速度计的比例因子误差。但是如果不考虑旋转产生的向心加速度,则 IMU 的旋转不会产生额外的加速度,因此加速度计比例因子误差不会因为 IMU 的转动而产生额外的误差,这一点是与陀螺不同的。

▶ 2.2.5 旋转技术对惯性器件安装误差的抑制

由于机械加工和存在标定误差等多种因素,三个激光陀螺敏感轴以及三个加速度计测量轴相对定义的 IMU 坐标系之间总会存在角度误差。经实验室标定后,安装误差角可看作小量。在小角度情况下,式(2.1)中的陀螺安装误差阵 $\delta \boldsymbol{C}_g$ 可表示为:[121, 128]

$$\delta \boldsymbol{C}_g = \begin{bmatrix} 0 & -\eta_{xz} & \eta_{xy} \\ \eta_{yz} & 0 & -\eta_{yx} \\ -\eta_{zy} & \eta_{zx} & 0 \end{bmatrix} \tag{2.33}$$

式中:$\eta_{ij}(i=x,y,z;j=x,y,z;i\neq j)$ 为第 i 坐标轴上陀螺敏感轴方向误差角。

式(2.6)中包含了由惯性器件安装误差引起的惯性器件误差,如果忽略其他误差,只考虑惯性器件安装引起的误差,则式(2.6)可化简为:

$$\begin{cases} \delta \boldsymbol{\omega}_{is}^n = \boldsymbol{C}_s^n \delta \boldsymbol{C}_g \boldsymbol{C}_b^s \boldsymbol{\omega}_{ib}^b + \boldsymbol{C}_s^n \delta \boldsymbol{C}_g \boldsymbol{\omega}_{bs}^s \\ \delta \boldsymbol{f}^n = \boldsymbol{C}_s^n \delta \boldsymbol{C}_a \boldsymbol{C}_b^s \boldsymbol{f}^b \end{cases} \tag{2.34}$$

又 $\boldsymbol{C}_b^n = \boldsymbol{I}$,则上式中陀螺误差的第一项为:

$$\boldsymbol{C}_s^n \delta \boldsymbol{C}_g \boldsymbol{C}_b^s \boldsymbol{\omega}_{ib}^b =$$

$$\begin{bmatrix} (\eta_{xy} - \eta_{zy})\sin\theta\cos\theta & \eta_{zx}\sin\theta - \eta_{xz}\cos\theta & \eta_{zy}\sin^2\theta + \eta_{xy}\cos^2\theta \\ \eta_{yz}\cos\theta - \eta_{yx}\sin\theta & 0 & -\eta_{yz}\sin\theta - \eta_{yx}\cos\theta \\ -\eta_{zy}\cos^2\theta - \eta_{xy}\sin^2\theta & \eta_{xz}\sin\theta + \eta_{zx}\cos\theta & (\eta_{zy} - \eta_{xy})\sin\theta\cos\theta \end{bmatrix} \boldsymbol{\omega}_{ib}^b$$

$$(2.35)$$

由上式可以看出，与 η_{zy} 和 η_{xy} 相乘的因子包含三角函数的平方项，所以不能被抑制。而其他四项误差可被调制成正余弦函数，经 IMU 旋转一周或者半周后可得到有效抑制。

式（2.34）中，陀螺误差的第二项为：

$$\boldsymbol{C}_s^n \delta\boldsymbol{C}_g \boldsymbol{\omega}_{bs}^s = \begin{bmatrix} (\eta_{zx}\sin\theta - \eta_{xz}\cos\theta)\omega_c \\ 0 \\ (\eta_{xz}\sin\theta + \eta_{zx}\cos\theta)\omega_c \end{bmatrix}$$

$$(2.36)$$

由上式可以看出，与比例因子误差不同的是，陀螺安装误差对旋转方式没有要求，无论是 IMU 向一个方向转动还是正反向往复转动，除 η_{zy} 和 η_{xy} 外，其余四项陀螺安装误差都可得到抑制。同样的道理，单轴旋转技术能够抑制加速度计的部分安装误差。

单轴旋转技术只能抑制掉陀螺和加速度计的部分安装误差，要想将安装误差全部抑制掉，可采用合理的双轴旋转方案[129, 130]。

2.2.6 　旋转技术对初始对准误差的抑制

惯性导航系统是根据陀螺测量的角速度和加速度计测量的比力，经过积分运算求得载体的姿态、速度和位置。因此，在系统进入导航状态之前必须知道惯导系统的初始姿态、初始速度和初始位置。确定这些参数的过程称为惯导系统的初始对准[1]。由于陀螺和加速度计具有误差，所以初始对准不可避免地存在误差。

对于初始对准误差，由式（2.15）可以看出，IMU 的旋转对于初始对准不起作用，也就是说旋转调制技术不能抑制惯导系统的初始对准误差。

但惯导系统的初始对准是一个寻求平衡的过程，也就是在系统稳态时，载体的姿态失准角与惯性器件的误差之和为零，这样就认为完成了惯导系统的初始对准。但是，在系统转入导航之后，IMU 开始旋转，这种平衡就会立刻被打破，短时间内带来很大的导航误差[67, 131]。所以，采用旋转调制技术的惯导系统应该通过转位等手段提高系统的初始对准精度，否则由于 IMU 的旋转短时间内会引起较大的速度误差和位置误差。

2.3　旋转调制技术的旋转方案研究

由 2.2 节的分析可知,旋转调制技术虽然不能抑制掉惯导系统的所有误差,却能够抑制惯性器件常值误差、慢变漂移等主要误差,大大提高了惯导系统的长时间导航精度。特别是在初始对准的过程中,还可通过 IMU 的转位提高对准精度和器件误差估计精度,从而提高系统的导航精度。

在旋转式惯导系统中,旋转方案是研究的重点,它关系到旋转式惯导系统的成败和复杂程度。

2.3.1　单轴旋转调制方案

实现旋转调制技术的方案有多种,根据旋转轴数目的不同,可分为单轴旋转调制方案、双轴旋转调制方案、三轴旋转调制方案等;根据 IMU 的转动方式,分为连续旋转方案和转位方案;连续旋转方案又可分为单向连续旋转方案和往复旋转方案。目前,研究和应用较多的是单轴转位方案,而连续旋转方案一般应用于激光陀螺的速率偏频。

在单轴旋转调制方案中,IMU 安装在单轴转动机构上进行有规律的旋转,抵消惯性器件的误差。虽然单轴旋转不能调制转轴方向上的器件误差,但是其结构相对简单,容易实现,成本较低,成为目前应用最广泛的旋转方案。

单轴旋转方案一般选择将旋转轴安装在竖直方向上,这样对于舰船来说,天向的加速度计大部分时间处于垂直方向附近,其漂移对惯导系统的导航精度影响很小,并且在初始对准阶段还可控制 IMU 绕航向轴转动,有利于提高系统误差状态的可观测性,从而提高初始对准精度和惯性器件误差的估计效果。

2.3.1.1　单向连续旋转调制方案

如图 2.18 所示,单向连续旋转调制方案就是使 IMU 绕航向轴顺时针或逆时针以 ω_c 的恒定角速度向一个方向连续旋转。

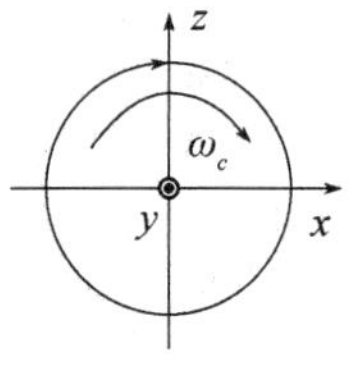

由式(2.32)可知,旋转轴上陀螺比例因子误差引起的误差与转动方案和转动角速度的大小有关。对于单向连续旋转调制方案,在方位轴上引入了大小为 $\delta K_{gy}\omega_c$ 的误差,相当于在方位陀螺上增加了一个常值误差。方位陀螺常值误差产生随时间增长的经度误差[6],假设方位陀螺的比例因子误差为 1ppm,IMU 转动角速度为 3°/s 时引入的漂移为

图 2.18　单向连续
旋转方案

0.0108°/h,由旋转引起的经度误差约为 7.77n mile/24h。

可见,单向连续旋转调制方案虽然可以调制与旋转轴垂直方向上的惯性器件常值误差和部分安装误差,但是由于在旋转轴上引入了与转动速率成正比的常值误差,所以不适合长时间导航的应用。对于速率偏频式激光陀螺寻北仪来说,由于寻北时间较短,为了克服换向带来的陀螺误差,可采用单向连续旋转方案[102, 132]。

2.3.1.2　往复连续旋转调制方案

如图 2.19 所示,往复连续旋转调制方案就是使 IMU 以角速度 ω_c 绕方位轴正向转动一周,然后以相同角速度反向转动一周,周而复始,往复循环。

对于往复连续旋转调制方案,IMU 的转动角速度可表示为:

$$\omega(t) = \begin{cases} \omega_c & 0 \leq t < T, 2T \leq t < 3T, \cdots \\ -\omega_c & T \leq t < 2T, 3T \leq t < 4T, \cdots \end{cases} \tag{2.37}$$

式中: $T = 2\pi/\omega_c$。

当 IMU 的转动角速度为 ω_c 时,旋转轴上由陀螺比例因子误差引入的误差为 $\delta K_{gy}\omega_c$;当 IMU 的转动角速度为 $-\omega_c$ 时,旋转轴上引入的误差为 $-\delta K_{gy}\omega_c$。这样 IMU 正转一周和反转一周后,由旋转轴上陀螺比例因子误差引起的导航误差可基本相互抵消。

可见,通过往复连续旋转调制,不仅可以调制与旋转轴垂直方向上的惯性器件常值误差,而且在旋转轴上由于陀螺比例因子误差引起的误差也可大部分相互抵消,也就是 IMU 旋转本身基本上不会引入额外的导航误差。

但是,往复连续旋转调制方案中,转动机构的电机需要频繁地换向和制动,并且转动机构绝大部分时间工作在转动方式下,降低了转动机构的寿命,影响了系统的可靠性。对于陀螺比例因子误差很小的情况,也可采用 IMU 正向转动两周然后再反向转动两周的方案,这样可减少电机的制动次数。同时,对于激光陀螺来说,连续旋转还可提供速率偏频,减小了由机械抖动引起的随机游走误差,进一步提高了系统的精度。

2.3.1.3　四位置转位调制方案

为了避免转动机构频繁地制动和换向,可在相对横摇轴对称的四个位置停止一段时间,即四位置转位调制方案。在这种转位方案中,IMU 首先绕旋转轴正向转动180°,停止时间 T_s;然后再正向转动90°,停止时间 T_s;之后,反向转动180°,停止时间 T_s;然后再反向转动90°,停止时间 T_s,完成一个转动周期,之后进行循环转动,如图2.20所示。

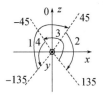

图2.19　往复连续旋转方案　　　　　图2.20　四位置转位方案

　　四位置转位调制方案中转动机构的转动时间较少,并且转动的最大角度为270°,可用软导线替代滑环,进一步增加了系统的可靠性。因此,这种旋转方案是目前国际上船用高精度激光陀螺惯导系统普遍采用的旋转调制方案,例如MK39 Mod3C和AN/WSN-7B激光惯导系统,其中最典型的四个旋转位置为-135°、+45°、+135°、-45°。

　　IMU的四个停止位置相对横摇轴和纵摇轴都是对称的,所以在这四个停止位置上由水平惯性器件常值误差引起的导航误差基本为零。但是,由于IMU的最大转角为270°,由图2.20可以看出,从-45°到+45°、或者+45°到-45°的转动过程中没有相应的转动与之对应,所以这两个过程的误差无法抵消。采用典型的四位置转位方案,一个转动周期并不能完全抵消水平惯性器件漂移引起的导航误差。针对这一问题,可在-135°和+135°两个位置上的停留时间延长$2/\omega_c$,这样可将水平方向上器件的常值漂移全部平均掉,又不增加转角,仍可用软导线替代滑环[13]。如果转动机构安装滑环,也可采用八次序的四位置转位调制方案,使IMU旋转一周,将水平方向上的器件常值误差完全平均掉[89]。

　　总之,为了提高系统的可靠性和寿命,应尽量采用转位调制方案,这样转动机构的转动时间较少,系统大部分时间都停留在不同的位置,减小了转轴的磨损。为了克服旋转轴上陀螺比例因子误差的影响,转位方案应该正反转交替进行。

 2.3.2　双轴旋转转位调制方案

　　单轴旋转调制方案无论怎样改进都不能调制旋转轴方向上的惯性器件常值误差,这是单轴旋转调制方案的固有缺陷。要想调制所有惯性器件的常值误差,必须采用双轴旋转或者多轴旋转调制方案,例如MK49、AN/WSN-7A等激光陀螺惯导系统就采用双轴旋转调制方案[10,49]。但是,在公开的资料中,国外的双轴旋转惯导系统的具体转位方案很难找到。袁保伦借鉴静电陀螺平台翻滚方案提出了一种十六次序翻滚的双轴转位调制方案,具体的转动次序如图 2.21 所示[13]。

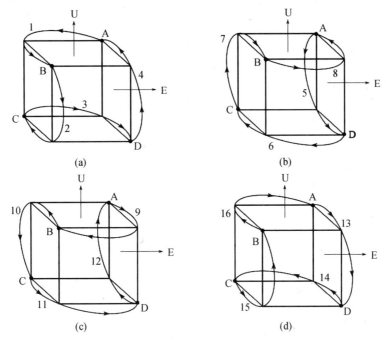

图 2.21　十六次序翻滚方案 IMU 转动示意图[13]

（a）次序 1~4；（b）次序 5~8；（c）次序 9~11；（d）次序 13~16。

由图 2.21 可知,该十六次序翻滚转位调制方案依次绕方位轴和滚动轴定序转动,并且正反交替进行,所以能够完全调制所有惯性器件的常值误差和安装误差。由于十六次序翻滚转位调制方案为定序转动,也就是在某一时刻 IMU 只绕一个轴进行旋转,所以双轴旋转调制方案又可看作两个单轴旋转调制方案的交替旋转,可以按照单轴旋转情况下的误差效应分析方法对十六次序翻滚转位调制方案进行分析。

▶ 2.3.3　一种改进的二十次序双轴旋转转位调制方案

上述十六次序翻滚转位调制方案中每个转位次序都绕旋转轴转动180°,有些误差就无法调制。

将式(2.35)进行整理可得:

$$C_s^n \delta C_g C_b^s \boldsymbol{\omega}_{ib}^b =$$

$$
\frac{1}{2}
\begin{bmatrix}
(\eta_{xy} - \eta_{zy})\sin2\theta & 2(\eta_{zx}\sin\theta - \eta_{xz}\cos\theta) \\
2(\eta_{yz}\cos\theta - \eta_{yx}\sin\theta) & 0 \\
(-\eta_{zy} - \eta_{xy}) - (\eta_{zy} - \eta_{xy})\cos2\theta & 2(\eta_{xz}\sin\theta + \eta_{zx}\cos\theta)
\end{bmatrix}
$$

$$
\begin{bmatrix}
(\eta_{zy} + \eta_{xy}) + (\eta_{xy} - \eta_{zy})\cos2\theta \\
-\eta_{yz}\sin\theta - \eta_{yx}\cos\theta \\
(\eta_{zy} - \eta_{xy})\sin2\theta
\end{bmatrix}
\boldsymbol{\omega}_{ib}^{b}
\tag{2.38}
$$

将与 $\sin\theta$ 和 $\cos\theta$ 组合成的项称为一次谐波误差,与 $\sin2\theta$ 和 $\cos2\theta$ 组合成的项称为二次谐波误差。如果每个转位次序都转动180°,则系统的二次谐波误差无法调制。既然双轴转位方案可看作两个绕不同轴旋转的单轴转位方案的组合,那么借鉴单轴四位置转位方案,可将十六次序翻滚转位方案改进成如图2.22 所示的二十次序的双轴旋转方案。

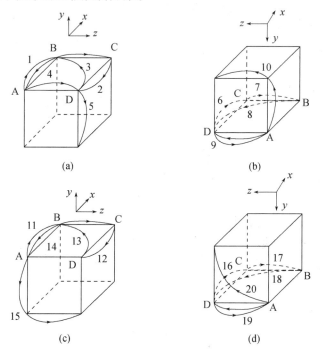

图 2.22　改进的双轴旋转转位方案 IMU 转动示意图

(a) 次序 1～5;(b) 次序 6～10;(c) 次序 11～15;(d) 次序 16～20。

改进的双轴旋转转位方案转动次序为:

次序 1,IMU 由位置 A 出发绕 y 轴反向转动180°到达位置 C,停止时间 T_s;

次序 2,绕 y 轴反向转动90°到达位置 D,停止时间 T_s;

次序 3,绕 y 轴正向转动180°到达位置 B,停止时间 T_s;

次序 4,绕 y 轴正向转动90°到达位置 A,停止时间 T_s;

次序 5,绕 x 轴正向转动180°,方位陀螺发生翻转,停止时间 T_s;

次序 6,绕 y 轴正向转动180°到达位置 C,停止时间 T_s;

次序 7,绕 y 轴正向转动90°到达位置 B,停止时间 T_s;

次序 8,绕 y 轴反向转动180°到达位置 D,停止时间 T_s;

次序 9,绕 y 轴反向转动90°到达位置 A,停止时间 T_s;

次序 10,绕 x 轴反向转动180°,方位陀螺发生翻转,停止时间 T_s;

次序 11,绕 y 轴反向转动180°到达位置 C,停止时间 T_s;

次序 12,绕 y 轴反向转动90°到达位置 D,停止时间 T_s;

次序 13,绕 y 轴正向转动180°到达位置 B,停止时间 T_s;

次序 14,绕 y 轴正向转动90°到达位置 A,停止时间 T_s;

次序 15,绕 x 轴反向转动180°,方位陀螺发生翻转,停止时间 T_s;

次序 16,绕 y 轴正向转动180°到达位置 C,停止时间 T_s;

次序 17,绕 y 轴正向转动90°到达位置 B,停止时间 T_s;

次序 18,绕 y 轴反向转动180°到达位置 D,停止时间 T_s;

次序 19,绕 y 轴反向转动90°到达位置 A,停止时间 T_s;

次序 20,绕 x 轴正向转动180°,停止时间 T_s。

至此,IMU 旋转了一个周期,之后进行循环。

由以上的转位方案可以看出,该转位方案绕方位轴进行90°和180°的交替正反转动,绕滚动轴只进行180°的正反转动。因此,该方案避免了陀螺绕滚动轴进行90°的翻转运动,既具有单轴四位置转位方案的优势,在方位轴上可用软导线替代滑环,同时又能有效调制所有惯性器件的常值误差、安装误差和系统的二次谐波误差。

▶ 2.3.4　旋转方案的选择

2.3.1 节和2.3.2 节分析了单轴旋转和双轴旋转的几种常用转位方案,由分析结果可知,单向连续转位方案可有效抑制惯性器件的常值误差和慢变漂移,但是会在旋转轴上引入常值误差。单轴往复连续转位方案也可有效抑制惯性器件的常值误差和慢变漂移,旋转轴上的误差时正时负,基本上可以相互抵消。但是该方案中,转动机构会频繁地制动和换向,旋转轴一直处于转动状态,转轴磨损比较严重,因此会降低系统的可靠性和缩短系统的寿命。转位方案是 IMU 从一个位置快速转位到另一个位置,然后停留一段时间,虽然对惯性器件常值误差的抑制效果不如往复连续转动方案,但是由于转动时间较少,基本上不会严重激发惯性器件比例因子误差和安装误差,总体效果与往复连续转动方案基本相当,并且其转动时间较少,具有较高的可靠性。综合以上分析,转位方案不仅能够有效抑制惯导系统误差,提高系统精度,而且转动时间少,与其他方案相比,系统具有比较高的可靠性,所以是旋转式惯导系统的首选方案。世界上转位式激光陀螺惯导系统基本上都是选择转位方案。往复连续旋转方案,能够为激光陀螺提供偏频,所以一般只用作速率偏频系统。

双轴和多轴转位方案能够抑制所有惯性器件的常值误差、慢变漂移和安装误差,三轴或者三轴以上的转位方案还可抑制惯性器件比例因子误差。所以,采用该方案的惯导系统精度很高,降低了对惯性器件性能的要求,并且在初始对准阶段,惯导系统通过绕两个轴或者多个轴旋转,能够大幅度提高系统的可观测性,提高初始对准精度和惯性器件误差的估计精度,缩短对准时间。但是,采用双轴或者多轴转位方案,系统结构复杂、成本高、体积大、重量重,并且动态环境中双轴或多轴转动机构轴的正交性和转角的稳定性难以保证,研制复杂的双轴或多轴转动机构所需成本较高,周期较长。此外,在双轴转位方案中,陀螺需要进行翻转,对于机抖激光陀螺来说,由于有活动部件,在翻转过程中可能会引入新的误差。单轴旋转方案虽然不能抑制旋转轴上惯性器件的常值误差和慢变漂移,但是其结构简单、成本相对较低、体积相对较小、重量相对较轻。因为只有一个轴转动,所以动态环境中,转动机构的精度也比较好保证,研制成本较低,研制周期较短。由于惯导系统高度通道发散,需借助于高度计阻尼高度通道,水平通道则可以通过转动进行抑制。特别是目前国内量产的激光陀螺精度优于 $0.003°/h$ 的水平,为单轴旋转提供了有力的保证。而且,在单轴旋转式惯导系统中,激光陀螺只有旋转运动,避免了翻转运动产生的新的误差。但是,在初始对准阶段,单轴旋转由于只能绕一个轴转动,系统可观测性不如双轴或多轴旋转方案,所以对准和惯性器件误差的估计时间较长。

综合比较研制成本、体积、重量,特别是实现难度、研制周期和精度要求等各个方面,对水面舰艇而言,基于目前的激光陀螺精度水平,采用单轴转位方案完全能够能够满足需求。

▶ 2.3.5 不可调制误差的处理方法

由前面的分析可知,如果采用单轴转位方案来提高激光陀螺惯导系统的精度,则旋转轴上的陀螺和加速度计误差、陀螺和加速度计的比例因子误差、安装误差 η_{zy}、η_{xy} 以及初始对准误差将不能被调制。另外,无论是采用单轴转位方还是双轴转位方案,激光陀螺和加速度计的随机性误差都不能被抑制。因此,这些误差成为制约旋转式激光陀螺惯导系统的主要误差。此外,由于旋转式激光陀螺惯导系统增加了转动机构,因此,转动机构误差对惯导系统的影响以及 IMU 经转动后是否带来额外误差也需要考虑。

2.3.5.1　旋转轴上陀螺随机常值误差处理方法

由式(2.10)和式(2.16)可知,旋转调制并没有改变惯导系统的固有属性,经旋转调制后,惯导系统的误差特征仍然包含舒勒周期振荡、地球周期振荡和傅科周期振荡。对于经旋转调制能够抑制的器件误差,其引起的系统误差还包含旋转周期振荡。而对于旋转调制不能抑制的器件误差,其引起的系统误差传播特性与 IMU 不旋转时相同。当 IMU 绕天向轴旋转时,由文献[6]可知,旋转轴上陀螺随机常值误差引起的北向位置误差和东向位置误差为:

$$\delta L = -\varepsilon_z \frac{R\cos L}{\omega_{ie}}(1 - \cos\omega_{ie}t) \tag{2.39}$$

$$\delta\lambda = -\varepsilon_z R\sin L\left(t - \frac{\sin\omega_{ie}t}{\omega_{ie}}\right) \tag{2.40}$$

式中:δL 和 $\delta\lambda$ 分别为惯导系统的北向位置误差和东向位置误差;ε_z 为旋转轴上陀螺随机常值误差;R 为地球半径;L 为当地纬度;ω_{ie} 为地球自转角速度。

由式(2.39)和式(2.40)可知,当惯导系统在北纬30°附近工作时,如果不计其他误差的影响,只考虑天向陀螺随机常值引起的惯导系统误差,惯导系统要达到 1n mile/24h 的导航精度,天向陀螺随机常值误差要优于0.001°/h。如果再考虑惯性器件随机误差和惯导系统初始对准误差的影响,则天向陀螺随机常值误差要远远优于0.001°/h,这对于目前批量生产的激光陀螺来说还很困难。因此为了保证旋转式激光陀螺惯导系统达到一定的精度,需要采用一定方法来处理天向陀螺误差。

对于天向陀螺来说,首先需要从陀螺选型上来保证陀螺精度。在陀螺选型上,首先按照国军标对陀螺进行测试,选择随机常值零偏小的陀螺。基于目前激光陀螺的水平,选择零偏稳定性为0.002°/h 的陀螺是可行的。然后,对激光陀螺的随机常值进行长期测试,选择随机常值比较稳定的陀螺,以便进行补偿和估计。

经过挑选的陀螺,其精度也很难达到惯导系统的精度要求。为了进一步提高惯导系统的精度,可以在初始对准的过程中对陀螺和加速度计的随机常值零偏进行估计。这样既可以在导航过程中对陀螺和加速度计的随机常值零偏进行补偿,提高导航精度,同时,由于分离了陀螺和加速度计随机常值零偏的影响,提高了初始对准的精度。

经过对旋转轴上陀螺和加速度计的随机常值零偏进行估计,其常值零偏对导航精度的影响得到很大程度的减小,从而很大程度地提高惯导系统的精度。对于陀螺和加速度计随机常值误差的估计问题,将在第5章进行详细论述。

2.3.5.2 比例因子和安装误差的处理方法

采用单轴转位方案时,陀螺和加速度计的比例因子误差和安装误差 η_{zy}、η_{xy} 不能被调制。在 IMU 旋转时,旋转轴上陀螺的比例因子误差将在旋转轴方向上引起误差,相当于给旋转轴方向上的陀螺增加一常值漂移。为了减小比例因子误差影响,在设计转位方案时,IMU 要进行正反交替旋转,这样陀螺比例因子误差在旋转轴上引起时正时负的误差,从而相互抵消。在 IMU 旋转时,是从一个位置快速转到另一个位置,在两个位置之间的旋转时间很短,所以陀螺比例因子误差对导航精度影响也较小。另外,激光陀螺的比例因子比较稳定,经高精度标定后,其比例因子变化较小,所以对导航精度影响也比较小。

安装误差主要是陀螺和加速度计安装基座的变形引起的,因此为了减小安装误差 η_{zy}、η_{xy} 对导航精度的影响,首先选择不易变形的材料铸造安装基座,然后经老化等工艺处理,减小安装基座的变形。另外,对安装误差进行高精度标定,尽量标定出惯性器件的安装关系,从而减小对导航精度的影响。

2.3.5.3 初始对准误差的处理方法

在惯导系统进入导航状态之前,首先要进行初始对准,为惯导系统的积分运算提供初始姿态、初始速度和初始位置。由于惯性器件和对准算法存在误差,初始对准结果与真值之间不可避免地存在误差。由 2.2 节的分析可知,旋转调制对惯导系统的初始对准误差不能进行抑制。

但是,初始对准是一个动态平衡的过程,也就是在初始对准完成时,载体的姿态失准角与惯性器件的误差之和为零,这样就认为完成了惯导系统的初始对准。当惯导系统转入导航之后,IMU 开始旋转,打破了初始对准达到的平衡状态,从而将初始对准误差激励出来。

所以,在旋转式激光陀螺惯导系统中,对初始对准误差的处理主要有以下两种手段:①通过各种手段尽量提高初始对准精度,减小对准误差对导航精度的影响;②在初始对准过程中,使 IMU 的转动方案与导航过程中 IMU 的转动方案尽可能相同,尽量减小惯导系统转入导航状态后对初始对准平衡状态的打破程度。

2.3.5.4　惯性器件随机误差的处理方法

旋转调制技术对惯性器件的随机误差不能进行抑制,在估计和补偿了旋转轴上惯性器件的随机常值误差后,惯性器件的随机误差就成为制约惯导系统精度的主要误差源。惯性器件随机误差主要从两个方面影响惯导系统的导航精度:①惯性器件的随机误差在初始对准阶段影响惯导系统的初始对准精度,从而最终影响惯导系统的导航精度;②惯性器件的随机误差在导航阶段直接影响导航精度。

对激光陀螺来说,器件随机误差主要表现为激光陀螺的随机游走。随机游走在初始对准阶段引起的方位对准误差为[133, 134]

$$\delta\varphi_{RW} = \frac{N_{RW}}{\sqrt{T}\omega_{ie}\cos L} \tag{2.41}$$

式中:$\delta\varphi_{RW}$ 为激光陀螺角度随机游走引起的方位对准误差;N_{RW} 为东向陀螺的随机游走系数;T 为对准时间。

由式(2.41)可知,由激光陀螺随机游走引起的方位对准误差与对准时间的平方根成反比,在短时间内,随机游走引起的方位对准误差增长很快,随着对准时间的增加,随机游走引起的方位对准误差逐渐减小。在北纬45°,N_{RW} 为 0.0006°/$\sqrt{\text{h}}$,对准时间分别为6h 和16h 时,由陀螺的随机游走引起的方位对准误差分别为4.75″和2.91″。可知,经长时间对准,由激光陀螺随机游走引起的对准误差可以忽略不计。

假设惯导系统的初始位置误差为0,在导航过程中,由激光陀螺随机游走引起的位置误差为:[115]

$$\delta\lambda = \frac{N_{RWy}}{\sqrt{t}}R[t - (\sin\omega_s t)/\omega_s] \tag{2.42}$$

$$\delta L = \frac{N_{RWx}}{\sqrt{t}}R[t - (\sin\omega_s t)/\omega_s] \tag{2.43}$$

式中:$\delta\lambda$、δL 分别为东向位置误差和北向位置误差;N_{RWx}、N_{RWy} 分别为东向陀螺和北向陀螺的随机游走系数;t 为导航时间;ω_s 为舒勒频率。

假设 N_{RWy} 为0.0006°/$\sqrt{\text{h}}$,则激光陀螺随机游走引起的东向位置误差如图2.23所示。

由式(2.42),式(2.43)和图2.23 可知,随机游走引起的位置误差在短时间内增长较快,随着时间的增长,随机游走引起的位置误差呈舒勒振荡增长。24h 后,系数为0.0006°/$\sqrt{\text{h}}$的随机游走引起的位置误差为328m,与激光陀螺随

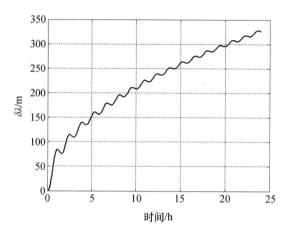

图 2.23　陀螺随机游走引起的东向位置误差

机常值漂移引起的位置误差相比相对来说较小。

　　激光陀螺随机噪声很难通过建模或者其他方法来减小,只有根据惯导系统的精度要求来选择合适的陀螺。对于随机噪声对惯导系统初始对准的影响,可以通过适当延长对准时间来减小对准误差。

2.3.5.5　转动机构误差的处理方法

　　在旋转式激光陀螺惯导系统中,转动机构不可避免地存在误差,从而对惯导系统的导航精度造成一定的影响。转动机构对旋转式惯导系统导航精度的影响将在第 3 章进行分析,第 4 章从旋转式惯导系统导航解算方案的角度分析了如何减小转动机构误差对导航精度的影响。

2.4　本章小结

　　本章主要阐述了旋转调制技术的误差抑制机理,分析了旋转式惯导系统的单轴和双轴转位方案,所进行的主要工作和得出的主要结论如下:

　　(1) 基于激光陀螺 IMU 的测量误差模型,阐述了旋转调制技术的机理,揭示了旋转调制技术的本质。旋转调制技术的本质就是改变惯性器件敏感轴方向,使依附于惯性器件敏感轴上的误差在导航系中改变方向,使不同方向上的等效器件误差引起的导航误差相互平均抵消,从而提高导航精度。

　　(2) 分析了旋转调制技术对惯性器件常值零偏、比例因子误差、安装误差和初始对准误差的抑制情况。分析结果指出,旋转调制技术能够抑制惯性器件的常值误差和部分安装误差,但是不能抑制器件的比例因子误差。

（3）分析了旋转调制技术对激光陀螺慢变漂移的抑制效果。将激光陀螺慢变漂移建模成一阶马尔可夫过程，基于一阶马尔可夫过程的自相关函数，采用协方差分析方法，理论分析了旋转调制技术对激光陀螺慢变漂移的抑制情况。分析结果表明，旋转调制技术能够抑制激光陀螺的慢变漂移，并且 IMU 转动速度越快、陀螺慢变漂移的相关时间越大，对慢变漂移的抑制效果越好。

（4）分析了多种单轴和双轴旋转调制方案，针对十六次序双轴转位方案不能有效调制惯导系统二次谐波误差的问题，提出了一种基于二十次序双轴旋转的转位调制方案。该方案绕方位轴进行90°和180°的交替正反转动，绕滚动轴只进行180°的正反转动，避免了陀螺绕滚动轴进行90°的翻转运动，既具有单轴四位置转位方案的优势，在方位轴上可用软导线替代滑环，同时又能有效调制所有惯性器件的常值误差、安装误差和二次谐波误差。

第3章 转动机构误差和载体角运动对单轴旋转调制效果的影响分析

采用旋转调制技术的激光陀螺惯导系统需要利用转动机构带动 IMU 按照一定的规律转动。由于机械加工、测量误差等原因,转动机构不可避免地存在测角误差、转速稳定性误差和转轴摇摆误差等多种误差。同时,在实际环境中,载体具有角运动,这些运动与 IMU 的旋转运动互相耦合,影响了旋转调制的效果。因此,需要详细研究转动机构误差和载体角运动对旋转调制效果的影响,以期能够在旋转式激光陀螺惯导系统设计初期为系统导航精度分析、误差分配、转动机构的设计制造和惯性器件的选型提供理论指导。

3.1 转动机构误差对旋转调制效果的影响

单轴旋转式激光陀螺惯导系统的转动机构为单轴转台,主要由工作台面、转动轴、电机和角编码器等主要部件组成。转台的精度指标主要包括测角分辨率、测角精度、速率精度、速率平稳性和主轴回转精度等[135]。

▶ 3.1.1 转动机构的主要误差

3.1.1.1 转台测角误差

测角精度和测角分辨率是转台光栅角位置测量的重要参数。测角分辨率主要由光栅环一周的刻线数量和电子细分能力决定,对于给定的转台,测角分辨率为常值。本书实验中所采用的单轴转台测角分辨率为 0.18″。

测角精度不仅与光栅测角精度和测角分辨率有关,还与测角轴系的装配精度相关。光栅装配对测角精度的影响,主要体现在光栅测量轴系的径向跳动、光栅轴与回转轴的偏心、光栅轴与测量轴系的歪扭以及光栅的轴向运动等方面[69]。

无论是光栅角编码器自身的误差还是安装过程中引入的误差,它们都会表现出一定的周期性,因此转台光栅的测角误差通常体现为不同角度值的周期性误差和同一个角度值的离散度误差,即测角误差随转台角度成周期规律变化,而这种周期变化每周又不是绝对重合[101]。

传统方法采用多面体棱镜和自准直仪对转台测角误差进行测量和标校,但存在操作复杂和无法动态测量的缺点,通常只对转台的几个固定角度进行测量,用于评估转台静态角位置精度和误差标校[101]。经测量,实验所采用的单轴转台在静态情况下角位置精度优于2″。

但是,在旋转式惯导系统中,转台要周期性转动,因此需要测量转台转动过程中的测角精度。激光陀螺具有短时间精度高和分辨率高等特点,可用于对转台测角误差进行动态测量[136]。经测量,所定制的转台测角周期性误差幅值约为10″。一般而言,转台的测角周期性误差可以通过动态标校方法进行建模和补偿[101, 103]。

3.1.1.2　转台转速平稳性

转台的速率精度和转速平稳性主要由转台测角精度和控制系统性能决定。根据转台测试规范[135],采用定角测时法对转速平稳性和速率精度进行测试。转台工作于速率方式,转台按给定的速率稳定工作后,测量转台转过一定角度所用的时间。经测量,实验所采用的转台转速在10~100°/s 时,转速平稳性约为1~2ppm,速率精度约为0.01ppm。

3.1.1.3　转台主轴回转精度

在旋转式惯导系统中,如果转台的旋转轴指向不稳,则会增大激光陀螺的误差。旋转轴的稳定性主要由转台主轴的回转精度保证[101]。

转台主轴回转精度主要由机械装配精度决定,采用光管和台面上的平面镜进行测量。经测量,实验所采用的转台在静态情况下主轴回转精度约为±1.47″,连续转动的定轴性得到较好满足。

由所测结果可知,实验所采用的单轴转台速率精度和转速平稳性较好,主轴回转精度较高,能够保证转轴的稳定性;但转台周期性误差幅值约为10″,特别是在台面上安装激光陀螺 IMU 后,在动态环境中测角误差可能会更大,因此在论证系统姿态精度时应予以考虑。

▶ 3.1.2　转动机构测角误差对旋转调制效果的影响

在激光陀螺 IMU 安装在转台台面以及载体上时,可以通过光学方法对它们的安装关系进行标定。所以,转台台面不平等误差项对旋转式惯导系统的精度影响很小。影响系统精度的主要是转台的测角误差、转轴晃动以及速率平稳性。

转台的测角误差记为 $\delta\theta$，假设 IMU 以角速度 ω_c 绕载体的航向轴相对载体旋转。旋转过程中，载体静止，经过时间 t，则式(2.4)可写为：

$$\widetilde{\boldsymbol{C}}_b^s = \begin{bmatrix} \cos(\omega_c t + \delta\theta) & 0 & -\sin(\omega_c t + \delta\theta) \\ 0 & 1 & 0 \\ \sin(\omega_c t + \delta\theta) & 0 & \cos(\omega_c t + \delta\theta) \end{bmatrix} \tag{3.1}$$

假设 $\delta\theta$ 为小角度，可求得 $\widetilde{\boldsymbol{C}}_s^b$ 为：

$$\widetilde{\boldsymbol{C}}_s^b = (\widetilde{\boldsymbol{C}}_b^s)^{\mathrm{T}} \approx \boldsymbol{C}_s^b + \delta\theta \begin{bmatrix} -\sin\omega_c t & 0 & \cos\omega_c t \\ 0 & 0 & 0 \\ -\cos\omega_c t & 0 & -\sin\omega_c t \end{bmatrix} = \boldsymbol{C}_s^b + \delta\boldsymbol{C}_s^b \tag{3.2}$$

式中：$\delta\boldsymbol{C}_s^b = \delta\theta \begin{bmatrix} -\sin\omega_c t & 0 & \cos\omega_c t \\ 0 & 0 & 0 \\ -\cos\omega_c t & 0 & -\sin\omega_c t \end{bmatrix}$。

将陀螺的测量误差投影到载体系可得：

$$\begin{aligned} \delta\boldsymbol{\omega}_{is}^b &= \widetilde{\boldsymbol{C}}_s^b \big[(\delta\boldsymbol{K}_g + \delta\boldsymbol{C}_g)(\widetilde{\boldsymbol{C}}_b^s \boldsymbol{\omega}_{ib}^b + \boldsymbol{\omega}_{bs}^s) + \boldsymbol{\varepsilon} + \boldsymbol{\varepsilon}_n \big] \\ &= \boldsymbol{C}_s^b \big[(\delta\boldsymbol{K}_g + \delta\boldsymbol{C}_g)(\boldsymbol{C}_b^s \boldsymbol{\omega}_{ib}^b + \boldsymbol{\omega}_{bs}^s) + \boldsymbol{\varepsilon} + \boldsymbol{\varepsilon}_n \big] + \\ &\quad \boldsymbol{C}_s^b (\delta\boldsymbol{K}_g + \delta\boldsymbol{C}_g)\delta\boldsymbol{C}_b^s \boldsymbol{\omega}_{ib}^b + \\ &\quad \delta\boldsymbol{C}_s^b \big[(\delta\boldsymbol{K}_g + \delta\boldsymbol{C}_g)(\widetilde{\boldsymbol{C}}_b^s \boldsymbol{\omega}_{ib}^b + \boldsymbol{\omega}_{bs}^s) + \boldsymbol{\varepsilon} + \boldsymbol{\varepsilon}_n \big] \end{aligned} \tag{3.3}$$

那么，由转台测角误差引起的误差项为：

$$\begin{aligned} \delta\boldsymbol{\omega}_{isT}^b &= \boldsymbol{C}_s^b (\delta\boldsymbol{K}_g + \delta\boldsymbol{C}_g)\delta\boldsymbol{C}_b^s \boldsymbol{\omega}_{ib}^b + \\ &\quad \delta\boldsymbol{C}_s^b \big[(\delta\boldsymbol{K}_g + \delta\boldsymbol{C}_g)(\widetilde{\boldsymbol{C}}_b^s \boldsymbol{\omega}_{ib}^b + \boldsymbol{\omega}_{bs}^s) + \boldsymbol{\varepsilon} + \boldsymbol{\varepsilon}_n \big] \end{aligned} \tag{3.4}$$

由式(3.4)可知，转台测角误差将会引起载体系中陀螺的测量误差。

如果所采用导航解算方案适当，则转台的测角误差不会影响系统的速度和位置精度，只影响系统的姿态精度。

载体的姿态矩阵为：

$$\widetilde{\boldsymbol{C}}_b^n = \widetilde{\boldsymbol{C}}_s^n \widetilde{\boldsymbol{C}}_b^s \tag{3.5}$$

式中：$\widetilde{\boldsymbol{C}}_s^n$ 通过陀螺的测量值进行计算；$\widetilde{\boldsymbol{C}}_b^s$ 利用转台测角机构测量的角度进行计算。

假设 IMU 以角速度 ω_c 绕载体的航向轴相对载体旋转。经过时间 t，由陀螺测量值计算的捷联矩阵 $\widetilde{\boldsymbol{C}}_s^n$ 为：

$$\widetilde{\boldsymbol{C}}_s^n = \begin{bmatrix} T_{11} & T_{12} & T_{13} \\ T_{21} & T_{22} & T_{23} \\ T_{31} & T_{32} & T_{33} \end{bmatrix} \tag{3.6}$$

将式(3.1)和式(3.6)代入式(3.5)，则载体的姿态矩阵 $\widetilde{\boldsymbol{C}}_b^n$ 可表示为：

$$\widetilde{\boldsymbol{C}}_b^n = \begin{bmatrix} T_{11}\cos(\omega_c t + \delta\theta) + T_{13}\sin(\omega_c t + \delta\theta) & T_{12} & T_{13}\cos(\omega_c t + \delta\theta) - T_{11}\sin(\omega_c t + \delta\theta) \\ T_{21}\cos(\omega_c t + \delta\theta) + T_{23}\sin(\omega_c t + \delta\theta) & T_{22} & T_{23}\cos(\omega_c t + \delta\theta) - T_{21}\sin(\omega_c t + \delta\theta) \\ T_{31}\cos(\omega_c t + \delta\theta) + T_{33}\sin(\omega_c t + \delta\theta) & T_{32} & T_{33}\cos(\omega_c t + \delta\theta) - T_{31}\sin(\omega_c t + \delta\theta) \end{bmatrix}$$

$$\tag{3.7}$$

当采用北天东当地地理坐标系为导航坐标系，载体系定义为前上右，则：

$$\boldsymbol{C}_b^n = \begin{bmatrix} \cos\psi\cos\theta & -\cos\psi\sin\theta\cos\gamma + \sin\psi\sin\gamma & \cos\psi\sin\theta\sin\gamma + \sin\psi\cos\gamma \\ \sin\theta & \cos\theta\cos\gamma & -\sin\gamma\cos\theta \\ -\sin\psi\cos\theta & \sin\psi\sin\theta\cos\gamma + \cos\psi\sin\gamma & -\sin\psi\sin\theta\sin\gamma + \cos\psi\cos\gamma \end{bmatrix}$$

$$\tag{3.8}$$

式中：γ 为纵摇角；θ 为横摇角；ψ 为航向角。

在单轴旋转式惯导系统中，IMU 绕航向轴转动，所以，转台测角误差对航向角的影响要大于两个水平姿态角。由式(3.7)和式(3.8)可知，当转台有测角误差时，航向角的主值为：

$$\psi_{主} = \arctan\left(-\frac{T_{31}\cos(\omega_c t + \delta\theta) + T_{33}\sin(\omega_c t + \delta\theta)}{T_{11}\cos(\omega_c t + \delta\theta) + T_{13}\sin(\omega_c t + \delta\theta)}\right) \tag{3.9}$$

可见，转台测角误差影响系统的航向角精度。

为了更为直观地看出转台测角误差对系统航向角的影响，采用作图的方法给出转台测角误差与航向角的关系。

为了直观起见，假设 t 时刻 IMU 的姿态为纵摇角为 $0°$，横摇角为 $0°$，航向角为 $20°$，则捷联矩阵 $\widetilde{\boldsymbol{C}}_s^n$ 为：

$$\widetilde{\boldsymbol{C}}_s^n = \begin{bmatrix} \cos 20° & 0 & \sin 20° \\ 0 & 1 & 0 \\ -\sin 20° & 0 & \cos 20° \end{bmatrix} \tag{3.10}$$

假设初始时刻 IMU 坐标系与载体坐标系重合，转动过程中载体静止不动，t

时刻,$\omega_c t = 20°$,则此时航向角的主值为

$$\psi_{\pm} = \arctan\left(\frac{-\sin20°\cos(20° + \delta\theta) + \cos20°\sin(20° + \delta\theta)}{\cos20°\cos(20° + \delta\theta) + \sin20°\sin(20° + \delta\theta)}\right) \quad (3.11)$$

如果转台没有测角误差,则载体系相对导航系的航向角应该为 0°。所以,航向角误差可表示为

$$\delta\psi = \psi_{\pm} - 0 \quad (3.12)$$

转台测角误差为小角度误差,因此,假设转台测角误差变化范围为 -1° ~ 1°,则航向角误差与转台测角误差的关系如图 3.1 所示。

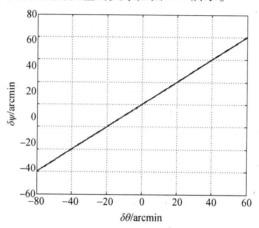

图 3.1　航向角误差与转台测角误差的关系

由图 3.1 可知,转台测角误差严重影响系统的航向角精度,转台测角误差越大,航向角误差也越大。在 MK39 Mod3C 系统中,其转台测角误差要求不大于 15″[93]。对于实验所采用的转台,经测量,其周期性误差幅值约为 10″,可以满足工程需要。

▶ 3.1.3　转速稳定性对旋转调制效果的影响

由 3.1.1 节的分析可知,转台转速稳定性是采用定角测时法来测量的。因此,其对旋转式惯导系统精度的影响与转台测角误差相同。

需要注意的是,转台转轴稳定性对旋转式惯导系统的影响比较复杂。在转台转动过程中,如果旋转轴晃动,相当于增加了陀螺的测量误差,进而影响惯导系统的精度,并且这种误差很难补偿和滤波。因此,转台转轴稳定性是一个重要指标。在 MK39 Mod3C 系统中,其转轴稳定性误差也要求不大于 15″[93]。

3.2　载体水平角运动对旋转调制效果的影响

在激光陀螺惯导系统旋转调制技术中,实际上,IMU 并不是绕地理坐标系的天向轴转动,而是绕载体系的航向轴相对载体转动,所以,载体水平角运动与 IMU 的转动相互耦合,从而影响旋转调制的效果。

3.2.1　载体横摇角运动对旋转调制效果的影响

假设载体只绕载体系的 ox_b 轴做正弦规律的角运动,不做其他运动。IMU 确定的惯性敏感系初始时刻与载体系重合,并且绕载体系的 oy_b 轴有规律地转动。IMU 安装在载体的重心,忽略杆臂误差的影响。为了描述方便,定义 b' 系为载体运动后的坐标系,b 系与 b' 系的关系如图 3.2 所示。

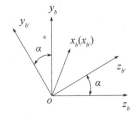

图 3.2　横摇角运动情况下 b 系与 b' 系的关系

初始时刻,导航系与载体系之间的方向余弦矩阵 $\boldsymbol{C}_n^b$ 为:

$$\boldsymbol{C}_n^b = \begin{bmatrix} \cos\psi\cos\theta & \sin\theta & -\sin\psi\cos\theta \\ \begin{array}{c} -\cos\psi\sin\theta\cos\gamma \\ +\sin\psi\sin\gamma \end{array} & \cos\theta\cos\gamma & \begin{array}{c} \sin\psi\sin\theta\cos\gamma \\ +\cos\psi\sin\gamma \end{array} \\ \begin{array}{c} \cos\psi\sin\theta\sin\gamma \\ +\sin\psi\cos\gamma \end{array} & -\sin\gamma\cos\theta & \begin{array}{c} -\sin\psi\sin\theta\sin\gamma \\ +\cos\psi\cos\gamma \end{array} \end{bmatrix} \tag{3.13}$$

式中:γ 为纵摇角;θ 为横摇角;ψ 为航向角。

载体绕 ox_b 轴旋转 α 角后至 b' 系,则 b 系到 b' 系的变换矩阵为

$$\boldsymbol{C}_b^{b'} = \begin{bmatrix} 1 & 0 & 0 \\ 0 & \cos\alpha & \sin\alpha \\ 0 & -\sin\alpha & \cos\alpha \end{bmatrix} \tag{3.14}$$

式中:$\alpha = \omega_x t$,对舰船来说,一般而言,$\alpha \in [-45° \quad 45°]$;$\omega_x$ 为载体绕 ox_b 轴转动的角速率,在一个周期内,ω_x 为:

$$\omega_x = \begin{cases} |\omega_x| & 0 \leqslant t \leqslant T/4, 3T/4 \leqslant t \leqslant T \\ -|\omega_x|, & T/2 \leqslant t \leqslant 3T/4 \end{cases} \tag{3.15}$$

式中:T 为转动周期。

在单轴旋转调制技术中,IMU 绕 $oy_{b'}$ 轴转动,则 b' 系到 s 系的变换矩阵为:

$$\boldsymbol{C}_{b'}^s = \begin{bmatrix} \cos\beta & 0 & -\sin\beta \\ 0 & 1 & 0 \\ \sin\beta & 0 & \cos\beta \end{bmatrix} \tag{3.16}$$

式中:$\beta = \omega_c t$,ω_c 为 IMU 绕 $oy_{b'}$ 轴的转动速度,其值根据转动规律进行设定。

载体只绕 ox_b 轴转动,b' 系相对惯性系的角速度为:

$$\boldsymbol{\omega}_{ib'}^{b'} = \boldsymbol{C}_b^{b'} \boldsymbol{\omega}_{ib}^b + \boldsymbol{\omega}_{bb'}^{b'} \tag{3.17}$$

式中:$\boldsymbol{\omega}_{ib}^b$ 为载体静止时相对惯性系的角速度;$\boldsymbol{\omega}_{bb'}^{b'} = \begin{bmatrix} \omega_x & 0 & 0 \end{bmatrix}^T$。

陀螺的测量值为:

$$\boldsymbol{\omega}_{is}^s = \boldsymbol{C}_{b'}^s \boldsymbol{\omega}_{ib'}^{b'} + \boldsymbol{\omega}_{b's}^s \tag{3.18}$$

式中:$\boldsymbol{\omega}_{b's}^s = \begin{bmatrix} 0 & \omega_c & 0 \end{bmatrix}^T$。

由式(2.2),式(3.17)和式(3.18),并将陀螺的测量误差投影到导航系中可得:

$$\begin{aligned} \delta\boldsymbol{\omega}_{is}^n &= \boldsymbol{C}_s^n \delta\boldsymbol{\omega}_{is}^s \\ &= \boldsymbol{C}_b^n \boldsymbol{C}_{b'}^b \boldsymbol{C}_s^{b'} \left[\delta k_g \left[\boldsymbol{C}_b^s \left(\boldsymbol{C}_b^{b'} \boldsymbol{\omega}_{ib}^b + \boldsymbol{\omega}_{bb'}^{b'} \right) + \boldsymbol{\omega}_{b's}^s \right] + \varepsilon + \varepsilon_n \right] \end{aligned} \tag{3.19}$$

式中:$\boldsymbol{C}_b^n$ 为定值,可不考虑。

忽略 IMU 的安装误差,将式(3.19)各项展开,则第一项为:

$\boldsymbol{C}_{b'}^b \boldsymbol{C}_s^{b'} \delta k_g \boldsymbol{C}_b^s \boldsymbol{C}_{b'}^b \boldsymbol{\omega}_{ib}^b =$

$$\begin{bmatrix} \delta k_{gx}\cos^2\beta + \delta k_{gz}\sin^2\beta & \frac{1}{2}(\delta k_{gx} - \delta k_{gz})\sin\alpha\sin2\beta & \frac{1}{2}(\delta k_{gz} - \delta k_{gx})\cos\alpha\sin2\beta \\ \frac{1}{2}(\delta k_{gx} - \delta k_{gz})\sin\alpha\sin2\beta & \begin{aligned} & \delta k_{gy}\cos^2\alpha \\ & + (\delta k_{gx}\sin^2\beta + \delta k_{gz}\cos^2\beta)\sin^2\alpha \end{aligned} & \begin{aligned} & \frac{1}{2}(\delta k_{gy} - \delta k_{gx}\sin^2\beta - \\ & \delta k_{gz}\cos^2\beta\sin2\alpha \end{aligned} \\ \frac{1}{2}(\delta k_{gz} - \delta k_{gx})\cos\alpha\sin2\beta & \begin{aligned} & \frac{1}{2}(\delta k_{gy} - \delta k_{gx}\sin^2\beta - \\ & \delta k_{gz}\cos^2\beta)\sin2\alpha \end{aligned} & \begin{aligned} & \delta k_{gy}\sin^2\alpha + \\ & (\delta k_{gx}\sin^2\beta + \delta k_{gz}\cos^2\beta)\cos^2\alpha \end{aligned} \end{bmatrix} \boldsymbol{\omega}_{ib}^b$$

$$\tag{3.20}$$

第二项为:

$$\boldsymbol{C}_{b'}^{b}\boldsymbol{C}_{s}^{b'}\delta k_{g}\boldsymbol{C}_{b'}^{s}\boldsymbol{\omega}_{bb'}^{b'} =$$

$$\left[\delta k_{gx}\cos^{2}\beta + \delta k_{gz}\sin^{2}\beta \quad \frac{1}{2}(\delta k_{gx} - \delta k_{gz})\sin\alpha\sin2\beta \quad \frac{1}{2}(\delta k_{gz} - \delta k_{gx})\cos\alpha\sin2\beta\right]^{\mathrm{T}}\omega_{x}$$

$$(3.21)$$

第三项为：

$$\boldsymbol{C}_{b'}^{b}\boldsymbol{C}_{s}^{b'}\delta k_{g}\boldsymbol{\omega}_{b's}^{s} = \begin{bmatrix} 1 & 0 & 0 \\ 0 & \cos\alpha & -\sin\alpha \\ 0 & \sin\alpha & \cos\alpha \end{bmatrix}\begin{bmatrix} \cos\beta & 0 & \sin\beta \\ 0 & 1 & 0 \\ -\sin\beta & 0 & \cos\beta \end{bmatrix}\begin{bmatrix} \delta k_{gx} & 0 & 0 \\ 0 & \delta k_{gy} & 0 \\ 0 & 0 & \delta k_{gz} \end{bmatrix}\begin{bmatrix} 0 \\ \omega_{c} \\ 0 \end{bmatrix}$$

$$= \begin{bmatrix} 0 \\ \delta k_{gy}\cos\alpha \\ \delta k_{gy}\sin\alpha \end{bmatrix}\omega_{c} \qquad (3.22)$$

第四项为：

$$\boldsymbol{C}_{b'}^{b}\boldsymbol{C}_{s}^{b'}\boldsymbol{\varepsilon} = \begin{bmatrix} 1 & 0 & 0 \\ 0 & \cos\alpha & -\sin\alpha \\ 0 & \sin\alpha & \cos\alpha \end{bmatrix}\begin{bmatrix} \cos\beta & 0 & \sin\beta \\ 0 & 1 & 0 \\ -\sin\beta & 0 & \cos\beta \end{bmatrix}\begin{bmatrix} \varepsilon_{x} \\ \varepsilon_{y} \\ \varepsilon_{z} \end{bmatrix}$$

$$= \begin{bmatrix} \varepsilon_{x}\cos\beta + \varepsilon_{z}\sin\beta \\ \varepsilon_{y}\cos\alpha + (\varepsilon_{x}\sin\beta - \varepsilon_{z}\cos\beta)\sin\alpha \\ \varepsilon_{y}\sin\alpha + (-\varepsilon_{x}\sin\beta + \varepsilon_{z}\cos\beta)\cos\alpha \end{bmatrix} \qquad (3.23)$$

由式(3.20)~式(3.23)可得，由于载体有横摇角运动，使得 y 陀螺和 x、z 陀螺的误差互相耦合，同时横摇角速度激励了 x、z 陀螺的比例因子误差。导航系中等效陀螺误差与载体的横摇角运动发生的时刻、幅度和角频率有关，横摇角运动的角幅度和角频率越大，等效陀螺误差越大。

为了更形象地说明载体横摇角运动对旋转调制效果的影响，对载体有横摇角运动和无横摇角运动进行仿真对比。假设三个陀螺的常值零偏分别为 0.007°/h，0.003°/h，0.005°/h，比例因子误差分别为 1.5ppm，1ppm，1.2ppm，载体的初始航向角为 -45°，横摇角为10°，纵摇角为5°，IMU 绕 oy_{b}' 轴转动的角速率为6°/s，采用往复旋转调制方案，仿真运行 600s。分别对以下情况进行仿真：

（1）载体无横摇角运动和载体的横摇角幅值为15°，角速率为7.5°/s。

（2）载体的横摇角幅值都为15°，角速率分别为7.5°/s 和15°/s。

（3）载体的横摇角幅值分别为15°和7.5°，角速率分别都为7.5°/s 和15°/s。

（4）载体无横摇角运动和载体在 200~400s 时刻进行角幅度为7.5°，角速率为7.5°/s 的横摇角运动。

不同情况下导航系中等效陀螺误差如图 3.3 所示。表 3.1 统计了不同情况下导航系中等效陀螺误差的均值。

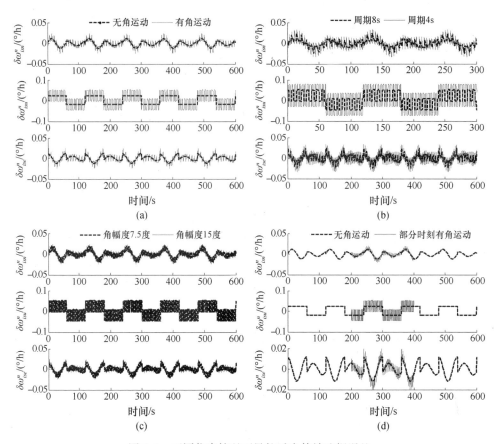

图 3.3　不同仿真情况下导航系中等效陀螺误差
（a）情况 1 下导航系中等效陀螺误差；（b）情况 2 下导航系中等效陀螺误差；
（c）情况 3 下导航系中等效陀螺误差；（d）情况 4 下导航系中等效陀螺误差。

表 3.1　载体横摇角运动不同时导航系中等效陀螺误差均值

	等效北向陀螺误差/(10^{-5}°/h)	等效天向陀螺误差/(10^{-3}°/h)	等效东向陀螺误差(10^{-7}°/h)
无角运动	1.438	3.011	1.924
角幅值15° 角速率7.5°/s	−11.550	2.922	1334.240
角幅值15° 角速率15°/s	6.375	2.978	−490.510

（续）

	等效北向陀螺 误差/(10^{-5}°/h)	等效天向陀螺 误差/(10^{-3}°/h)	等效东向陀螺 误差(10^{-7}°/h)
角幅值7.5°, 角速率7.5°/s	2.683	3.003	−121.931
角幅值7.5°, 角速率7.5°/s(部分时刻)	1.784	3.007	−27.461

表 3.1 进一步验证了分析结果,即旋转调制效果与载体横摇角运动的角幅值、角频率以及横摇角运动发生的时刻和运动时间有关。载体横摇角运动时间越长,运动的角幅度和角频率越大,旋转调制后剩余误差就越大,调制效果就越差。对舰船来说,从长期来看,载体的俯仰角和横摇角总是在零值上下波动,水平方向上惯性器件的误差在很大程度上仍然能够得到抵消。

3.2.2 载体纵摇角运动对旋转调制效果的影响

同样的道理,可以分析载体纵摇角运动对旋转调制效果的影响。假设载体只绕载体系的 oz_b 轴做正弦规律的角运动,不做其他运动。其他条件与 3.2.1 节相同,仍定义 b' 为载体运动后的坐标系,b 系与 b' 的关系如图 3.4 所示。

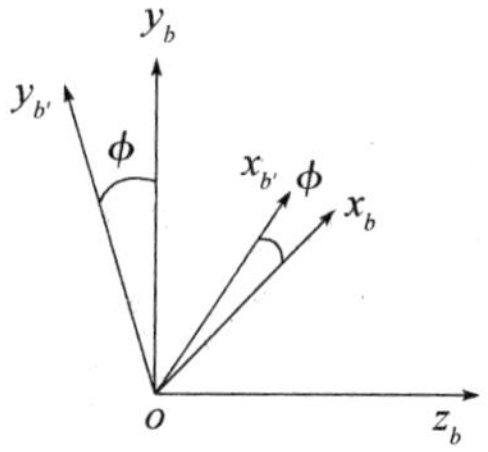

载体绕 oz_b 轴旋转 ϕ 角后至 b' 系,则 b 系到 b' 系的变换矩阵为:

$$C_b^{b'} = \begin{bmatrix} \cos\phi & -\sin\phi & 0 \\ \sin\phi & \cos\phi & 0 \\ 0 & 0 & 1 \end{bmatrix} \quad (3.24)$$

图 3.4 纵摇角运动情况下 b 系与 b' 的关系

式中:$\phi = \omega_z t$,对舰船来说,一般而言,$\phi \in [-30° \quad 30°]$;$\omega_z$ 为载体绕 oz_b 轴转动的角速率,在一个周期内,ω_z 为:

$$\omega_z = \begin{cases} |\omega_z|, & 0 \leqslant t \leqslant T/4, 3T/4 \leqslant t \leqslant T \\ -|\omega_z|, & T/2 \leqslant t \leqslant 3T/4 \end{cases} \quad (3.25)$$

式中:T 为转动周期。

按照 3.2.1 节的分析方法,陀螺的测量误差在导航系统的投影为:

$$\delta\boldsymbol{\omega}_{is}^n = \boldsymbol{C}_s^n \delta\boldsymbol{\omega}_{is}^s = \boldsymbol{C}_b^n \boldsymbol{C}_{b'}^b \boldsymbol{C}_s^{b'} [\delta\boldsymbol{k}_g [\boldsymbol{C}_{b'}^s (\boldsymbol{C}_b^{b'} \boldsymbol{\omega}_{ib}^b + \boldsymbol{\omega}_{bb'}^{b'}) + \boldsymbol{\omega}_{b's}^s] + \boldsymbol{\varepsilon} + \boldsymbol{\varepsilon}_n]$$

$$(3.26)$$

式中：$\boldsymbol{\omega}_{bb'}^{b'} = \begin{bmatrix} 0 & 0 & \omega_z \end{bmatrix}^{\mathrm{T}}$。

由于 $\boldsymbol{C}_b^n$ 为定值，可不考虑。将式(3.26)的各项展开，则第一项为：

$$\boldsymbol{C}_{b'}^b \boldsymbol{C}_s^{b'} \delta \boldsymbol{k}_g \boldsymbol{C}_{b'}^s \boldsymbol{C}_b^{b'} \boldsymbol{\omega}_{ib}^b =$$

$$\begin{bmatrix} \begin{array}{l} \delta k_{gy}\sin^2\phi + (\delta k_{gx}\cos^2\beta + \\ \delta k_{gz}\sin^2\beta)\cos^2\alpha \end{array} & \begin{array}{l} \dfrac{1}{2}(\delta k_{gy} - \delta k_{gx}\cos^2\beta - \\ \delta k_{gz}\sin^2\beta)\sin 2\phi \end{array} & \dfrac{1}{2}(\delta k_{gz} - \delta k_{gx})\cos\phi\sin 2\beta \\[4ex] \begin{array}{l} \dfrac{1}{2}(\delta k_{gy} - \delta k_{gx}\cos^2\beta - \\ \delta k_{gz}\sin^2\beta)\sin 2\phi \end{array} & \begin{array}{l} \delta k_{gy}\cos^2\phi + (\delta k_{gx}\cos^2\beta + \\ \delta k_{gz}\sin^2\beta)\sin^2\phi \end{array} & \dfrac{1}{2}(\delta k_{gx} - \delta k_{gz})\sin\alpha\sin 2\beta \\[4ex] \dfrac{1}{2}(\delta k_{gz} - \delta k_{gx})\cos\phi\sin 2\beta & \dfrac{1}{2}(\delta k_{gx} - \delta k_{gz})\sin\phi\sin 2\beta & \delta k_{gx}\sin^2\beta + \delta k_{gz}\cos^2\beta \end{bmatrix}$$

$$(3.27)$$

第二项为：

$$\boldsymbol{C}_{b'}^b \boldsymbol{C}_s^{b'} \delta \boldsymbol{k}_g \boldsymbol{C}_{b'}^s \boldsymbol{\omega}_{bb'}^{b'} =$$

$$\begin{bmatrix} \dfrac{1}{2}(\delta k_{gz} - \delta k_{gx})\cos\phi\sin 2\beta & \dfrac{1}{2}(\delta k_{gx} - \delta k_{gz})\sin\phi\sin 2\beta & \delta k_{gx}\sin^2\beta + \delta k_{gz}\cos^2\beta \end{bmatrix}^{\mathrm{T}} \omega_y$$

$$(3.28)$$

第三项为：

$$\boldsymbol{C}_{b'}^b \boldsymbol{C}_s^{b'} \delta \boldsymbol{k}_g \boldsymbol{\omega}_{b's}^s = \begin{bmatrix} \delta k_{gy}\sin\phi \\ \delta k_{gy}\cos\phi \\ 0 \end{bmatrix} \omega_c \qquad (3.29)$$

第四项为：

$$\boldsymbol{C}_{b'}^b \boldsymbol{C}_s^{b'} \boldsymbol{\varepsilon} = \begin{bmatrix} \varepsilon_y\sin\phi + (\varepsilon_x\cos\beta - \varepsilon_z\sin\beta)\sin\phi \\ \varepsilon_y\cos\phi + (-\varepsilon_x\cos\beta + \varepsilon_z\sin\beta)\cos\phi \\ \varepsilon_x\cos\beta + \varepsilon_z\sin\beta \end{bmatrix} \qquad (3.30)$$

由式(3.27)~式(3.30)可知，载体绕纵摇角运动时与绕横摇角运动对旋转调制效果的影响类似，所以结论基本相同。

▶ **3.2.3　仿真与实验**

3.2.3.1　仿真分析

首先假设三个陀螺的随机常值漂移为 0.004°/h，随机白噪声均方差为 0.001°/h，比例因子误差为 1ppm；三个加速度计的零偏为 $1 \times 10^{-5}g$，随机白噪声均方差为 $1 \times 10^{-5}g$，比例因子误差为 10ppm；初始姿态角均为 0°，初始纬度为北纬 30°；不考虑安装误差和初始对准误差，IMU 采用四位置（$-135°$、$+45°$、$+135°$、$-45°$）转停方案，仿真运行 24h。分别对以下四种情况进行仿真：

（1）载体无水平角运动。

（2）横摇角 $\theta(t) = 8°\sin(2\pi t/6)$，纵摇角 $\alpha(t) = 6°\sin(2\pi t/4)$。

（3）横摇角 $\theta(t) = 16°\sin(2\pi t/6)$，纵摇角 $\alpha(t) = 12°\sin(2\pi t/4)$。

（4）横摇角 $\theta(t) = 16°\sin(2\pi t/10)$，纵摇角 $\alpha(t) = 12°\sin(2\pi t/8)$。

各种情况下的速度误差和位置误差如图 3.5 所示。

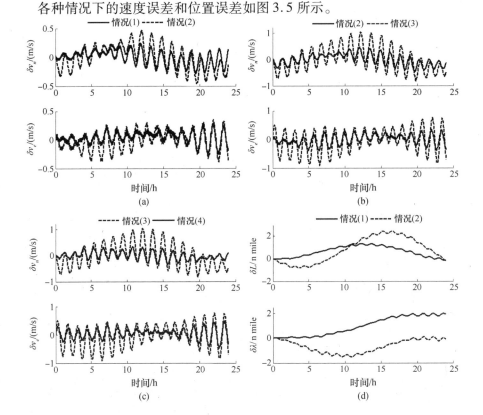

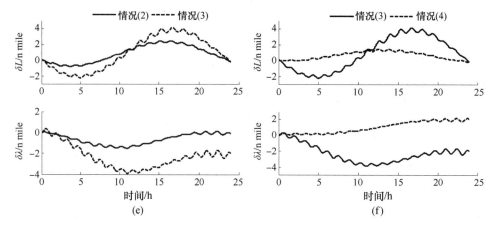

图 3.5　不同角运动情况下导航系统误差

（a）情况（1）和（2）下系统速度误差；（b）情况（2）和（3）下系统速度误差；
（c）情况（3）和（4）下系统速度误差；（d）情况（1）和（2）下系统位置误差；
（e）情况（2）和（3）下系统位置误差；（f）情况（3）和（4）下系统位置误差。

不同仿真情况下速度误差和位置误差的最大值见表 3.2。

表 3.2　不同仿真情况下导航误差最大值

	北向速度/（m/s）	东向速度/（m/s）	北向位置误差/n mile	东向位置误差/ n mile
情况（1）	0.28	0.27	1.36	1.99
情况（2）	0.46	0.39	2.46	1.51
情况（3）	1.05	0.92	4.14	3.90
情况（4）	0.35	0.49	1.42	2.18

在图 3.5 和表 3.2 中,情况（2）和情况（1）相比,导航误差有所增大,说明载体水平角运动降低了惯导系统的旋转调制效果;情况（3）和情况（2）相比,导航误差进一步增大,说明载体水平角运动的幅值对旋转调制效果有影响,幅值越大,旋转调制效果越差;情况（4）和情况（3）相比,导航误差减小,说明水平角速度越大,旋转调制效果越差;情况（4）和情况（1）相比,导航精度相当,说明在水平角速度较小的情况下,即使幅值有一定程度的增加,对旋转调制效果的影响也较小。

以上情况说明,载体水平角运动对惯导系统旋转调制效果有影响,载体水平角运动幅值和速度越大,旋转调制效果越差;在角速度较小的情况下,角幅值在一定程度上的增大对旋转调制效果影响有限。

3.2.3.2　实验验证

将旋转式激光陀螺惯导系统安装在摇摆台上进行实验。摇摆台横摇角幅值为20°，摇摆周期为10s，纵摇角幅值为10°，摇摆周期为 8s。惯导系统中激光陀螺随机常值漂移为0.004°/h，石英挠性加速度计随机零偏为 $1 \times 10^{-5}g$。实验没有对载体不同的角幅度和角频率等情况进行验证，只做了没有摇摆和有摇摆两种情况。由于没有测量转动机构转过的角度，所以不计算载体姿态，两种情况下其速度误差和位置误差如图 3.6 所示。

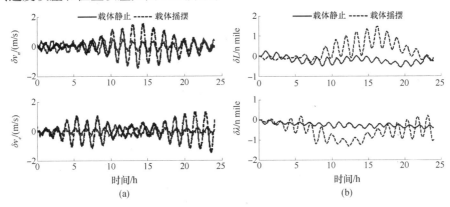

图 3.6　摇摆和不摇摆两种情况系统导航误差

（a）摇摆和不摇摆两种情况下系统速度误差；（b）摇摆和不摇摆两种情况下系统位置误差。

由图 3.6 可以看出，在摇摆状态下，速度误差和位置误差有所增大，说明载体水平角运动降低了惯导系统的旋转调制效果。在载体角幅值有20°，周期有8s的摇摆情况下，系统的最大定位误差优于 2n mile，说明旋转调制技术能有效提高系统精度。对舰船来说，载体的横摇角和纵摇角总是在零值上下波动，并且运动的角幅值和角速度不是太大，载体水平角运动虽然对旋转调制效果有所影响，但旋转调制技术还是能有效提高系统的定位精度，只是在惯导系统的设计阶段，对惯性器件选型时，要充分考虑载体角运动的影响，进而保证系统精度。

3.3　载体航向角运动对旋转调制效果的影响

惯导系统单轴旋转调制技术的实现方法是将 IMU 安装在单轴转台上，转台带动 IMU 绕旋转轴相对载体转动，调制器件误差。当载体有航向运动时，载体的航向运动与 IMU 相对载体的转动就会叠加，影响旋转调制的效果[5]。一种极端的情况就是载体的航向角运动与旋转调制的角运动大小相等方向相反，此时，

IMU 相对导航系没有运动,旋转没有任何调制效果。

3.3.1 载体航向角运动对旋转调制效果的影响

在工程实际中,载体的角运动与 IMU 的转动耦合。在载体航向运动的影响下,IMU 再按原来设定的方案旋转时,相对导航系就不是有规律的旋转,从而影响旋转调制的效果。

假设载体除绕航向轴转动外,不做其他运动。为了描述方便,仍定义 b' 系为载体运动后的坐标系。b 系与 b' 的关系如图 3.7 所示。

初始时刻,IMU 坐标系与载体系重合。经时间 t,载体绕 oy_b 轴旋转 φ 角后至 b' 系,则 b 系到 b' 系的变换矩阵为:

$$\boldsymbol{C}_b^{b'} = \begin{bmatrix} \cos\varphi & 0 & -\sin\varphi \\ 0 & 1 & 0 \\ \sin\varphi & 0 & \cos\varphi \end{bmatrix} \qquad (3.31)$$

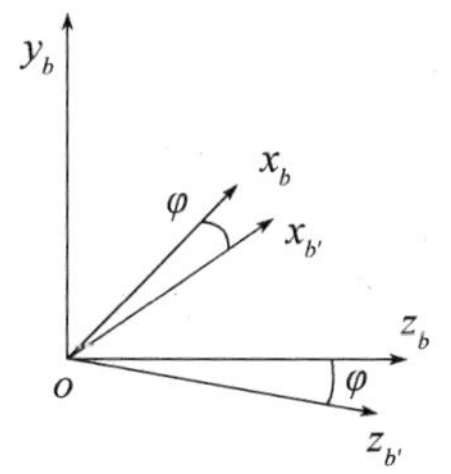

式中:$\varphi = \omega_y t$ 为载体相对初始时刻转过的角度,对舰船来说,$\varphi \in [0° \quad 360°]$;$\omega_y$ 为载体绕 oy_b 轴转动的角速率,在一个周期内,ω_y 为:

图 3.7 载体航向运动时
b 系与 b' 的关系

$$\omega_y = \begin{cases} |\omega_y|, & 0 \leqslant t \leqslant T/4, 3T/4 \leqslant t \leqslant T \\ -|\omega_y|, & T/2 \leqslant t \leqslant 3T/4 \end{cases} \qquad (3.32)$$

式中:T 为转动周期。

按照 3.2 节的分析方法,陀螺的测量误差在导航系中的投影为:

$$\delta\boldsymbol{\omega}_{is}^n = \boldsymbol{C}_s^n \delta\boldsymbol{\omega}_{is}^s = \boldsymbol{C}_b^n \boldsymbol{C}_{b'}^b \boldsymbol{C}_s^{b'} \left[\delta\boldsymbol{k}_g \left[\boldsymbol{C}_b^s (\boldsymbol{C}_b^{b'} \boldsymbol{\omega}_{ib}^b + \boldsymbol{\omega}_{bb'}^{b'}) + \boldsymbol{\omega}_{b's}^s \right] + \boldsymbol{\varepsilon} + \boldsymbol{\varepsilon}_n \right]$$

$$(3.33)$$

式中:$\boldsymbol{C}_s^{b'} = (\boldsymbol{C}_{b'}^s)^{\mathrm{T}}$;$\boldsymbol{C}_{b'}^b = (\boldsymbol{C}_b^{b'})^{\mathrm{T}}$;$\boldsymbol{\omega}_{bb'}^{b'} = \begin{bmatrix} 0 & \omega_y & 0 \end{bmatrix}^{\mathrm{T}}$;$\boldsymbol{\omega}_{b's}^s = \begin{bmatrix} 0 & \omega_c & 0 \end{bmatrix}^{\mathrm{T}}$。

由于 $\boldsymbol{C}_b^n$ 为定值,可不考虑。将式(3.33)的各项展开,则第一项为:

$$\boldsymbol{C}_{b'}^b \boldsymbol{C}_s^{b'} \delta\boldsymbol{k}_g \boldsymbol{C}_b^s \boldsymbol{C}_b^{b'} \boldsymbol{\omega}_{ib}^b = \begin{bmatrix} \delta k_{gx}\cos^2(\varphi+\beta) + & & \frac{1}{2}(-\delta k_{gx} + \delta k_{gz}) \cdot \\ \delta k_{gz}\sin^2(\varphi+\beta) & 0 & \sin2(\varphi+\beta) \\ & & \\ 0 & \delta k_{gy} & 0 \\ & & \\ \frac{1}{2}(-\delta k_{gx} + \delta k_{gz}) \cdot & 0 & \delta k_{gx}\sin^2(\varphi+\beta) + \\ \sin2(\varphi+\beta) & & \delta k_{gz}\cos^2(\varphi+\beta) \end{bmatrix} \boldsymbol{\omega}_{ib}^b$$

$$(3.34)$$

第二项为：

$$C_b^b C_s^{b'} \delta k_g \left(C_{b'}^s \omega_{bb'}^b + \omega_{b's}^s \right) = \begin{bmatrix} 0 \\ \delta k_{gy}(\omega_y + \omega_c) \\ 0 \end{bmatrix} \qquad (3.35)$$

第三项为：

$$C_{b'}^b C_s^{b'} \varepsilon = \begin{bmatrix} \varepsilon_x \cos(\varphi + \beta) + \varepsilon_z \sin(\varphi + \beta) \\ \varepsilon_y \\ -\varepsilon_x \sin(\varphi + \beta) + \varepsilon_z \cos(\varphi + \beta) \end{bmatrix} \qquad (3.36)$$

第四项为：

$$C_{b'}^b C_s^{b'} \varepsilon_n = \begin{bmatrix} \varepsilon_{nx} \cos(\varphi + \beta) + \varepsilon_{nz} \sin(\varphi + \beta) \\ \varepsilon_{ny} \\ -\varepsilon_{nx} \sin(\varphi + \beta) + \varepsilon_{nz} \cos(\varphi + \beta) \end{bmatrix} \qquad (3.37)$$

由于旋转调制技术不能减小惯性器件白噪声对系统导航精度的影响,所以不考虑式(3.37)。

由式(3.34)~式(3.36)可知,载体的航向角与 IMU 相对载体转动的角度叠加。在导航系中,等效陀螺漂移与载体的航向角幅度、角频率、航向运动的发生时刻、航向运动时间长短和 IMU 相对载体的转动相关。由于载体的航向运动,IMU 在导航系中的运动没有规律,在一个旋转周期内,等效器件误差的积分不再为零,即载体航向运动抵消了 IMU 旋转的调制效果。如果载体运动角速度始终与旋转调制角速度大小相等方向相反,即 $\varphi = -\beta$,这样在导航系中,器件误差没有发生变化,载体航向运动完全抵消了旋转调制的效果。

3.3.2　载体航向运动隔离研究

利用计算的载体姿态数据[5]和设定的旋转调制规律驱动 IMU 旋转机构相对载体转动,可以有效消除载体航向运动的影响,使系统与载体的航向运动相隔离,以便 IMU 相对于导航系进行有规律地运动。

IMU 相对导航系的方向余弦阵的传递依据以下方程[5]：

$$\dot{C}_s^n = C_s^n \Omega_{ns}^s \qquad (3.38)$$

式中：Ω_{ns}^s 为 IMU 相对导航系的角速度 ω_{ns}^s 构成的斜对称阵。

由陀螺的测量值 ω_{is}^s,地球自转角速度 ω_{ie} 和导航系相对地球系的转动角速

度 ω_{en} 可求 $\boldsymbol{\omega}_{ns}^{s}$

$$\boldsymbol{\omega}_{ns}^{s} = \boldsymbol{\omega}_{is}^{s} - \boldsymbol{C}_{n}^{s}\left[\boldsymbol{\omega}_{ie}^{n} + \boldsymbol{\omega}_{en}^{n}\right] \tag{3.39}$$

由式(3.38)和式(3.39),采用四元数算法可实时求 $\boldsymbol{C}_{s}^{n}$。IMU 相对载体的角度可实时测量,$\boldsymbol{C}_{b'}^{s}$ 可实时计算,则

$$\boldsymbol{C}_{b'}^{n} = \boldsymbol{C}_{s}^{n}\boldsymbol{C}_{b'}^{s} \tag{3.40}$$

$$\boldsymbol{C}_{n}^{b} = \left(\boldsymbol{C}_{b'}^{n}\right)^{\mathrm{T}} = \begin{bmatrix} C_{11} & C_{12} & C_{13} \\ C_{21} & C_{22} & C_{23} \\ C_{31} & C_{32} & C_{33} \end{bmatrix} \tag{3.41}$$

比较式(3.13)和式(3.41),得载体航向角的主角为

$$\psi_{\pm} = \arctan\left(-\frac{C_{13}}{C_{11}}\right) \tag{3.42}$$

根据反三角函数真值表可求得载体的航向角 ψ',则相对初始时刻载体航向角的变化为

$$\xi = \psi' - \psi \tag{3.43}$$

利用 ξ 和设定的 IMU 转动规律 β 驱动 IMU 的转动机构,则 IMU 相对载体转动的角度为

$$\lambda = \beta - \xi \tag{3.44}$$

当转动机构以式(3.44)带动 IMU 旋转时可完全隔离载体航向运动的影响,按照设定的规律对 IMU 的误差进行调制。

▶ 3.3.3　一种改进的载体航向运动隔离方法

在工程实际中,载体的航向角不停地变化。若采用式(3.44)来驱动转动机构,则转动机构的电机就会频繁地加减速或者频繁地制动,降低了转动机构的使用寿命和系统的可靠性。为了克服这一问题,可设置角度阈值,当载体的航向角变化量满足式(3.45)

$$|\xi| = |\psi' - \psi_{n-1}| \geqslant \rho \tag{3.45}$$

或者设定的转动角与载体航向角变化量满足式(3.46)时,才按照式(3.44)的方式驱动 IMU 的转动机构,其余情况仍按设定的规律 β 驱动 IMU 的转动机构。

$$|\beta - \xi| \leqslant \sigma \tag{3.46}$$

式(3.45)和式(3.46)中:ψ_{n-1} 为第 n 次采用航向隔离时的航向角;ρ 为航向角变

化阈值,表示航向角变化的程度;σ 为设定的转动角与航向角变化量的阈值,表示航向角变化量与设定的转动角接近的程度。

根据航向角变化情况和设定的转动规律选取阈值 ρ 和 σ,可有效隔离载体航向运动,同时也避免了转动机构电机频繁的加减速或制动,适合工程应用。采用航向隔离的惯性导航系统机械编排框图如图 3.8 所示。

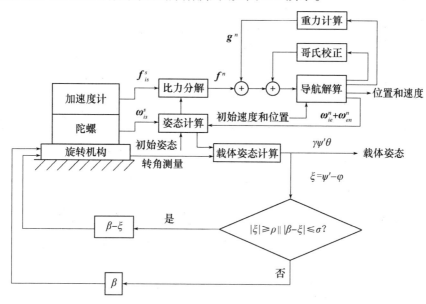

图 3.8　采用航向隔离的惯导系统机械编排

▶ 3.3.4　仿真与结论

假设三个陀螺的随机常值漂移均为 $0.004°/h$,随机白噪声均方差为 $0.002°/h$,比例因子误差为 1ppm;三个加速度计的零偏均为 $2 \times 10^{-5}g$,随机白噪声均方差为 $1 \times 10^{-5}g$,比例因子误差为 10ppm;初始航向角为 $0°$,初始俯仰角为 $5°$,初始滚动角为 $10°$;初始俯仰角误差和滚动角误差为 $15''$,初始航向角误差为 $1'$;初始纬度为 $30°$;阈值 ρ 和 σ 分别设为 $20°$ 和 $10°$,不考虑 IMU 的安装误差,仿真运行 48 小时。分别对以下三种情况进行仿真:

(1) IMU 绕载体航向轴往复连续旋转,转速为 $6°/s$,载体静止。

(2) IMU 绕载体航向轴往复连续旋转,转速为 $6°/s$,载体同时以 $2°/s$ 的速度顺时针做定点转动。

(3) IMU 绕载体航向轴往复连续旋转,转速为 $6°/s$,载体同时以 $2°/s$ 的速度顺时针做定点转动,采用3.3.3节的方法进行航向隔离。

仿真结果如图3.9所示,三种不同情况下系统导航误差最大值如表3.3所示。

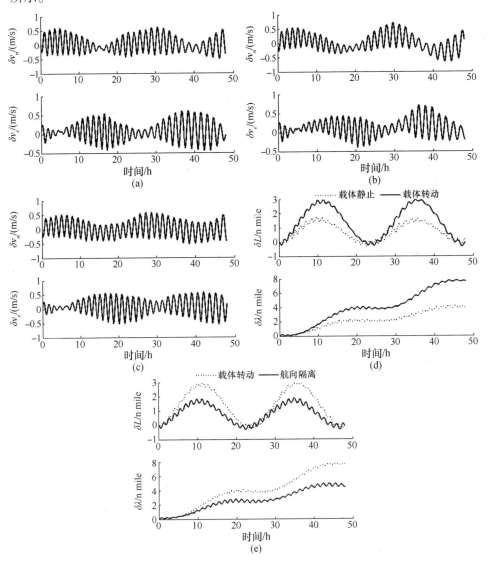

图 3.9 载体航向运动时不同仿真情况系统误差

(a) 载体静止情况下系统速度误差;(b) 载体转动情况下系统速度误差;

(c) 航向隔离情况下系统速度误差;(d) 载体静止和转动情况下系统位置误差;

(e) 载体转动和航向隔离情况下系统位置误差。

表 3.3　载体航向运动时不同仿真情况下系统误差最大值

	情况(1)	情况(2)	情况(3)
北向速度/(m/s)	0.59	0.72	0.61
东向速度/(m/s)	0.57	0.71	0.60
纬度/ n mile	1.73	2.96	1.87
经度/n mile	4.16	7.72	4.91
总速度/(m/s)	0.60	0.76	0.67
总位置/n mile	4.16	7.72	4.91

由图 3.9(a)、(b)、(d)和表 3.3 可以看出,当载体绕航向轴做定点单方向转动时时,系统的导航误差增大,这是因为载体的航向运动导致水平陀螺误差在一个旋转周期内不能被完全抵消。由图 3.9(a)、(c)、(e)和表 3.3 可以看出,当采用基于载体姿态解算的航向隔离方法时,系统的导航精度有所提高,其导航误差大小与载体静止时基本相当,从而证明了本方法的有效性。

但是,载体的航向运动并不是影响旋转调制效果的主要因素,缓慢或者较小的航向运动对旋转调制效果的影响较小。在工程实际中,载体也不可能一直绕航向轴做定点转动。所以,对于舰船来说,除舰船掉头和急转弯等航向角变化较大时进行航向运动隔离外,其他时刻可以不进行隔离,IMU 按照旋转调制设定好的规律进行转动即可。

3.4　本章小结

本章主要研究了转台测角误差、转速稳定性误差以及载体角运动对旋转调制效果的影响,并对单轴旋转式惯导系统的航向运动隔离的理论问题进行了分析和推导,在此基础上提出了一种改进的载体航向运动隔离方法。所进行的主要工作和得出的主要结论如下:

(1) 分析了转台测角误差对旋转式惯导系统精度的影响。分析结果指出,转台的测角误差严重影响单轴旋转式惯导系统的航向角精度,转台测角误差越大,系统的航向角误差就越大。但当转台测角精度达到角秒级时,对旋转式惯导系统精度的影响较小。

(2) 分析了载体水平角运动对旋转调制效果的影响。分析结果指出,载体水平角运动影响了单轴旋转惯导系统的旋转调制效果,载体水平角运动幅值和速度越大,旋转调制效果越差。

(3) 实验研究了载体水平角运动对旋转调制效果的影响。实验结果指出,载体水平角运动虽然降低了单轴旋转式惯导系统的旋转调制效果,但相对于 IMU 不旋转的情况,单轴旋转式惯导系统的精度还是大大提高。

(4)分析了载体航向角运动对单轴旋转调制效果的影响。分析结果指出,载体航向运动抵消了 IMU 旋转的调制效果。如果载体运动角速度始终与旋转调制角速度大小相等方向相反,则载体航向运动对旋转调制的效果完全抵消。

(5)研究了隔离载体航向运动影响的方法,提出了一种改进的隔离载体偏航运动的转位控制方法并进行了仿真验证。结果表明,该方法能够有效隔离载体航向运动对旋转调制效果的影响,同时,避免了转动机构电机的频繁制动,提高了系统的可靠性和寿命。

第4章 单轴旋转式惯导系统导航解算 方案与误差模型研究

旋转式惯导系统也有旋转平台,但是该旋转平台与平台式惯导系统的平台作用不同。它不用来跟踪导航坐标系,只是用来带动 IMU 按照一定的规律进行转动,从而减小导航坐标系中等效陀螺和加速度计的误差,提高惯导系统的精度。在旋转式惯导系统中,惯性仪表与转动平台固联,其算法仍可采用捷联式惯导算法。但是由于增加了转动平台,其捷联算法有两种不同的解算方案:一种是将陀螺和加速度计的测量值利用 IMU 相对载体转过的角度变换到载体坐标系中,然后进行导航解算,直接得到载体的速度、位置和姿态,可称为直接导航解算;另一种是利用陀螺和加速度计的测量值首先计算 IMU 的速度、位置和姿态,IMU 相对载体没有线运动,所以载体的速度和位置与 IMU 的相同,然后利用 IMU 相对载体转过的角度计算载体的姿态,可称为间接导航解算。因此,需要详细研究这两种不同的解算方案及其误差模型。

4.1 旋转式惯导系统导航解算方案

在旋转式惯导系统中,陀螺和加速度计测量的不再是载体运动的角速度和比力。对载体进行速度、位置和姿态解算有两种不同的方案。这两种方案对转台轴系精度和测角精度要求不同,误差传播的特性也不相同。

4.1.1 直接导航解算方案

旋转式惯导系统直接导航解算方案的机械编排如图 4.1 所示。

如图 4.1 所示,在旋转式惯导系统直接导航解算方案中,激光陀螺和加速度计分别测量旋转平台的角速度 $\boldsymbol{\omega}_{is}^s$ 和比力 $\boldsymbol{f}_{is}^s$。旋转机构的测角系统测量旋转平台相对载体转过的角度 $\boldsymbol{\theta}$。由角度 $\boldsymbol{\theta}$ 可将陀螺和加速度计的测量值变换到载体坐标系中,得到载体的角速度 $\boldsymbol{\omega}_{ib}^b$ 和比力 $\boldsymbol{f}_{ib}^b$,然后按照传统的捷联惯导算法直接计算载体的姿态、速度和位置。

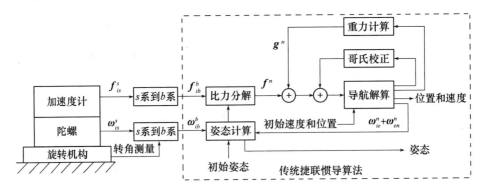

图 4.1　旋转式惯导系统直接导航解算方案机械编排

4.1.2　间接导航解算方案

在直接导航解算方案中,由于首先利用转动机构转过的角度将陀螺和加速度计的测量值转换到载体系,然后进行导航解算,所以转动机构的测角误差会直接耦合到载体的角速度和比力中,造成不可补偿的导航误差。由于 IMU 相对载体只有姿态转动,所以 IMU 的位置即是载体的位置。如果不考虑 IMU 旋转引起的向心加速度或者对向心加速度进行补偿,则 IMU 的速度与载体的速度相同。然后再利用转动机构转过的角度和 IMU 的姿态可计算出载体的实际姿态,完成导航解算。所以,可以先利用陀螺的测量值 ω_{is}^{s} 和加速度计的测量值 f_{is}^{s},经误差补偿后按照传统捷联惯导算法计算 IMU 的姿态、速度和位置,然后根据 IMU 的转动角度 θ 计算载体的实际姿态。这样,载体的速度和位置精度只与陀螺和加速度计的精度有关,而不受转台测角误差的影响。该方案间接计算载体的导航参数,所以称之为间接导航解算方案,其机械编排如图 4.2 所示。

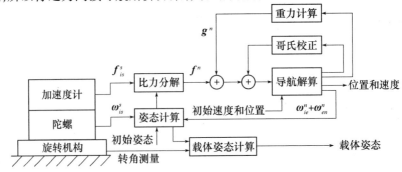

图 4.2　旋转式惯导系统间接导航解算方案机械编排

4.1.3　两种导航解算方案的比较

　　旋转式惯导系统的直接导航解算方案可以直接计算载体的姿态、速度和位置等导航参数,解算直观,但是对转动机构的轴系精度和测角精度要求较高。旋转轴的摇摆和测角误差直接影响角速度和比力的转换精度,引起不可补偿的导航误差。间接导航解算方案虽然不能直接求解载体的导航参数,但是旋转轴的测角精度只会影响载体的姿态精度,对载体的速度和位置精度不会影响,也不会对系统误差产生累积效应。表 4.1 综合比较了直接导航解算方案和间接导航解算方案的优缺点。

表 4.1　直接导航解算方案和间接导航解算方案的比较

导航解算方案 / 项目	直接导航解算方案	间接导航解算方案
导航参数的输出	可直接输出载体的姿态、速度、位置等导航参数	不能直接输出载体的导航参数。首先解算旋转平台的导航参数,然后根据平台的运动情况求解载体的姿态、速度和位置
转轴与台面垂直度	要求较高,或者能够将二者夹角精确地标定出,否则会影响陀螺和加速度计测量值的转换精度,引入额外误差	不影响系统的速度和位置精度,只影响姿态精度。要求相对直接导航解算方案较低,只要满足系统姿态要求的精度即可
台面平面度	要求较高,否则会影响陀螺和加速度计测量值的转换精度	要求相对较低,只要满足姿态精度要求即可
IMU 与台面的安装姿态角	需要十分精确的标定,否则会影响陀螺和加速度计测量值的转换精度	只要满足姿态精度要求即可
转轴摇摆	精度要求较高,转轴摇摆将直接影响陀螺和加速度计测量值的转换精度	精度要求较高,激光陀螺测量信号中会感测到转轴摇摆运动,这种摇摆运动无法完全补偿,最终引起随时间累积的误差
测角系统	精度要求较高。采样率较高。测角精度将直接影响陀螺和加速度计测量值的转换精度	采样率与载体姿态输出频率有关,相对来说较低。测角精度只影响载体的姿态精度

由表 4.1 可知,旋转式惯导系统直接导航解算方案首先将陀螺和加速度计的测量值转换到载体坐标系,然后进行导航解算。转换过程中,转动机构的轴系精度和测角误差影响载体系中的角速度和比力精度,引起随时间累积的导航误差。为了保证惯导系统的精度,转动机构的轴系精度和测角精度应与陀螺精度相当或高于陀螺精度。在动态环境中,转动机构保持如此高的精度比较困难,增加了转动机构的研制成本和研制周期。并且,直接导航解算方案依赖于轴系精度和测角系统,如果转轴由于磨损达不到精度要求或者测角系统出现故障,则直接导航解算方案就无法工作。间接导航算法方案中速度和位置参数取决于陀螺和加速度计精度,基本不受转动机构轴系精度和测角误差的影响,姿态角解算受其影响也比较小,如果不输出载体姿态,转动机构的测角系统可以省去。间接导航解算方案放宽了转动轴系的要求,提高了惯导系统的精度和可靠性,更具有工程实用性。

4.2   直接导航解算方案误差传播特性

4.1 节描述了旋转式惯导系统的两种导航解算方案,经过对比指出间接导航解算方案更适合工程应用。本节和 4.3 节将分别对这两种导航解算方案的算法进行理论推导,并建立相应的误差模型,从理论上分析两种导航解算方案的优缺点。

▶ 4.2.1   直接导航解算方案的基本解算方程

在直接导航解算方案中,虚线部分与传统捷联导航算法完全相同[5],为便于描述,写出如下公式:

$$\dot{\boldsymbol{v}}_e^n = \boldsymbol{C}_b^n \boldsymbol{f}^b - [2\boldsymbol{\omega}_{ie}^n + \boldsymbol{\omega}_{en}^n] \times \boldsymbol{v}_e^n + \boldsymbol{g}^n \tag{4.1}$$

式中:$\boldsymbol{C}_b^n$ 为方向余弦矩阵。

$$\dot{\boldsymbol{C}}_b^n = \boldsymbol{C}_b^n \boldsymbol{\Omega}_{nb}^b \tag{4.2}$$

式中:$\boldsymbol{\Omega}_{nb}^b$ 为由载体相对于导航系的角速度 $\boldsymbol{\omega}_{nb}^b$ 构成的斜对称阵。

$\boldsymbol{\omega}_{nb}^b$ 可由下式求出:

$$\boldsymbol{\omega}_{nb}^b = \boldsymbol{\omega}_{ib}^b - \boldsymbol{C}_n^b(\boldsymbol{\omega}_{ie}^n + \boldsymbol{\omega}_{en}^n) \tag{4.3}$$

式中:$\boldsymbol{\omega}_{ib}^b$ 为载体的角速率;$\boldsymbol{\omega}_{ie}^n$ 为地球相对于惯性系的角速率;$\boldsymbol{\omega}_{en}^n$ 为导航系相对于地球的旋转速率。

将式(4.3)变换为矩阵形式可得:

$$\boldsymbol{\Omega}_{nb}^{b} = \boldsymbol{\Omega}_{ib}^{b} - \boldsymbol{C}_{n}^{b}\boldsymbol{\Omega}_{in}^{n}\boldsymbol{C}_{b}^{n} \tag{4.4}$$

式中:$\boldsymbol{\Omega}_{ib}^{b}$为$\boldsymbol{\omega}_{ib}^{b}$的斜对称阵,$\boldsymbol{\omega}_{ib}^{b}$可由陀螺测量值与旋转平台的转动角速率计算得到;$\boldsymbol{\Omega}_{in}^{n}$为$\boldsymbol{\omega}_{in}^{n}$的斜对称阵,$\boldsymbol{\omega}_{in}^{n}$可由$\boldsymbol{\omega}_{ie}^{n}$和$\boldsymbol{\omega}_{en}^{n}$求和得到。

对于旋转式惯导系统,陀螺和加速度计的测量值为$\boldsymbol{\omega}_{is}^{s}$和$\boldsymbol{f}^{s}$,则:

$$\boldsymbol{\omega}_{ib}^{b} = \boldsymbol{C}_{s}^{b}\boldsymbol{\omega}_{is}^{s} + \boldsymbol{\omega}_{sb}^{b} \tag{4.5}$$

式中:$\boldsymbol{\omega}_{sb}^{b} = \begin{bmatrix} 0 & -\omega_{c} & 0 \end{bmatrix}^{\mathrm{T}}$为载体相对于 IMU 坐标系的转动速度。

IMU 相对载体没有线运动,不考虑内杆臂误差,则:

$$\boldsymbol{f}^{b} = \boldsymbol{C}_{s}^{b}\boldsymbol{f}^{s} \tag{4.6}$$

将式(4.6)和式(4.5)分别代入式(4.1)和式(4.4)可得:

$$\dot{\boldsymbol{v}}_{e}^{n} = \boldsymbol{C}_{b}^{n}\boldsymbol{C}_{s}^{b}\boldsymbol{f}^{s} - \begin{bmatrix} 2\boldsymbol{\omega}_{ie}^{n} + \boldsymbol{\omega}_{en}^{n} \end{bmatrix} \times \boldsymbol{v}_{e}^{n} + \boldsymbol{g}^{n} \tag{4.7}$$

$$\boldsymbol{\Omega}_{nb}^{b} = \boldsymbol{C}_{s}^{b}\boldsymbol{\Omega}_{is}^{s}\boldsymbol{C}_{b}^{s} + \boldsymbol{\Omega}_{sb}^{b} - \boldsymbol{C}_{n}^{b}\boldsymbol{\Omega}_{in}^{n}\boldsymbol{C}_{b}^{n} \tag{4.8}$$

式中:$\boldsymbol{\Omega}_{is}^{s}$为$\boldsymbol{\omega}_{is}^{s}$的斜对称阵;$\boldsymbol{\Omega}_{sb}^{b}$为$\boldsymbol{\omega}_{sb}^{b}$的斜对称阵。

式(4.2),式(4.7)和式(4.8)即为旋转式惯导系统直接导航解算方案的基本公式。由基本公式可知直接导航解算方案有以下特点:

(1)直接导航解算方案首先利用 IMU 转过的角度将陀螺和加速度计的测量值转换为载体系中的测量值,然后采用传统的捷联惯导算法进行解算,可直接输出载体的姿态、速度、位置等导航参数。

(2)在惯性器件测量值转换过程中,转动机构的轴系误差和测角误差不可避免地会影响转换精度,这就相当于增加了惯性器件误差,最终引起不可补偿的姿态、速度和位置误差。所以,为了精确地将惯性器件测量值转换到载体系中,转动机构的轴系和测角系统要有很高的精度。

(3)由式(4.5)可知,转动机构的轴系精度和测角精度要与陀螺的精度相当或者高于陀螺精度,否则转动机构的误差将为主要误差,违反了引入转动机构的初衷。

(4)测角系统要有较高的采样频率,并且该解算方案依赖于转动机构的轴系精度和测角系统,当轴系由于磨损达不到精度要求或者测角系统出现故障时,惯性器件测量值无法转换到载体系,该解算方案失效,降低了旋转式惯导系统的可靠性,缩短了系统的寿命。

直接导航解算方案对转动机构的性能要求较高,增加了转动机构的研制难度、制造成本和研制周期。

▶ 4.2.2 直接导航解算方案的误差传播特性

假设转动机构的测角误差为 $\delta\theta$，忽略 IMU 相对转动机构的安装误差和转动机构的轴系误差，则 b 系相对 s 系的方向余弦阵测量值为：

$$\widetilde{\boldsymbol{C}}_s^b = \begin{bmatrix} \cos(\theta+\delta\theta) & 0 & \sin(\theta+\delta\theta) \\ 0 & 1 & 0 \\ -\sin(\theta+\delta\theta) & 0 & \cos(\theta+\delta\theta) \end{bmatrix} = [\boldsymbol{I} - \boldsymbol{\phi}\times]\boldsymbol{C}_s^b \quad (4.9)$$

式中：$\boldsymbol{\phi}\times = \begin{bmatrix} 0 & 0 & -\delta\theta \\ 0 & 0 & 0 \\ \delta\theta & 0 & 0 \end{bmatrix}$；$\boldsymbol{\phi} = \begin{bmatrix} 0 & -\delta\theta & 0 \end{bmatrix}^\mathrm{T}$。

4.2.2.1 速度误差和位置误差

估计的速度可写成如下方程：

$$\dot{\widetilde{\boldsymbol{v}}}_e^n = \widetilde{\boldsymbol{C}}_b^n \widetilde{\boldsymbol{C}}_s^b \widetilde{\boldsymbol{f}}^s - [2\widetilde{\boldsymbol{\omega}}_{ie}^n + \widetilde{\boldsymbol{\omega}}_{en}^n]\times\widetilde{\boldsymbol{v}}_e^n + \widetilde{\boldsymbol{g}}^n \quad (4.10)$$

将式（4.10）减去式（4.7），可以得到：

$$\delta\dot{\boldsymbol{v}} = \dot{\widetilde{\boldsymbol{v}}}_e^n - \dot{\boldsymbol{v}}_e^n$$

$$= \widetilde{\boldsymbol{C}}_b^n \widetilde{\boldsymbol{C}}_s^b \widetilde{\boldsymbol{f}}^s - \boldsymbol{C}_b^n \boldsymbol{C}_s^b \boldsymbol{f}^s - [2\widetilde{\boldsymbol{\omega}}_{ie}^n + \widetilde{\boldsymbol{\omega}}_{en}^n]\times\widetilde{\boldsymbol{v}}_e^n + [2\boldsymbol{\omega}_{ie}^n + \boldsymbol{\omega}_{en}^n]\times\boldsymbol{v}_e^n + \widetilde{\boldsymbol{g}}^n - \boldsymbol{g}^n$$

$$(4.11)$$

将 $\widetilde{\boldsymbol{C}}_b^n = [\boldsymbol{I}-\boldsymbol{\Psi}]\boldsymbol{C}_b^n$（$\boldsymbol{\Psi}$ 为失准角向量 $\boldsymbol{\psi} = \begin{bmatrix} \delta\alpha & \delta\beta & \delta\gamma \end{bmatrix}^\mathrm{T}$ 的斜对称阵），$\widetilde{\boldsymbol{C}}_s^b = [\boldsymbol{I}-\boldsymbol{\phi}\times]\boldsymbol{C}_s^b$，$\widetilde{\boldsymbol{f}}^s = \boldsymbol{f}^s + \delta\boldsymbol{f}^s$，$\widetilde{\boldsymbol{v}}_e^n = \boldsymbol{v}_e^n + \delta\boldsymbol{v}_e^n$，$\widetilde{\boldsymbol{\omega}}_{ie}^n = \boldsymbol{\omega}_{ie}^n + \delta\boldsymbol{\omega}_{ie}^n$，$\widetilde{\boldsymbol{\omega}}_{en}^n = \boldsymbol{\omega}_{en}^n + \delta\boldsymbol{\omega}_{en}^n$，$\widetilde{\boldsymbol{g}}^n = \boldsymbol{g}^n + \delta\boldsymbol{g}^n$ 代入上式，展开并忽略误差乘积项，可得惯导系统直接导航解算方案的速度误差方程为：

$$\delta\dot{\boldsymbol{v}} = [\boldsymbol{f}^n\times]\boldsymbol{\psi} + \boldsymbol{C}_b^n \boldsymbol{C}_s^b \delta\boldsymbol{f}^s - \boldsymbol{C}_b^n[\boldsymbol{\phi}\times]\boldsymbol{C}_s^b \boldsymbol{f}^s -$$

$$(2\boldsymbol{\omega}_{ie}^n + \boldsymbol{\omega}_{en}^n)\times\delta\boldsymbol{v}^n - (2\delta\boldsymbol{\omega}_{ie}^n + \delta\boldsymbol{\omega}_{en}^n)\times\boldsymbol{v}^n - \delta\boldsymbol{g}^n \quad (4.12)$$

位置误差为：

$$\delta\dot{\boldsymbol{p}} = \delta\boldsymbol{v}_e^n \quad (4.13)$$

在直接导航解算方案中，速度误差和位置误差除受惯导系统比力 $\boldsymbol{f}^s$、姿态误差 $\boldsymbol{\psi}$、因加速度计不精确所带来的比力测量误差 $\delta\boldsymbol{f}^s$、哥氏项误差、当地重力向量不精确以及对地球形状的假定等因素影响外，还受转动机构测角误差 $\boldsymbol{\phi}$ 的影响,并且这种影响随时间累积。

4.2.2.2　姿态误差

文献[5]给出了姿态误差传播方程:

$$\dot{\boldsymbol{\psi}} = -\boldsymbol{\omega}_{in}^n \times \boldsymbol{\psi} + \delta\boldsymbol{\omega}_{in}^n - \boldsymbol{C}_b^n \delta\boldsymbol{\omega}_{ib}^b \tag{4.14}$$

式中:$\boldsymbol{\psi} = [\delta\alpha \quad \delta\beta \quad \delta\gamma]^T$ 为失准角;$\delta\boldsymbol{\omega}_{in}^n = \widetilde{\boldsymbol{\omega}}_{in}^n - \boldsymbol{\omega}_{in}^n$;$\delta\boldsymbol{\omega}_{ib}^b = \widetilde{\boldsymbol{\omega}}_{ib}^b - \boldsymbol{\omega}_{ib}^b$。

估算的 $\widetilde{\boldsymbol{\omega}}_{ib}^b$ 为:

$$\widetilde{\boldsymbol{\omega}}_{ib}^b = \widetilde{\boldsymbol{C}}_s^b \widetilde{\boldsymbol{\omega}}_{is}^s + \widetilde{\boldsymbol{\omega}}_{sb}^b \tag{4.15}$$

式中:$\widetilde{\boldsymbol{\omega}}_{sb}^b$ 为测量的转台转动速度。

将式(4.15)减去式(4.5),可以得到:

$$\delta\boldsymbol{\omega}_{ib}^b = \widetilde{\boldsymbol{\omega}}_{ib}^b - \boldsymbol{\omega}_{ib}^b = \widetilde{\boldsymbol{C}}_s^b \widetilde{\boldsymbol{\omega}}_{is}^s - \boldsymbol{C}_s^b \boldsymbol{\omega}_{is}^s + \widetilde{\boldsymbol{\omega}}_{sb}^b - \boldsymbol{\omega}_{sb}^b \tag{4.16}$$

将式(4.16)代入式(4.14),令 $\delta\boldsymbol{\omega}_{is}^s = \widetilde{\boldsymbol{\omega}}_{is}^s - \boldsymbol{\omega}_{is}^s$,$\delta\boldsymbol{\omega}_{sb}^b = \widetilde{\boldsymbol{\omega}}_{sb}^b - \boldsymbol{\omega}_{sb}^b$,可得直接导航解算方案的姿态误差方程为:

$$\dot{\boldsymbol{\psi}} = -\boldsymbol{\omega}_{in}^n \times \boldsymbol{\psi} + \delta\boldsymbol{\omega}_{in}^n - \boldsymbol{C}_b^n \boldsymbol{C}_s^b \delta\boldsymbol{\omega}_{is}^s + \boldsymbol{C}_b^n [\boldsymbol{\phi} \times] \boldsymbol{C}_s^b \boldsymbol{\omega}_{is}^s - \boldsymbol{C}_b^n \delta\boldsymbol{\omega}_{sb}^b \tag{4.17}$$

式中:$\delta\boldsymbol{\omega}_{sb}^b$ 为转动机构的转速稳定性误差。

由式(4.17)可知,在直接导航解算方案中,姿态误差方程除受导航系计算误差 $\delta\boldsymbol{\omega}_{in}^n$、陀螺测量误差 $\delta\boldsymbol{\omega}_{is}^s$ 影响外,还受转动机构的测角误差 $\boldsymbol{\phi}$ 和转速稳定性误差 $\delta\boldsymbol{\omega}_{sb}^b$ 的影响。

由式(4.12),式(4.13)和式(4.17)可知,采用旋转式惯导直接导航解算方案,陀螺和加速度计的误差虽然得到了周期性调制,但同时由于转动机构测角误差的影响,旋转式惯导系统误差方程中增加了转动机构的测角误差项。并且,测角误差对系统精度的影响随载体加速度和角速度的增加而增大,并随时间累积。

4.3　间接导航解算方案的误差传播特性

▶ 4.3.1　间接导航解算方案的基本解算方程

在旋转式惯导系统中,陀螺和加速度计测量的是旋转平台的角速度和比力,忽略由旋转引起的加速度计误差,则在导航系中,IMU 的速度变化率可表示为:

$$\dot{\boldsymbol{v}}_e^n = \boldsymbol{C}_s^n \boldsymbol{f}^s - [2\boldsymbol{\omega}_{ie}^n + \boldsymbol{\omega}_{en}^n] \times \boldsymbol{v}_e^n + \boldsymbol{g}^n \tag{4.18}$$

式中:C_s^n为 IMU 坐标系相对导航系的方向余弦矩阵,其传递依据以下方程:

$$\dot{C}_s^n = C_s^n \Omega_{ns}^s \tag{4.19}$$

式中:Ω_{ns}^s为 IMU 坐标系相对导航系的角速度 ω_{ns}^s 构成的斜对称阵,ω_{ns}^s 可由陀螺测量值 ω_{is}^s 和导航坐标系角速度分量的估计值 ω_{in}^s 计算得到。

$$\omega_{ns}^s = \omega_{is}^s - C_n^s(\omega_{ie}^n + \omega_{en}^n) = \omega_{is}^s - C_n^s \omega_{in}^n \tag{4.20}$$

式中:ω_{is}^s 为旋转平台的角速率,可由陀螺测量。

将式(4.20)变换为矩阵形式可得:

$$\Omega_{ns}^s = \Omega_{is}^s - C_n^s \Omega_{in}^n C_s^n \tag{4.21}$$

式中:Ω_{is}^s 为 ω_{is}^s 的斜对称阵;Ω_{in}^n 为 ω_{in}^n 的斜对称阵。

IMU 相对载体转过的角度可由测角系统测量得到,则载体姿态可由下式计算:

$$C_b^n = C_s^n C_b^s \tag{4.22}$$

式(4.18)~式(4.22)构成了间接导航解算方案的基本公式,由这些基本公式可知间接导航解算方案有以下特点:

(1)旋转式惯导系统间接导航解算方案首先利用陀螺和加速度计的测量值采用传统捷联惯导算法计算旋转平台的姿态、速度和位置信息,然后根据旋转平台的姿态和相对载体转过的角度计算载体的姿态。

(2)载体的速度和位置与旋转平台的速度和位置相同,在计算速度和位置时,完全依赖陀螺和加速度计的测量值,转动机构转过的角度没有参与计算,因此系统的速度和位置精度只取决于陀螺和加速度计的精度,与转动机构的测角误差无关;角度测量值只参与了载体的姿态解算,只对载体姿态精度有影响,所以对测角精度可适当放宽。

(3)测角系统的采样频率可与载体导航参数的更新频率一致,采样频率相对直接导航解算方案来说大大降低,如果系统不输出载体的姿态,测角系统可以省去。

间接导航解算方案放宽了对转动机构轴系和测角系统性能的要求,减小了系统的成本,缩短了研制周期。即使转动机构的测角系统发生故障,系统也能在不输出载体姿态的情况下继续工作,提高了系统的可靠性和寿命,更适合工程应用。

▶ 4.3.2 间接导航解算方案的误差传播特性

4.3.2.1 速度误差和位置误差

间接导航解算方案的速度和位置微分方程与文献[5]的方程形式相同,按照文献[5]的误差方程推导方法,可求出间接导航解算方案的速度误差和位置误差方程。

估计的速度方程可写成:

$$\dot{\tilde{v}}_e^n = \widetilde{C}_s^n \tilde{f}^s - \left[2\,\widetilde{\boldsymbol{\omega}}_{ie}^n + \widetilde{\boldsymbol{\omega}}_{en}^n\right] \times \tilde{v}_e^n + \tilde{g}^n \tag{4.23}$$

将式(4.23)减去式(4.18),可以得到:

$$\delta\dot{v} = \dot{\tilde{v}}_e^n - \dot{v}_e^n = \widetilde{C}_s^n \tilde{f}^s - C_s^n f^s - \left[2\,\widetilde{\boldsymbol{\omega}}_{ie}^n + \widetilde{\boldsymbol{\omega}}_{en}^n\right] \times$$
$$\tilde{v}_e^n + \left[2\boldsymbol{\omega}_{ie}^n + \boldsymbol{\omega}_{en}^n\right] \times v_e^n + \tilde{g}^n - g^n \tag{4.24}$$

将 $\widetilde{C}_s^n = \left[\boldsymbol{I} - \boldsymbol{\mu} \times\right] C_b^n$($\boldsymbol{\mu} \times$ 为失准角向量 $\boldsymbol{\mu}$ 的斜对称阵), $\tilde{f}^s = f^s + \delta f^s, \tilde{v}_e^n = v_e^n + \delta v_e^n, \widetilde{\boldsymbol{\omega}}_{ie}^n = \boldsymbol{\omega}_{ie}^n + \delta\boldsymbol{\omega}_{ie}^n, \widetilde{\boldsymbol{\omega}}_{en}^n = \boldsymbol{\omega}_{en}^n + \delta\boldsymbol{\omega}_{en}^n, \tilde{g}^n = g^n + \delta g^n$ 代入上式,展开并忽略误差乘积项,并令 $C_s^n f^s = f^n$,可得旋转式惯导系统间接导航解算方案的速度误差方程为:

$$\delta\dot{v}_e^n = \left[f^n \times\right]\boldsymbol{\mu} + C_s^n \delta f^s - \left[2\boldsymbol{\omega}_{ie}^n + \boldsymbol{\omega}_{en}^n\right] \times$$
$$\delta v_e^n - \left[2\delta\boldsymbol{\omega}_{ie}^n + \delta\boldsymbol{\omega}_{en}^n\right] \times v_e^n + \delta g^n \tag{4.25}$$

位置误差可表示为:

$$\delta\dot{p} = \delta v_e^n \tag{4.26}$$

式中: $\boldsymbol{\mu} = \left[\delta\varphi \quad \delta\theta \quad \delta\eta\right]^{\mathrm{T}}$ 为 IMU 坐标系相对导航系的姿态误差角。

$$\dot{\boldsymbol{\mu}} = -\boldsymbol{\omega}_{in}^n \times \boldsymbol{\mu} + \delta\boldsymbol{\omega}_{in}^n - C_s^n \delta\boldsymbol{\omega}_{is}^s \tag{4.27}$$

式中: $\delta\boldsymbol{\omega}_{is}^s$ 为陀螺测量误差。

由式(4.25)和式(4.26)可知,在间接导航解算方案中,系统的速度误差和位置误差方程与传统的捷联惯导算法误差在形式上是相同的,只受惯导系统比力 f^s、姿态误差 $\boldsymbol{\psi}$、因加速度计不精确所带来的比力测量误差 δf^s、哥氏项误差、当地重力向量不精确以及对地球形状的假定等因素的影响。误差方程中不包括转动机构的测角误差和转速稳定性误差,因此也就不受转动机构这些误差项的影响。相比于直接导航解算方案,间接导航解算方案具有更高的速度精度和位置精度。

4.3.2.2　姿态误差

将式(4.22)微分,可得:

$$\dot{C}_b^n = \dot{C}_s^n C_b^s + C_s^n \dot{C}_b^s \tag{4.28}$$

估算的 $\dot{\tilde{\pmb{C}}}_b^n$ 为：

$$\dot{\tilde{\pmb{C}}}_b^n = \dot{\tilde{\pmb{C}}}_s^n \tilde{\pmb{C}}_b^s + \tilde{\pmb{C}}_s^n \dot{\tilde{\pmb{C}}}_b^s \tag{4.29}$$

将式(4.21)代入式(4.19)，可得：

$$\dot{\pmb{C}}_s^n = \pmb{C}_s^n \pmb{\Omega}_{is}^s - \pmb{\Omega}_{in}^n \pmb{C}_s^n \tag{4.30}$$

估算的 $\dot{\tilde{\pmb{C}}}_s^n$ 为：

$$\dot{\tilde{\pmb{C}}}_s^n = \tilde{\pmb{C}}_s^n \tilde{\pmb{\Omega}}_{is}^s - \tilde{\pmb{\Omega}}_{in}^n \tilde{\pmb{C}}_s^n \tag{4.31}$$

文献[5]给出了姿态误差角的微分方程为：

$$\dot{\pmb{\Psi}} = -\dot{\tilde{\pmb{C}}}_b^n \pmb{C}_b^{nT} - \tilde{\pmb{C}}_b^n \dot{\pmb{C}}_b^{nT} \tag{4.32}$$

将式(4.28)~式(4.31)代入式(4.32)，并令 $\tilde{\pmb{C}}_s^n = (\pmb{I} - \pmb{\mu}) \pmb{C}_s^n, \pmb{\mu} = \mu \times$，展开并忽略二阶小量，可得间接导航算法的姿态误差方程为：

$$\dot{\pmb{\Psi}} = -\pmb{C}_s^n [\pmb{\Omega}_{is}^s [\pmb{\phi} \times] - [\pmb{\phi} \times] \pmb{\Omega}_{is}^s] \pmb{C}_s^{nT} - \pmb{C}_s^n \delta\pmb{\Omega}_{is}^s \pmb{C}_s^{nT} + $$
$$\pmb{C}_s^n \pmb{C}_b^s \delta\pmb{\Omega}_{sb}^b (\pmb{C}_s^n \pmb{C}_b^s)^T + \pmb{\mu}\pmb{\Omega}_{in}^n - \pmb{\Omega}_{in}^n \pmb{\mu} + \delta\pmb{\Omega}_{in}^n \tag{4.33}$$

化为向量形式为：

$$\dot{\pmb{\psi}} = -\pmb{\omega}_{in}^n \times \pmb{\mu} + \delta\pmb{\omega}_{in}^n - \pmb{C}_s^n \delta\pmb{\omega}_{is}^s - \pmb{C}_s^n [\pmb{\phi} \times] \pmb{\omega}_{is}^s + \pmb{C}_s^n \pmb{C}_b^s \delta\pmb{\omega}_{sb}^b \tag{4.34}$$

由上式可知，间接导航解算方案的姿态误差也受转动机构的测角误差 $\pmb{\phi}$ 和转速稳定性误差 $\delta\pmb{\omega}_{sb}^b$ 的影响。但是，在间接导航解算方案中，载体的姿态矩阵 $\pmb{C}_b^n$ 没有参与速度解算和位置解算，所以转动机构的测角误差和转速稳定性误差对载体的速度精度和位置精度没有影响。即使对载体的姿态来说，由于每次载体的姿态解算都是利用旋转平台的当前姿态和旋转平台相对上一时刻转过的角度进行解算，并没有用到载体上一时刻的姿态，因此转动机构的测角误差和转速稳定误差对载体姿态误差的影响不会随时间累积。

▶ 4.3.3　两种导航方案的仿真与实验

4.3.3.1　仿真分析

采用仿真手段来验证两种导航解算方案的优劣。假设陀螺的随机常值漂移都为 $0.004°/h$，随机白噪声均方差为 $0.001°/h$，比例因子误差为 $1ppm$；加速度计

的零偏都为 $1 \times 10^{-5}g$,随机白噪声均方差为 $1 \times 10^{-5}g$,比例因子误差为 10ppm;转台测角误差为 1′,转速稳定性为 0.0002°/s;初始航向角为 0°,俯仰角为 5°,滚动角为 10°,经纬度为东经 110° 和北纬 30°;不考虑安装误差,IMU 以 6°/s 的转速绕载体航向轴往复旋转,载体固定不动,仿真运行 24 小时。采用直接解算方案和间接解算方案时系统的导航误差如图 4.3 所示。

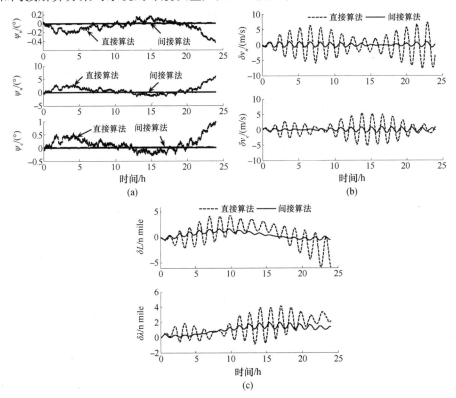

图 4.3　采用直接导航解算方案和间接导航解算方案时系统导航误差
（a）两种导航解算方案的姿态角误差；（b）两种导航解算方案的速度误差；
（c）两种导航解算方案的位置误差。

两种不同导航解算方案的导航误差最大值如表 4.2 所示。

表 4.2　两种不同导航解算方案误差最大值

	直接导航方案	间接导航方案		直接导航方案	间接导航方案
$\psi_n/(°)$	0.444	0.022	$v_e/(\text{m/s})$	5.44	1.03
$\psi_u/(°)$	6.005	0.170	$L/(\text{n mile})$	5.88	1.63
$\psi_e/(°)$	0.994	0.032	$\lambda/(\text{n mile})$	4.13	1.98
$v_n/(\text{m/s})$	7.63	1.02			

4.3.3.2　间接导航解算方案试验

采用单轴转台和实验室研制的激光陀螺惯导系统进行实验。其中激光陀螺随机常值漂移为0.004°/h,石英挠性加速度计随机零偏为 $10^{-5}g$。转台的测角误差为10″,转速稳定性为0.0002°/s。惯导系统安装在转台台面上,绕转台旋转轴往复转动。由于IMU相对转台的安装误差没有标定,所以只进行了间接导航解算方案的试验。转台转角没有采集,不计算载体姿态,其误差如图4.4所示。

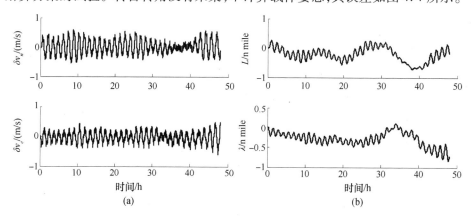

图4.4　采用间接导航解算方案时系统导航误差
(a) 速度误差;(b) 位置误差。

由仿真可知,IMU单轴旋转式惯导系统直接导航解算方案受转台的测角误差和转速稳定性误差的影响较大。相对于间接导航解算方案,直接导航解算方案的姿态角误差高于一个数量级,速度误差和位置误差大于5~7倍,说明间接导航解算方案的速度和位置基本不受转台测角误差和转速稳定性误差的影响,姿态角受测角误差和转速稳定性误差的影响较小,具有更高的导航精度。

由实验结果可知,IMU单轴旋转式惯导系统的速度误差优于1m/s,位置误差优于1n mile/48h。在实验中,没有采集转台转动速度和转动角度,这说明转台的测角系统没有参与旋转式惯导速度和位置参数的解算,因此转台测角系统的测角误差也就不会影响惯导系统的速度和位置精度,验证了理论分析的正确性。

4.4　本章小结

本章主要研究了单轴旋转式惯导系统的直接导航解算方案和间接导航解算方案,理论推导了两种导航解算方案的基本导航方程和误差模型。所进行的主要工作和得出的主要结论如下：

（1）分析了单轴旋转式惯导系统的直接导航解算方案和间接导航解算方案，并对两种解算方案的优劣进行了对比。结果指出，间接导航解算方案放宽了转动轴系的要求，较好地保证了惯导系统的精度和可靠性，更具有工程实用性。

（2）理论推导了直接导航解算方案的基本导航方程和误差传播特性。结果表明，采用直接导航解算方案时，系统的速度误差和位置误差受转动机构测角误差的影响，姿态误差除受测角误差的影响外，还受转轴转速稳定性误差的影响，并且系统误差随载体加速度和角速度的增加而增大，并随时间累积。

（3）理论推导了间接导航解算方案的基本导航方程和误差传播特性。结果指出，采用间接导航解算方案时，转动机构测角误差和转速稳定性误差只影响系统的姿态误差，而对系统的速度误差和位置误差不产生影响。

（4）对两种导航解算方案进行了仿真分析，并对间接导航解算方案进行试验验证。仿真结果指出，相对于间接导航解算方案，采用直接导航解算方案时，系统的姿态角误差高于一个数量级，速度误差和位置误差大于 5 ~ 7 倍。实验结果指出，采用间接导航解算方案，在实验室静态情况下，系统的速度误差优于 1m/s，位置误差优于 1n mile/48h。

第5章 单轴旋转式惯导系统在线标校方法研究

对于单轴旋转式惯导系统,无论采用哪种导航解算方案,旋转轴上的惯性器件误差都不能被调制。另外,由于环境变化等多种因素的影响,惯导系统工作时,IMU 的参数特别是惯性器件的零偏存在逐次启动误差和随时间缓慢变化的慢变漂移。这样,再用内场标定的零偏值进行计算必然会产生误差。对于长时间高精度的旋转式惯导系统来说,这些误差经长时间作用,则会产生较大的导航误差。如果能在初始对准过程中对惯性器件的零偏进行估计,则此时的惯性器件零偏比较符合实际应用环境,而且包含了惯性器件的逐次启动误差,采用该零偏进行计算,可以大大提高初始对准精度和长时间导航精度。因此,需要研究单轴旋转式激光陀螺惯导系统的在线标校方法,提高系统的导航性能。

5.1 单轴旋转式惯导系统标定参数及其对导航结果的影响

激光陀螺惯导系统中陀螺和加速度计输出的为数字脉冲,导航算法所采用的物理量为角速度或角增量以及加速度或加速度增量。标定就是通过比较 IMU 的惯性器件的输出和已知输入基准值,确定一组标定参数使其输出与输入相吻合的过程。IMU 标定完成后,就可将惯性器件的输出转换为导航算法所需要的物理量。可见,IMU 的标定是惯导系统进行导航的前提和基础。对于标定技术和方法,文献[94]进行了深入研究和讨论。本节只是简单介绍导航所需的标定参数以及不同标定的参数对导航结果的影响。

▶ 5.1.1 IMU 标定参数及标定模型

IMU 标定的理论基础是系统辨识和参数估计,其目的就是确定惯性器件和惯导系统的数学模型或误差模型的参数。惯性器件建立的模型不同,其标定参数也就不同。一般来说,采用的参数模型越复杂,惯性器件的输入/输出特性描述的就越精确。标定中需根据系统的性能要求,综合考虑模型复杂性和精确性[121]。

对于激光陀螺惯导系统,最常用的 IMU 标定参数模型就是仅考虑 IMU 的零阶和一阶静态参数,主要包括陀螺和加速度计的零偏、比例因子和安装误差角等。由于激光陀螺对加速度不敏感,在陀螺输入输出模型中忽略加速度项[120, 137, 138]。

假设载体坐标系(b 系)的三个坐标轴分别为 x^b, y^b, z^b,IMU 中三个陀螺的敏感轴分别为 x^g, y^g, z^g,三个加速度计的敏感轴分别为 x^a, y^a, z^a。在安装误差角为小角度的情况下,IMU 中单位时间的陀螺输出脉冲可以写成:[94]

$$\begin{bmatrix} N_x^g \\ N_y^g \\ N_z^g \end{bmatrix} = \begin{bmatrix} S_x^g & 0 & 0 \\ 0 & S_y^g & 0 \\ 0 & 0 & S_z^g \end{bmatrix} \begin{bmatrix} 1 & -\gamma_{xz}^g & \gamma_{xy}^g \\ \gamma_{yz}^g & 1 & -\gamma_{yx}^g \\ -\gamma_{zy}^g & \gamma_{zx}^g & 1 \end{bmatrix} \begin{bmatrix} \omega_x^b \\ \omega_y^b \\ \omega_z^b \end{bmatrix} + \begin{bmatrix} b_x^g \\ b_y^g \\ b_z^g \end{bmatrix} + \begin{bmatrix} n_x^g \\ n_y^g \\ n_z^g \end{bmatrix} \quad (5.1)$$

式中:$\boldsymbol{\omega}_{ib}^b = \begin{bmatrix} \omega_x^b & \omega_y^b & \omega_z^b \end{bmatrix}^T$ 为输入角速度向量在载体坐标系中的表示;$\boldsymbol{N}^g = \begin{bmatrix} N_x^g & N_y^g & N_z^g \end{bmatrix}^T$ 为单位时间的陀螺脉冲输出;S^g 为比例因子;$\gamma_{ij}^g(i, j = x, y, z)$ 为陀螺的安装误差角;b^g 为陀螺零偏;n^g 为陀螺测量噪声。

与陀螺相似,单位时间的加速度计输出脉冲可以写成:

$$\begin{bmatrix} N_x^a \\ N_y^a \\ N_z^a \end{bmatrix} = \begin{bmatrix} S_x^a & 0 & 0 \\ 0 & S_y^a & 0 \\ 0 & 0 & S_z^a \end{bmatrix} \begin{bmatrix} 1 & -\gamma_{xz}^a & \gamma_{xy}^a \\ \gamma_{yz}^a & 1 & -\gamma_{yx}^a \\ -\gamma_{zy}^a & \gamma_{zx}^a & 1 \end{bmatrix} \begin{bmatrix} f_x^b \\ f_y^b \\ f_z^b \end{bmatrix} + \begin{bmatrix} b_x^a \\ b_y^a \\ b_z^a \end{bmatrix} + \begin{bmatrix} n_x^a \\ n_y^a \\ n_z^a \end{bmatrix} \quad (5.2)$$

式中:$\boldsymbol{f}^b = \begin{bmatrix} f_x^b & f_y^b & f_z^b \end{bmatrix}^T$ 为输入比力在体坐标系的表示;$\boldsymbol{N}^a = \begin{bmatrix} N_x^a & N_y^a & N_z^a \end{bmatrix}^T$ 为三个加速度计的脉冲输出;S^a 为加速度计的比例因子;$\gamma_{ij}^a(i, j = x, y, z)$ 为加速度计的安装误差角;b^a 为加速度计的零偏;n^a 为加速度计测量噪声。

由式(5.1)和式(5.2)表示的 IMU 的输入/输出关系,可以从 IMU 的脉冲测量输出得到角速度和比力测量结果为:

$$\boldsymbol{\omega}_{ib}^b = \begin{bmatrix} 1 & -\gamma_{xz}^g & \gamma_{xy}^g \\ \gamma_{yz}^g & 1 & -\gamma_{yx}^g \\ -\gamma_{zy}^g & \gamma_{zx}^g & 1 \end{bmatrix}^{-1} \begin{bmatrix} S_x^g & 0 & 0 \\ 0 & S_y^g & 0 \\ 0 & 0 & S_z^g \end{bmatrix}^{-1} \begin{bmatrix} N_x^g - b_x^g - n_x^g \\ N_y^g - b_y^g - n_y^g \\ N_z^g - b_z^g - n_z^g \end{bmatrix}$$

$$= \boldsymbol{K}^g \boldsymbol{N}^g - \omega_0 - \delta_\omega \quad (5.3)$$

$$\boldsymbol{f}^b = \begin{bmatrix} 1 & -\gamma_{xz}^a & \gamma_{xy}^a \\ \gamma_{yz}^a & 1 & -\gamma_{yx}^a \\ -\gamma_{zy}^a & \gamma_{zx}^a & 1 \end{bmatrix}^{-1} \begin{bmatrix} S_x^a & 0 & 0 \\ 0 & S_y^a & 0 \\ 0 & 0 & S_z^a \end{bmatrix}^{-1} \begin{bmatrix} N_x^a - b_x^a - n_x^a \\ N_y^a - b_y^a - n_y^a \\ N_z^a - b_z^a - n_z^a \end{bmatrix}$$

$$= \boldsymbol{K}^a \boldsymbol{N}^a - f_0 - \delta_f \quad (5.4)$$

式中,$\boldsymbol{K}^g$、$\boldsymbol{K}^a$ 包含了陀螺和加速度计的比例因子和安装关系项。

通常称 $\boldsymbol{K}^g$、$\boldsymbol{K}^a$ 为陀螺和加速度计的比例因子与安装关系矩阵,ω_0、f_0 为陀螺和加速度计的零偏:

$$\omega_0 = \boldsymbol{K}^g \boldsymbol{b}^g \tag{5.5}$$

$$f_0 = \boldsymbol{K}^a \boldsymbol{b}^a \tag{5.6}$$

δ_ω 和 δ_f 是噪声部分:

$$\delta_\omega = \boldsymbol{K}^g \boldsymbol{n}^g \tag{5.7}$$

$$\delta_f = \boldsymbol{K}^a \boldsymbol{n}^a \tag{5.8}$$

采用双轴或三轴转台,通过转台多轴旋转和多组位置静态试验等标定方法,可标定出惯性器件的 $\boldsymbol{K}^g$、$\boldsymbol{K}^a$、ω_0 和 f_0 等标定参数。

▶ 5.1.2　不同标定参数对导航结果的影响

惯导系统的标定参数随着时间的推移会发生变化,特别是陀螺漂移和加速度计的零偏,包括的误差项很多,目前主要建模成常值零偏和随机噪声。但即使是常值零偏,每次开机也不相同,并且一次开机条件下随环境的不同也会有所变化。表5.1列举了 2009 年 12 月和 2010 年 3 月对同一激光陀螺 IMU 进行标定的结果。

表 5.1　激光陀螺 IMU 两次标定结果

惯性器件	标定参数	标定日期	参数值		
陀螺标定参数	K^g/(rad/pulse/10ms)	09.12	$\begin{bmatrix} 2.260490817674655e-6 & 0.0 & 0.0 \\ -9.804395448008559e-9 & 2.261004532799157e-6 & 0.0 \\ 2.432578813212861e-9 & -5.176551816984761e-1 & 2.260371127975352e-6 \end{bmatrix}$		
		10.03	$\begin{bmatrix} 2.260491757118009e-6 & 0.0 & 0.0 \\ -9.802555315681472e-9 & 2.260999446524506e-6 & 0.0 \\ 2.437834479564392e-9 & -4.974843683618231e-1 & 2.260370748092309e-6 \end{bmatrix}$		
	ω_0/(pulse/10ms)	09.12	$\begin{bmatrix} -9.982265138396818e-4 \\ 2.483623640829036e-4 \\ -6.298031975594753e-4 \end{bmatrix}$		
		10.03	$\begin{bmatrix} -1.011902406498186e-3 \\ 2.139450657540576e-4 \\ -7.162986337343868e-4 \end{bmatrix}$		

（续）

惯性器件	标定参数	标定日期	参 数 值		
加速度计标定参数	$K^a/$ (m/s^2/ pulse/ 1s)	09.12	$\begin{bmatrix} 2.598480600478386\mathrm{e}-2 & 6.681782947885818\mathrm{e}-5 & -1.049575635804492\mathrm{e}-5 \\ -4.759459285113888\mathrm{e}-5 & 2.560385137133455\mathrm{e}-2 & -2.719898102892088\mathrm{e}-4 \\ 1.843672444640974\mathrm{e}-5 & 2.775054547626369\mathrm{e}-4 & 2.525207537412508\mathrm{e}-2 \end{bmatrix}$		
		10.03	$\begin{bmatrix} 2.598534132828105\mathrm{e}-2 & 6.662964848700003\mathrm{e}-5 & -1.037763116382645\mathrm{e}-5 \\ -4.782049436411336\mathrm{e}-5 & 2.560378230912388\mathrm{e}-2 & -2.721392917646628\mathrm{e}-4 \\ 1.830596389738318\mathrm{e}-5 & 2.778242125965102\mathrm{e}-4 & 2.525183661044436\mathrm{e}-2 \end{bmatrix}$		
	$f_0/$ (m/s^2/ 1s)	09.12	$\begin{bmatrix} -1.028257379692917\mathrm{e}-2 \\ 2.458631406651660\mathrm{e}-3 \\ 2.345298278516291\mathrm{e}-3 \end{bmatrix}$		
		10.03	$\begin{bmatrix} -1.021682592758001\mathrm{e}-2 \\ 2.506746955020021\mathrm{e}-3 \\ 2.332331895626935\mathrm{e}-3 \end{bmatrix}$		

采用这两组不同的标定参数对同一组 IMU 输出数据进行导航解算,其位置误差如图 5.1 所示。

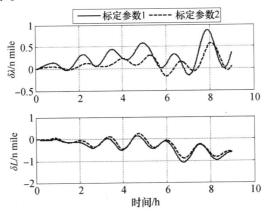

图 5.1　采用不同标定参数时惯导系统位置误差

由图 5.1 可见,惯性器件标定参数的变化对导航结果具有一定的影响。特别是对于单轴旋转式激光陀螺惯导系统,系统工作时间较长,并且旋转轴方向上的器件误差不能被抑制,所以对导航结果影响更大。如果能够在线对惯导系统进行标校,则标定参数包含了惯性器件的逐次启动误差,更符合惯性器件的实际应用情况。因此,通过在线补偿惯性器件的误差,能够很大程度上提高初始对准和导航精度。

惯导系统的标定参数包含很多项,如果对所有标定参数都进行在线标定,则需要很多参考信息,这对现场在线标校来说十分困难。将以上两组陀螺和加速度计标定参数相减,其变化量如表5.2所示。

表5.2　两组标定参数的差值

陀螺标定参数	ΔK^g / (rad/ pulse/ 10ms)	$\begin{bmatrix} -9.39443354109216e-13 & 0.0 & 0.0 \\ -1.84013232708615e-12 & 5.08627465088313e-12 & 0.0 \\ -5.25566635153088e-12 & -2.0170813336653e-11 & 3.79883043069091e-13 \end{bmatrix}$
	$\Delta \omega_0$ /(pulse/ 10ms)	$\begin{bmatrix} 1.36758926585043e-5 \\ 3.44172983288460e-5 \\ 8.64954361749115e-5 \end{bmatrix}$
加速度计标定参数	ΔK^a / (m/s² / pulse/ 1s)	$\begin{bmatrix} -5.35323497193735e-7 & 1.88180991858144e-7 & -1.1812519421847e-7 \\ 2.25901512974479e-7 & 6.90622106690186e-8 & 1.49481475453976e-7 \\ 1.30760549026559e-7 & -3.18757833873311e-7 & 2.38763680715515e-7 \end{bmatrix}$
	Δf_0 /(m/s² / 1s)	$\begin{bmatrix} -6.57478693491600e-5 \\ -4.81155483683612e-5 \\ 1.29663828893562e-5 \end{bmatrix}$

由表5.2可见,陀螺和加速度计的比例因子误差和安装误差变化较小,而零偏项变化较大。在惯导系统中,惯性器件的零偏是系统的最主要误差源之一,因此,在现场标校中,只对陀螺和加速度计的零偏进行标校,而不考虑陀螺和加速度计的其他误差。

5.2　旋转式惯导系统可观性分析

惯导系统可观性分析是惯性导航技术研究的一个重要方面,它回答了惯导系统是否可估以及哪些状态可估的问题,对惯导系统初始对准、组合导航和在线估计惯性器件零偏等具有重要的理论指导意义[111,139]。本节主要对惯导系统初始对准过程中的可观性问题进行研究,以期对惯性器件在线标校和提高初始对准精度进行理论指导。

可观性是控制领域中一个十分重要的概念,它涉及系统状态是否可估的问题[126, 140]。对于一个系统,人们总是希望知道能否通过可测量的输出,或再加上外部输入确定出某个时刻的全部状态分量,这就是系统的可观性问题。系统的可观性反映了状态的内在属性,对于状态估计具有重要意义[106]。可观性的定义可描述如下[140 - 142]。

定义:对于系统任意初始状态 $X(t_0) = \hat{x}, \forall \hat{x} \in X$,存在某个有限的时间 $t(t > t_0)$,如果根据时间区间$[t_0, t]$内所测得的输出信息 Y 和已知输入信息 u 能够唯一地确定初始状态 $X(t_0)$,则系统状态是完全可观的,否则,系统状态不可观。

对于线性定常系统,可以通过计算可观性矩阵确定状态的可观性,分析方法相对比较简单。惯导系统在静态初始对准阶段,可以近似看作线性定常系统[1],所以可以采用控制理论方法分析惯导系统参数的可观性。以色列学者Bar - Itzhack[143]从控制论的观点分析了惯导系统在静态初始对准和标定过程中的可观测性,指出了系统可观测性与估计量的特征值之间的关系。Saab[144]通过线性系统理论证明了惯性系统静态时方位角、两个加速度计零偏和一个陀螺零偏等状态不可观,并利用一个转换矩阵将系统分成可观部分和不可观部分,对可观部分进行滤波,从而将可观的状态估计出来,完成惯导系统的初始对准。对于静态初始对准,国内学者[145 - 147]也多采用计算可观性矩阵的方法研究惯导系统各状态的可观性,研究结果表明,在静态情况下,惯导系统不完全可观。在初始对准完成后,惯性器件误差耦合到姿态角误差中。

当惯导系统绕航向轴转动时,此时系统是时变的。线性时变系统的可观性分析需要计算 Grammian 矩阵[141],该矩阵计算十分复杂,很难得到解析解。Goshen - Meskin[106, 107]证明了仅考虑陀螺和加速度计零值零偏时惯导系统满足分段定常系统(PWCS)的假设条件。因此,当惯导系统绕航向轴转动时,可近似成分段线性定常系统,其可观性分析可用 SOM 阵代替 TOM 阵进行,使可观性分析大大简化。分段定常系统理论简洁易行,因此基于该理论的惯导系统可观性分析得到了国内外众多学者的研究。Jiang[79]利用 PWCS 理论证明了惯导系统绕航向轴进行多位置转动可以使系统状态完全可观,还利用卡尔曼滤波器的状态协方差矩阵研究了两位置和三位置惯导系统对准时状态的可观测度。吴美平[148]根据分段定常理论分析了水平通道的误差状态可观性。程向红[149]和王荣颖[150]等利用PWCS 理论分析了惯导系统绕方位轴旋转时的可观测性和可观测度。基于 PWCS理论的研究表明,当惯导系统绕方位轴旋转时,惯导系统的三个姿态角误差、两个水平速度、三个陀螺常值漂移和三个加速度计常值漂移都可观。

惯导系统本质上是非线性系统,采用 PWCS 等线性化理论进行的可观性分析结果只刻画了非线性系统的局部特征。也就是基于线性化模型的惯导系统可观性分析结论可能是不完全和不准确的。基于此,武元新等在分析组合导航[109, 139]和对准[110, 111]中提出了全局可观性分析方法。该方法从可观性的定义出发,能够完全刻画非线性系统。张红良[94]为了标定的需要,采用全局可观性方法对惯导系统在多种情况下的可观性进行了分析。

由5.1.2节的分析可知,惯导系统经实验室精确标定后,惯性器件的比例因子误差和安装误差变化较小,而陀螺常值漂移和加速度计常值零偏变化较大。所以对于单轴旋转式惯导系统的在线标校来说,主要是在对准过程中估计陀螺常值漂移和加速度计常值零偏。因此本节仅考虑陀螺和加速度计常值零偏,采用全局可观性理论分析IMU静止不动和绕航向轴进行多位置转动时惯导系统状态的可观性,以期对在线标校进行理论指导。

▶ 5.2.1 静态情形可观性分析

张红良[94]采用全局可观性理论对惯导系统静态情形的可观性进行了详细的分析。如果认为陀螺和加速度计只存在常值零偏,则陀螺和加速度计测量的角速度和比力分别为:

$$\widetilde{\boldsymbol{\omega}}_{ib}^{b} = \boldsymbol{\omega}_{ib}^{b} + \boldsymbol{\varepsilon} \tag{5.9}$$

$$\tilde{\boldsymbol{f}}^{b} = \boldsymbol{f}^{b} + \boldsymbol{\nabla} \tag{5.10}$$

式中:$\boldsymbol{\omega}_{ib}^{b}$、$\boldsymbol{f}^{b}$分别为陀螺和加速度计的理想测量值;$\boldsymbol{\varepsilon}$、$\boldsymbol{\nabla}$分别为陀螺和加速度计的零偏误差。

这里,陀螺和加速度计的零偏误差为随机常值,则:

$$\dot{\boldsymbol{\varepsilon}} = 0_{3\times1} \tag{5.11}$$

$$\dot{\boldsymbol{\nabla}} = 0_{3\times1} \tag{5.12}$$

惯导系统的方程为:[5]

$$\begin{cases} \dot{\boldsymbol{C}}_{b}^{n} = \boldsymbol{C}_{b}^{n}((\widetilde{\boldsymbol{\omega}}_{ib}^{b} - \boldsymbol{\varepsilon})\times) - (\boldsymbol{\omega}_{ie}^{n} + \boldsymbol{\omega}_{en}^{n})\times\boldsymbol{C}_{b}^{n} \\ \dot{\boldsymbol{v}}_{e}^{n} = \boldsymbol{C}_{b}^{n}(\tilde{\boldsymbol{f}}^{b} - \boldsymbol{\nabla}) - (2\boldsymbol{\omega}_{ie}^{n} + \boldsymbol{\omega}_{en}^{n})\times\boldsymbol{v}_{e}^{n} + \boldsymbol{g}_{l}^{n} \end{cases} \tag{5.13}$$

式中:上下标中的b表示载体系,n表示导航系,i是惯性系,e表示地球系;$\boldsymbol{C}_{b}^{n}$为从载体系到导航系的方向余弦阵;$\widetilde{\boldsymbol{\omega}}_{ib}^{b}$为载体系相对惯性系的角速度在载体系的表示,为陀螺测量的物理量;$\boldsymbol{\omega}_{ie}^{n}$为地球自转角速度在导航系的表示;$\boldsymbol{\omega}_{en}^{n}$为由于位置变化引起的导航系相对地球系的角速度在导航系的表示;$\boldsymbol{v}_{e}^{n}$为对地速度在导航系的表示;$\tilde{\boldsymbol{f}}^{b}$为加速度计测量的比力向量;$\boldsymbol{g}_{l}^{n}$为重力加速度。

　　对于在线标校问题,惯导系统中待估计的状态包括初始姿态或者姿态角误差、陀螺常值漂移和加速度计零偏。

　　在惯导系统初始对准过程中,如果不考虑杆臂等外界误差,则速度 $\boldsymbol{v}_e^n$ 和位置是可观测的,此时 $\boldsymbol{\omega}_{ie}^n$、$\boldsymbol{\omega}_{en}^n$ 和 $\boldsymbol{g}_l^n$ 都为已知量。根据可观性的定义,惯导系统的可观性就是在上述已知的条件下唯一地估计出三个姿态角、三个陀螺常值漂移和三个加速度计常值零偏。

　　当 IMU 静止时,速度为零,即 $\boldsymbol{v}_e^n = 0_{3 \times 1}$,此时 $\boldsymbol{\omega}_{en}^n = 0_{3 \times 1}$,$\boldsymbol{\omega}_{nb}^b = 0_{3 \times 1}$。对任意的 t,$\boldsymbol{C}_b^n(t) = \boldsymbol{C}_b^n(t_0)$,且 $\dot{\tilde{\boldsymbol{f}}}^b = 0_{3 \times 1}$,$\dot{\tilde{\boldsymbol{\omega}}}_{ib}^b = 0_{3 \times 1}$。将这些量代入式(5.13)可得:

$$\begin{cases} \widetilde{\boldsymbol{\omega}}_{ib}^b = \boldsymbol{\varepsilon} + \boldsymbol{C}_n^b \boldsymbol{\omega}_{ie}^n \\ \tilde{\boldsymbol{f}}^b = \boldsymbol{\nabla} - \boldsymbol{C}_n^b \boldsymbol{g}_l^n \end{cases} \tag{5.14}$$

　　由于 IMU 静止,所以,如果陀螺和加速度计不存在误差,它们分别测量的是地球自转角速度和重力加速度,也就是式(5.14)的量满足:

$$\begin{cases} |\widetilde{\boldsymbol{\omega}}_{ib}^b - \boldsymbol{\varepsilon}| = |\boldsymbol{C}_n^b \boldsymbol{\omega}_{ie}^n| = \varOmega \\ |\tilde{\boldsymbol{f}}^b - \boldsymbol{\nabla}| = |\boldsymbol{C}_n^b \boldsymbol{g}_l^n| = g \\ (\widetilde{\boldsymbol{\omega}}_{ib}^b - \boldsymbol{\varepsilon}) \cdot (\tilde{\boldsymbol{f}}^b - \boldsymbol{\nabla}) = (\boldsymbol{C}_n^b \boldsymbol{\omega}_{ie}^n) \cdot (-\boldsymbol{C}_n^b \boldsymbol{g}_l^n) = \varOmega g \sin L \end{cases} \tag{5.15}$$

　　由式(5.14)可知,状态 $\boldsymbol{C}_n^b$、$\boldsymbol{\varepsilon}$ 和 $\boldsymbol{\nabla}$ 有无穷多组解。根据式(5.15),$\boldsymbol{\varepsilon}$ 和 $\boldsymbol{\nabla}$ 的所有可能解在三维空间的表示分别在以 $\widetilde{\boldsymbol{\omega}}_{ib}^b$、$\tilde{\boldsymbol{f}}^b$ 为球心,以 $\varOmega$、g 为半径的三维球面上。

　　由式(5.14)可知,如果认为陀螺和加速度计没有误差,则可以唯一地确定 $\boldsymbol{C}_n^b$,也就是完成初始对准。可见,在 IMU 静止时,初始对准的姿态误差角与陀螺和加速度计的零偏是耦合在一起的。也就是,IMU 静止时,初始对准是一个平衡的过程,当对准完成后,姿态误差角与陀螺和加速度计误差达到了平衡状态。

　　由以上的分析可知,单位置静态情况下,惯导系统的姿态误差、陀螺漂移和加速度计零偏不能完全可观,这与基于 PWCS 理论的分析结果一致[105, 151]。

▶ 5.2.2　转动情形可观性分析

　　对于单轴旋转式惯导系统来说,由于增加了转动机构,所以 IMU 可绕系统的航向轴转动。为了方便分析,假设 IMU 与载体固联,而载体绕 IMU 的敏感中心定轴定速转动、且载体无线运动。张红良[94]对此情况进行了详细的分析,现写出如下。

如果不考虑杆臂效应，则 $v_e^n = 0_{3\times 1}$，此时 $\boldsymbol{\omega}_{en}^n = 0_{3\times 1}$，$\boldsymbol{\omega}_{nb}^b = \boldsymbol{\Omega}_c \neq$ $0_{3\times 1}$，$\dot{\boldsymbol{\omega}}_{nb}^b = 0_{3\times 1}$。

则陀螺和加速度计的测量值为：

$$\begin{cases} \widetilde{\boldsymbol{\omega}}_{ib}^b = \boldsymbol{\omega}_{nb}^b + \boldsymbol{\varepsilon} + \boldsymbol{C}_n^b \boldsymbol{\omega}_{ie}^n \\ \tilde{\boldsymbol{f}}^b = \boldsymbol{\nabla} - \boldsymbol{C}_n^b \boldsymbol{g}_l^n \end{cases} \tag{5.16}$$

对式(5.16)求导，则：

$$\begin{cases} \dot{\widetilde{\boldsymbol{\omega}}}_{ib}^b = -\boldsymbol{\omega}_{nb}^b \times \boldsymbol{C}_n^b \boldsymbol{\omega}_{ie}^n \\ \dot{\tilde{\boldsymbol{f}}}^b = \boldsymbol{\omega}_{nb}^b \times \boldsymbol{C}_n^b \boldsymbol{g}_l^n \end{cases} \tag{5.17}$$

对式(5.17)式再次求导，则：

$$\begin{cases} \ddot{\widetilde{\boldsymbol{\omega}}}_{ib}^b = \boldsymbol{\omega}_{nb}^b \times \boldsymbol{\omega}_{nb}^b \times \boldsymbol{C}_n^b \boldsymbol{\omega}_{ie}^n = -\boldsymbol{\omega}_{nb}^b \times \dot{\widetilde{\boldsymbol{\omega}}}_{ib}^b \\ \ddot{\tilde{\boldsymbol{f}}}^b = -\boldsymbol{\omega}_{nb}^b \times \boldsymbol{\omega}_{nb}^b \times \boldsymbol{C}_n^b \boldsymbol{g}_l^n = -\boldsymbol{\omega}_{nb}^b \times \dot{\tilde{\boldsymbol{f}}}^b \end{cases} \tag{5.18}$$

由式(5.17)和式(5.18)，当旋转轴方向与重力方向不平行时，则 $\dot{\tilde{\boldsymbol{f}}}^b \neq 0_{3\times 1}$，$\ddot{\tilde{\boldsymbol{f}}}^b \neq 0_{3\times 1}$ 且 $\ddot{\tilde{\boldsymbol{f}}}^b \perp \dot{\tilde{\boldsymbol{f}}}^b$，因此在转动过程中存在两个时刻 t_1 和 t_2，满足 $\dot{\tilde{\boldsymbol{f}}}^b(t_1)$ 与 $\dot{\tilde{\boldsymbol{f}}}^b(t_2)$ 线性不相关，即：

$$\mathrm{rank}\begin{bmatrix} \dot{\tilde{\boldsymbol{f}}}^b(t_1) \times \\ \dot{\tilde{\boldsymbol{f}}}^b(t_2) \times \end{bmatrix} = 3 \tag{5.19}$$

则 $\boldsymbol{\omega}_{nb}^b$ 的唯一解为：

$$\boldsymbol{\omega}_{nb}^b = \left(\begin{bmatrix} \dot{\tilde{\boldsymbol{f}}}^b(t_1) \times \\ \dot{\tilde{\boldsymbol{f}}}^b(t_2) \times \end{bmatrix}^{\mathrm{T}} \begin{bmatrix} \dot{\tilde{\boldsymbol{f}}}^b(t_1) \times \\ \dot{\tilde{\boldsymbol{f}}}^b(t_2) \times \end{bmatrix} \right)^{-1} \begin{bmatrix} \dot{\tilde{\boldsymbol{f}}}^b(t_1) \times \\ \dot{\tilde{\boldsymbol{f}}}^b(t_2) \times \end{bmatrix}^{\mathrm{T}} \begin{bmatrix} \ddot{\tilde{\boldsymbol{f}}}^b(t_1) \\ \ddot{\tilde{\boldsymbol{f}}}^b(t_2) \end{bmatrix} \tag{5.20}$$

当旋转方向与重力方向平行时，有 $\dot{\tilde{\boldsymbol{f}}}^b = \ddot{\tilde{\boldsymbol{f}}}^b = 0_{3\times 1}$。除地球的两极外，重力与

地球自转方向不平行，此时有 $\dot{\widetilde{\boldsymbol{\omega}}}_{ib}^{b} \neq 0_{3 \times 1}$，$\ddot{\widetilde{\boldsymbol{\omega}}}_{ib}^{b} \neq 0_{3 \times 1}$，且 $\ddot{\widetilde{\boldsymbol{\omega}}}_{ib}^{b} \perp \dot{\widetilde{\boldsymbol{\omega}}}_{ib}^{b}$，因此存在两个时刻 t_1 和 t_2，满足 $\dot{\widetilde{\boldsymbol{\omega}}}_{ib}^{b}(t_1)$ 与 $\dot{\widetilde{\boldsymbol{\omega}}}_{ib}^{b}(t_2)$ 线性不相关，即：

$$\text{rank}\begin{bmatrix} \dot{\widetilde{\boldsymbol{\omega}}}_{ib}^{b}(t_1) \times \\ \dot{\widetilde{\boldsymbol{\omega}}}_{ib}^{b}(t_2) \times \end{bmatrix} = 3 \tag{5.21}$$

此时，$\boldsymbol{\omega}_{nb}^{b}$ 的唯一解为：

$$\boldsymbol{\omega}_{nb}^{b} = \left(\begin{bmatrix} \dot{\widetilde{\boldsymbol{\omega}}}_{ib}^{b}(t_1) \times \\ \dot{\widetilde{\boldsymbol{\omega}}}_{ib}^{b}(t_2) \times \end{bmatrix}^{\mathrm{T}} \begin{bmatrix} \dot{\widetilde{\boldsymbol{\omega}}}_{ib}^{b}(t_1) \times \\ \dot{\widetilde{\boldsymbol{\omega}}}_{ib}^{b}(t_2) \times \end{bmatrix} \right)^{-1} \begin{bmatrix} \dot{\widetilde{\boldsymbol{\omega}}}_{ib}^{b}(t_1) \times \\ \dot{\widetilde{\boldsymbol{\omega}}}_{ib}^{b}(t_2) \times \end{bmatrix}^{\mathrm{T}} \begin{bmatrix} \ddot{\widetilde{\boldsymbol{\omega}}}_{ib}^{b}(t_1) \\ \ddot{\widetilde{\boldsymbol{\omega}}}_{ib}^{b}(t_2) \end{bmatrix} \tag{5.22}$$

又

$$\begin{cases} |\boldsymbol{C}_n^b \boldsymbol{g}_l^n| = g \\ |\boldsymbol{C}_n^b \boldsymbol{\omega}_{ie}^n| = \Omega \end{cases} \tag{5.23}$$

记姿态和零偏的真值分别为 $\boldsymbol{C}_n^{b*}$、$\boldsymbol{\nabla}^*$ 和 $\boldsymbol{\varepsilon}^*$，根据式(5.16)和式(5.23)，可求出 $\boldsymbol{C}_n^b \boldsymbol{g}_l^n$ 和 $\boldsymbol{C}_n^b \boldsymbol{g}_l^n$ 分别有两组可能的结果

$$\begin{cases} (\boldsymbol{C}_n^b \boldsymbol{g}_l^n)_1 = \boldsymbol{C}_n^{b*} \boldsymbol{g}_l^n \\ (\boldsymbol{C}_n^b \boldsymbol{g}_l^n)_2 = \boldsymbol{C}_n^{b*} \boldsymbol{g}_l^n - 2\dfrac{(\boldsymbol{C}_n^{b*} \boldsymbol{g}_l^n) \cdot \boldsymbol{\omega}_{nb}^b}{|\boldsymbol{\omega}_{nb}^b|^2} \boldsymbol{\omega}_{nb}^b \end{cases} \tag{5.24}$$

$$\begin{cases} (\boldsymbol{C}_n^b \boldsymbol{g}_l^n)_1 = \boldsymbol{C}_n^{b*} \boldsymbol{\omega}_{ie}^n \\ (\boldsymbol{C}_n^b \boldsymbol{\omega}_{ie}^n)_2 = \boldsymbol{C}_n^{b*} \boldsymbol{\omega}_{ie}^n - 2\dfrac{(\boldsymbol{C}_n^{b*} \boldsymbol{\omega}_{ie}^n) \cdot \boldsymbol{\omega}_{nb}^b}{|\boldsymbol{\omega}_{nb}^b|^2} \boldsymbol{\omega}_{nb}^b \end{cases} \tag{5.25}$$

对应的两组结果在 $\boldsymbol{\omega}_{nb}^b$ 上的投影大小相等，方向相反。

因此，任意时刻的姿态 $\boldsymbol{C}_n^b$ 的解有两个，分别满足如下两个方程组：

$$\begin{cases} (\boldsymbol{C}_n^b)_1 \boldsymbol{g}_l^n = \boldsymbol{C}_n^{b*} \boldsymbol{g}_l^n \\ (\boldsymbol{C}_n^b)_1 \boldsymbol{\omega}_{ie}^n = \boldsymbol{C}_n^{b*} \boldsymbol{\omega}_{ie}^n \end{cases} \tag{5.26}$$

$$\begin{cases} (\boldsymbol{C}_n^b)_2 \boldsymbol{g}_l^n = \boldsymbol{C}_n^{b*} \boldsymbol{g}_l^n - 2\dfrac{(\boldsymbol{C}_n^{b*} \boldsymbol{g}_l^n) \cdot \boldsymbol{\omega}_{nb}^b}{|\boldsymbol{\omega}_{nb}^b|^2} \boldsymbol{\omega}_{nb}^b \\ (\boldsymbol{C}_n^b)_2 \boldsymbol{\omega}_{ie}^n = \boldsymbol{C}_n^{b*} \boldsymbol{\omega}_{ie}^n - 2\dfrac{(\boldsymbol{C}_n^{b*} \boldsymbol{\omega}_{ie}^n) \cdot \boldsymbol{\omega}_{nb}^b}{|\boldsymbol{\omega}_{nb}^b|^2} \boldsymbol{\omega}_{nb}^b \end{cases} \tag{5.27}$$

即 $(C_n^b)_1 = C_n^{b*}$，$(C_n^b)_2 = A \cdot [\, g_l^n \quad \omega_{ie}^n \quad g_l^n \times \omega_{ie}^n \,]^{-1}$，其中

$$A = \begin{bmatrix} C_n^{b*} g_l^n - 2 \dfrac{(C_n^{b*} g_l^n) \cdot \omega_{nb}^b}{|\omega_{nb}^b|^2} \omega_{nb}^b \\[4mm] C_n^{b*} \omega_{ie}^n - 2 \dfrac{(C_n^{b*} \omega_{ie}^n) \cdot \omega_{nb}^b}{|\omega_{nb}^b|^2} \omega_{nb}^b \\[4mm] C_n^{b*}(g_l^n \times \omega_{ie}^n) - 2 \dfrac{[(C_n^{b*}\omega_{ie}^n) \cdot \omega_{nb}^b](C_n^{b*} g_l^n) \times \omega_{nb}^b + [(C_n^{b*} g_l^n) \cdot \omega_{nb}^b]\omega_{nb}^b \times (C_n^{b*} \omega_{ie}^n)}{|\omega_{nb}^b|^2} \end{bmatrix}^T$$

则陀螺零偏 ε 和加速度计偏置 ∇ 的两个可能的结果为

$$\begin{cases} \varepsilon_1 = \varepsilon^* \\[3mm] \varepsilon_2 = \varepsilon^* + 2 \dfrac{(C_n^{b*} \omega_{ie}^n) \cdot \omega_{nb}^b}{|\omega_{nb}^b|^2} \omega_{nb}^b \end{cases} \tag{5.28}$$

$$\begin{cases} \nabla_1 = \nabla^* \\[3mm] \nabla_2 = \nabla^* - 2 \dfrac{(C_n^{b*} g_l^n) \cdot \omega_{nb}^b}{|\omega_{nb}^b|^2} \omega_{nb}^b \end{cases} \tag{5.29}$$

当 $\omega_{nb}^b \perp C_n^{b*} g_l^n$ 即转动方向在水平面时，$(C_n^{b*} g_l^n) \cdot \omega_{nb}^b = 0$，$\nabla$ 的解唯一；当 $\omega_{nb}^b \perp C_n^{b*} \omega_{ie}^n$ 即转动方向与赤道平面平行时，$(C_n^{b*} \omega_{ie}^n) \cdot \omega_{nb}^b = 0$，$\varepsilon$ 的解唯一；当 $\omega_{nb}^b \perp C_n^{b*} g_l^n$ 且 $\omega_{nb}^b \perp C_n^{b*} \omega_{ie}^n$ 即转动方向在东向时，$(C_n^{b*} g_l^n) \cdot \omega_{nb}^b = (C_n^{b*} \omega_{ie}^n) \cdot \omega_{nb}^b = 0$，姿态 C_b^n 和零偏误差 ∇、ε 的解都是唯一的。

因此，定轴定速旋转全局可观性分析结论为[94]：绕东向轴旋转，状态解唯一，系统完全可观；绕其他轴旋转，状态存在两组解，系统不可观。转轴方向在水平面时，∇ 的解唯一，转轴方向与赤道平面平行时，ε 的解唯一。

这与基于 PWCS 理论分析的结论不一致。基于 PWCS 理论分析的结论为[79]：当 IMU 绕天向或北向轴旋转时，系统是完全可观的；当绕东向轴旋转时，系统不可观。

现在我们来仔细分析一下全局可观性的分析结果。在求解姿态 C_n^b 时，由式(5.24)和式(5.25)，则任意时刻的姿态 C_n^b 的解有两个，当然初始时刻 $C_n^b(t_0)$ 也有两个值。对于初始对准来说，在初始时刻 $C_n^b(t_0)$ 的值是唯一的。经粗对准，可以唯一确定一个 $C_n^b(t_0)$，这样，∇ 和 ε 的值也可唯一确定。另外，对于旋转式激光陀螺惯导系统来说，陀螺和加速度计的精度都非常高，显然 ε_2 和 ∇_2 值不符合要求。因此，IMU 绕航向轴旋转时，对于工程应用的旋转式惯导系统，IMU 的三个姿态角误差、三个陀螺常值漂移和三个加速度计常值零偏是完全可以估计出来的。

当然,这不是说全局可观性理论分析的不正确。从数学意义上来说,当 IMU 绕航向轴转动时,系统状态有两个解,因此从全局来看,系统是不可观的。但是,系统状态的这两个解相距甚远,在每个解的周围是局部可观的。对于实际惯导系统,系统的状态始终往真值方向收敛,而绝对不会收敛到另外一个值。

因此,全局可观性分析的非线性系统可观,但对应的线性化系统不一定可观。如果对应的线性化系统是可观的,则原非线性系统是局部可观的。汤勇刚[152]在分析 GPS/INS 组合导航系统的可观性时也得到相同的结论。

全局可观性分析揭示了系统全局意义下的性质,但其得出的条件并不是充要条件。在分析系统全局情况的同时,还应结合实际情况进行分析,这样才能更好地对实际系统进行理论指导。

5.3　基于最小二乘法的在线标校方法

惯性导航系统进入导航状态后,惯性器件的标定参数误差经由导航解算传递到导航结果(位置、速度、姿态等)中,表现为导航误差。如果能获取导航误差的全部或部分信息,就可能对惯性器件的标定参数做出估计。在惯性导航系统参数标定中,基于上述原理的 IMU 标定参数估计方法称为系统级标定方法[122, 153 - 157]。

惯性器件误差在线标校与系统级标定相似,但又不完全相同,主要表现在以下几个方面:

(1) 系统级标定的目的主要是为系统正常工作提供标定参数,所以标定参数应具有较高的精度。而在线标校是为了提高系统的精度,所以其参数估计精度相对来说可以较低。在线标校是在标定参数的基础上进一步对惯性器件误差进行估计,使其更适应惯导系统的使用环境,消除逐次启动误差,提高系统精度。

(2) 系统级标定需对陀螺和加速度计的比例因子、安装误差和零偏等参数进行精确标定,必要时还需对其他参数进行标定,也就是说系统级标定需要尽可能多地精确标定 IMU 的各项误差。而在线标校通常只估计部分误差。

(3) 系统级标定时 IMU 相对地理坐标系可处于稳定的静止状态,标定环境较好。而在线标校在惯导系统的应用现场进行,受阵风、洋流或发动机振动等外界因素的影响,环境较差,观测量误差较大。

(4) 系统级标定可采用双轴或三轴转台提供姿态基准,IMU 能够绕两个轴或者三个轴转动,可观性较强。而在线标校时没有姿态基准,即使对于船用高精度惯导系统来说,一般也只是采用双轴旋转提高系统精度,所以可观测性较弱。

在线标校的上述特点决定不能对 IMU 的所有误差进行估计,而 5.1 节的研究表明,在激光陀螺惯导系统中,陀螺和加速度计的零偏变化较大,其他误差变化较小,基本上可以忽略。所以,在在线标校中,只对陀螺和加速度计的零偏或者部分零偏项进行估计,以期提高惯导系统的精度。

在线标校过程中,载体由于阵风、洋流等外界因素的影响,产生近似定点晃动,此时,惯导系统有初始速度,在自标校中,系统速度误差测量不准。但是,载体位置近似不变,以位置误差为观测量估计惯性器件误差是可行的。

▶ 5.3.1 惯导系统误差方程及解析解

根据文献[5],捷联式惯导系统的姿态误差方程为:

$$\dot{\boldsymbol{\psi}} = -\boldsymbol{\omega}_{in}^n \times \boldsymbol{\psi} + \delta\boldsymbol{\omega}_{in}^n - \boldsymbol{C}_b^n \delta\boldsymbol{\omega}_{ib}^b \tag{5.30}$$

式中:$\boldsymbol{\psi} = \begin{bmatrix} \psi_n & \psi_u & \psi_e \end{bmatrix}^T$ 为姿态误差角向量,ψ_n、ψ_u 和 ψ_e 分别为三个方向的姿态误差角;$\delta\boldsymbol{\omega}_{ib}^b$ 为陀螺在载体系中的测量误差。

捷联惯导系统的速度误差为:

$$\delta\dot{v} = \begin{bmatrix} \boldsymbol{f}^n \times \end{bmatrix}\boldsymbol{\psi} + \boldsymbol{C}_b^n \delta\boldsymbol{f}^b - (2\boldsymbol{\omega}_{ie}^n + \boldsymbol{\omega}_{en}^n) \times \delta v - (2\delta\boldsymbol{\omega}_{ie}^n + \delta\boldsymbol{\omega}_{en}^n) \times v - \delta g \tag{5.31}$$

式中:$\boldsymbol{f}^n = \boldsymbol{C}_b^n \boldsymbol{f}^b$,$\delta\boldsymbol{f}^b$ 为加速度计的测量误差。

捷联式惯导系统的位置误差为:

$$\delta\dot{\boldsymbol{p}} = \delta v \tag{5.32}$$

在长期工作的捷联式惯性导航系统中,误差传播包含舒勒周期、傅科周期和地球自转周期三种形式的频率特性。但是傅科周期和地球自转周期较长,对于导航时间较短的系统,可以忽略这两种周期的影响。此时,北向、东向和垂直通道的误差传播特性可以分别考虑。

选取北天东当地地理坐标系为导航系,载体系定义为前上右,则短时间导航的北向通道误差特性可表示为:

$$\begin{cases} \dot{\psi}_e = -\left(\boldsymbol{\omega}_{ie}\cos L + \dfrac{v_e}{R_0}\right)\psi_u - \dfrac{\delta v_n}{R_0} - \delta B_{ge} \\[2mm] \dot{\psi}_u = -\delta B_{gu} \\[2mm] \delta \dot{v}_n = g\psi_e + \delta B_{an} \\[2mm] \delta \dot{p}_n = \delta v_n \end{cases} \tag{5.33}$$

式中:δB_{ge} 和 δB_{gu} 分别为作用在东向和天向的等效陀螺漂移;δB_{an} 为北向等效加速度零偏。

假设陀螺漂移和加速度计的零偏为常值,并且载体晃动幅度不大,则上述方程组可写成以下矩阵的形式:

$$\delta \dot{\boldsymbol{x}} = \boldsymbol{F} \delta \boldsymbol{x} \tag{5.34}$$

式中,$\delta \boldsymbol{x} = \begin{bmatrix} \psi_e & \psi_u & \delta v_n & \delta p_n & \delta B_{ge} & \delta B_{gu} & \delta B_{an} \end{bmatrix}^{\mathrm{T}}$;

$$\boldsymbol{F} = \begin{bmatrix} 0 & -\left(\omega_{ie}\cos L + \dfrac{v_e}{R_0}\right) & -\dfrac{1}{R_0} & 0 & -1 & 0 & 0 \\ 0 & 0 & 0 & 0 & 0 & -1 & 0 \\ \boldsymbol{g} & 0 & 0 & 0 & 0 & 0 & 1 \\ 0 & 0 & 1 & 0 & 0 & 0 & 0 \\ 0 & 0 & 0 & 0 & 0 & 0 & 0 \\ 0 & 0 & 0 & 0 & 0 & 0 & 0 \\ 0 & 0 & 0 & 0 & 0 & 0 & 0 \end{bmatrix}_\circ$$

方程(5.34)的解可用状态转移矩阵表示,即:

$$\delta \boldsymbol{x}(t) = \boldsymbol{\Phi}(t - t_0) \delta \boldsymbol{x}(t_0) \tag{5.35}$$

其中:$\boldsymbol{\Phi}(0) = \boldsymbol{I}$;$x(t_0)$ 为系统的初始状态。

状态转移矩阵可由下式得到:

$$\boldsymbol{\Phi}(t) = \mathrm{e}^{\boldsymbol{F}t} = \boldsymbol{L}^{-1}(s\boldsymbol{I} - \boldsymbol{F}) \tag{5.36}$$

式中:s 为拉普拉斯算子;L^{-1} 为拉普拉斯逆变换。

这样,北向位置误差的解析解为:

$$\delta p_n = R_0(1 - \cos\omega_s t)\psi_{e0} - (R_0\omega_{ie}\cos L + v_e)\left(t - \frac{\sin\omega_s t}{\omega_s}\right)\psi_{u0} + \frac{\sin\omega_s t}{\omega_s}\delta v_{n0} +$$

$$\delta p_{n0} - R_0\left(t - \frac{\sin\omega_s t}{\omega_s}\right)\delta B_{ge} + (R_0\omega_{ie}\cos L + v_e)\left(\frac{t^2}{2} - \frac{1 - \cos\omega_s t}{\omega_s^2}\right)\delta B_{gu} +$$

$$\frac{1 - \cos\omega_s t}{\omega_s^2}\delta B_{an} \tag{5.37}$$

在标校过程中,惯导系统的初始位置精确已知,其初始速度、初始速度误差和初始位置误差均为 0,则式(5.37)可化简为:

$$\delta p_n = R_0(1 - \cos\omega_s t)\left(\psi_{e0} + \frac{\delta B_{an}}{g}\right) - R_0\left(t - \frac{\sin\omega_s t}{\omega_s}\right)(\omega_{ie}\cos L\psi_{u0} + \delta B_{ge}) +$$

$$R_0 \omega_{ie} \cos L \left(\frac{t^2}{2} - \frac{1 - \cos\omega_s t}{\omega_s^2} \right) \delta B_{gu} \qquad (5.38)$$

与北向通道相似,在短时间导航时,东向通道的误差方程可表示为:

$$\begin{cases} \dot{\psi}_n = -\frac{v_n}{R_0}\psi_u + \frac{\delta v_e}{R_0} - \delta B_{gn} \\ \dot{\psi}_u = -\delta B_{gu} \\ \delta v_e = -g\psi_n + \delta B_{ae} \\ \dot{\delta p}_e = \delta v_e \end{cases} \qquad (5.39)$$

式中:δB_{gn}和δB_{gu}分别为作用在北向轴和天向轴的等效陀螺漂移;δB_{ae}为东向等效加速度计零偏。

与北向位置误差的求解方法相似,东向位置误差的解析解为:

$$\delta p_e = -R_0(1 - \cos\omega_s t)\psi_{n0} + v_n\left(t - \frac{\sin\omega_s t}{\omega_s}\right)\psi_{u0} + \frac{\sin\omega_s t}{\omega_s}\delta v_{e0} +$$

$$\delta p_{e0} + R_0\left(t - \frac{\sin\omega_s t}{\omega_s}\right)\delta B_{gn} - v_n\left(\frac{t^2}{2} - \frac{1 - \cos\omega_s t}{\omega_s^2}\right)\delta B_{gu} +$$

$$\frac{1 - \cos\omega_s t}{\omega_s^2}\delta B_{ae} \qquad (5.40)$$

由于初始速度、初始速度误差和初始位置误差为0,则式(5.40)可化简为:

$$\delta p_e = R_0(1 - \cos\omega_s t)\left(\frac{\delta B_{ae}}{g} - \psi_{n0}\right) + R_0\left(t - \frac{\sin\omega_s t}{\omega_s}\right)\delta B_{gn} \qquad (5.41)$$

由式(5.38)和式(5.41),可以得出如下结论:

(1)采用最小二乘方法可以估计出ψ_{e0}、ψ_{u0}、δB_{gu}、ψ_{n0}和δB_{gn}等误差参数,然后可以根据姿态角误差传播方程计算出当前时刻姿态失准角,从而进行精对准。

(2)稳态时,姿态失准角初值的计算误差分别为$\delta\psi_{n0} = \delta B_{ae}/g$,$\delta\psi_{u0} = -\delta B_{ge}/\omega_{ie}\cos L$,$\delta\psi_{e0} = -\delta B_{an}/g$。这与罗经方法精对准、卡尔曼滤波法精对准和参数辨识法开环精对准的对准精度是相同的。与参数辨识法开环精对准相似,只是本书采用位置误差进行参数辨识,在晃动环境中,具有更高的精度,但是对准时间相对增加。

(3)ψ_{n0}和ψ_{e0}与位置误差的相关性最强,而ψ_{u0}和δB_{gn}构成时间的一次方项,δB_{gu}构成时间的二次方项,也就是说,水平姿态失准角最先辨识出,方位失准角和等效北向陀螺漂移次之,等效天向陀螺漂移的辨识时间最长。

(4)惯导系统如果只在一个位置进行对准,则北向失准角与等效东向加速度计零偏、方位失准角与等效东向陀螺漂移、东向失准角与等效北向加速度计零偏耦合。所以,除等效北向陀螺漂移和等效天向陀螺漂移可估计出外,其余误差都不可以估计。

　　以上的分析说明,如果对惯导系统的器件误差进行估计,需要绕航向轴转动到另一位置。秦永元研究了惯导系统的双位置对准及测漂[2],其具体方法是:将 IMU 安装在可绕载体航向轴转动的转盘上,相对 IMU 的正常工作位置逆时针转动90°作为第一位置,在该位置上完成精对准并求出等效北向陀螺漂移;然后 IMU 转到正常工作位置,作为第二位置,在该位置上进行精对准,求出等效北向和天向陀螺漂移。如果不考虑对准过程中陀螺漂移的变化和载体系相对导航系的姿态变化,则第一位置的等效北向陀螺漂移即为第二位置的等效东向陀螺漂移。这样可在第二位置完成所有陀螺的测漂。该方法采用两个位置上的精对准,完成了所有方向上等效陀螺误差的估计,提高了对准精度,但该方法不能有效估计加速度计零偏。

　　如果在第一位置进行精对准,对准完成后 IMU 绕航向轴转动180°,作为第二位置。在载体微幅晃动情况下,等效东向和北向陀螺漂移和加速度计零偏均改变方向,姿态失准角与等效惯性器件误差不再耦合。惯导系统速度误差和位置误差被激励出来,利用转动之后的位置误差,采用最小二乘就可以估计出等效陀螺漂移和等效加速度计零偏。之后,在第二位置再进行精对准,并补偿等效陀螺漂移和等效加速度计零偏,提高了对准精度,对准完成后转入导航。

　　在第一位置完成精对准后,姿态失准角可以近似表示为:

$$
\begin{cases}
\delta\psi_{n0} = \dfrac{\delta B_{ae}}{g} \\[2mm]
\delta\psi_{u0} = -\dfrac{\delta B_{ge}}{\omega_{ie}\cos L} \\[2mm]
\delta\psi_{e0} = -\dfrac{\delta B_{an}}{g}
\end{cases}
\tag{5.42}
$$

　　对准结束后,IMU 绕方位轴旋转180°,到达第二位置。对准时舰船接近水平位置,则第二位置的等效陀螺漂移和加速度计零偏可表示为:

$$
\begin{cases}
\delta B_{an\,\mathrm{II}} = -\delta B_{an} \\[1mm]
\delta B_{ae\,\mathrm{II}} = -\delta B_{ae} \\[1mm]
\delta B_{gn\,\mathrm{II}} = -\delta B_{gn} \\[1mm]
\delta B_{gu\,\mathrm{II}} = \delta B_{gu} \\[1mm]
\delta B_{ge\,\mathrm{II}} = -\delta B_{ge}
\end{cases}
\tag{5.43}
$$

将式(5.42)和式(5.43)的相应各项代入式(5.38)和式(5.41),则第二位置的北向位置误差和东向位置误差分别为:

$$\delta p_{n\mathrm{II}} = 2R_0\left(t - \frac{\sin\omega_s t}{\omega_s}\right)\delta B_{ge} +$$

$$R_0\omega_{ie}\cos L\left(\frac{t^2}{2} - \frac{1-\cos\omega_s t}{\omega_s^2}\right)\delta B_{gu} - \frac{2(1-\cos\omega_s t)}{\omega_s^2}\delta B_{an} \quad (5.44)$$

$$\delta p_{e\mathrm{II}} = -2\frac{1-\cos\omega_s t}{\omega_s^2}\delta B_{ae} - R_0\left(t - \frac{\sin\omega_s t}{\omega_s}\right)\delta B_{gn} \quad (5.45)$$

由式(5.44)和式(5.45)可知,在第二位置,北向位置误差和东向位置误差只包含等效陀螺漂移和等效加速度计零偏,经过一段时间的位置观测,采用最小二乘可以将这些等效误差估计出来。

 ### 5.3.2 基于最小二乘方法估计器件误差

将式(5.44)和式(5.45)分别改写成最小二乘的形式,则:

$$\delta p_{n\mathrm{II}} = -\frac{R_0\omega_{ie}\cos L\delta B_{gu} + 2\delta B_{an}}{\omega_s^2} + 2R_0\delta B_{ge}t + \frac{R_0\omega_{ie}\cos L\delta B_{gu}}{2}t^2 -$$

$$\frac{2R_0\delta B_{ge}}{\omega_s}\sin\omega_s t + \frac{R_0\omega_{ie}\cos L\delta B_{gu} + 2\delta B_{an}}{\omega_s^2}\cos\omega_s t \quad (5.46)$$

$$\delta p_{e\mathrm{II}} = -\frac{2\delta B_{ae}}{\omega_s^2} - R_0\delta B_{gn}t + \frac{2\delta B_{ae}}{\omega_s^2}\cos\omega_s t + \frac{R_0\delta B_{gn}}{\omega_s}\sin\omega_s t \quad (5.47)$$

在不同的时刻观测北向位置误差,则式(5.46)可写成:

$$\begin{bmatrix} 1 & t_1 & t_1^2 & \sin\omega_s t_1 & \cos\omega_s t_1 \\ 1 & t_2 & t_2^2 & \sin\omega_s t_2 & \cos\omega_s t_2 \\ \vdots & \vdots & \vdots & \vdots & \vdots \\ 1 & t_n & t_n^2 & \sin\omega_s t_n & \cos\omega_s t_n \end{bmatrix} \begin{bmatrix} -\dfrac{R_0\omega_{ie}\cos L\delta B_{gu} + 2\delta B_{an}}{\omega_s^2} \\ 2R_0\delta B_{ge} \\ \dfrac{R_0\omega_{ie}\cos L\delta B_{gu}}{2} \\ -\dfrac{2R_0\delta B_{ge}}{\omega_s} \\ \dfrac{R_0\omega_{ie}\cos L\delta B_{gu} + 2\delta B_{an}}{\omega_s^2} \end{bmatrix} = \begin{bmatrix} \delta p_{n\mathrm{II}}(t_1) \\ \delta p_{n\mathrm{II}}(t_2) \\ \vdots \\ \delta p_{n\mathrm{II}}(t_n) \end{bmatrix}$$

$$(5.48)$$

利用最小二乘公式$^{[158]}$，若 $\boldsymbol{AX} = \boldsymbol{B}$，那么就有 $\boldsymbol{X}_{est} = (\boldsymbol{A}^{\mathrm{T}}\boldsymbol{A})^{-1}\boldsymbol{A}^{\mathrm{T}}\boldsymbol{B}$。可分别估计出：

$$\boldsymbol{X}_{est,n} = \begin{bmatrix} X_{est,n}(1) \\ X_{est,n}(2) \\ X_{est,n}(3) \\ X_{est,n}(4) \\ X_{est,n}(5) \end{bmatrix} = \begin{bmatrix} -\dfrac{R_0\omega_{ie}\cos L\delta B_{gu} + 2\delta B_{an}}{\omega_s^2} \\ 2R_0\delta B_{ge} \\ \dfrac{R_0\omega_{ie}\cos L\delta B_{gu}}{2} \\ -\dfrac{2R_0\delta B_{ge}}{\omega_s} \\ \dfrac{R_0\omega_{ie}\cos L\delta B_{gu} + 2\delta B_{an}}{\omega_s^2} \end{bmatrix} \tag{5.49}$$

因此，

$$\begin{cases} \delta B_{ge} = \left[X_{est,n}(2) - \omega_s X_{est,n}(4) \right]/(4R_0) \\ \delta B_{gu} = 2X_{est,n}(3)/(R_0\omega_{ie}\cos L) \\ \delta B_{an} = (\omega_s^2 X_{est,n}(5) - 2X_{est,n}(3))/2 \end{cases} \tag{5.50}$$

类似地，式(5.47)可写成：

$$\begin{bmatrix} 1 & t_1 & \sin\omega_s t_1 & \cos\omega_s t_1 \\ 1 & t_2 & \sin\omega_s t_2 & \cos\omega_s t_2 \\ \vdots & \vdots & \vdots & \vdots \\ 1 & t_n & \sin\omega_s t_n & \cos\omega_s t_n \end{bmatrix} \begin{bmatrix} -\dfrac{2\delta B_{ae}}{\omega_s^2} \\ -R_0\delta B_{gn} \\ \dfrac{R_0\delta B_{gn}}{\omega_s} \\ \dfrac{2\delta B_{ae}}{\omega_s^2} \end{bmatrix} = \begin{bmatrix} \delta p_{e\text{II}}(t_1) \\ \delta p_{e\text{II}}(t_2) \\ \vdots \\ \delta p_{e\text{II}}(t_n) \end{bmatrix} \tag{5.51}$$

利用最小二乘公式，可分别估计出：

$$\boldsymbol{X}_{est,e} = \begin{bmatrix} X_{est,e}(1) \\ X_{est,e}(2) \\ X_{est,e}(3) \\ X_{est,e}(4) \end{bmatrix} = \begin{bmatrix} -\dfrac{2\delta B_{ae}}{\omega_s^2} \\ -R_0\delta B_{gn} \\ \dfrac{R_0\delta B_{gn}}{\omega_s} \\ \dfrac{2\delta B_{ae}}{\omega_s^2} \end{bmatrix} \tag{5.52}$$

因此，

$$\begin{cases} \delta B_{ae} = \left[X_{est,e}(4) - X_{est,e}(1) \right] \omega_s^2 / 4 \\ \delta B_{gn} = \left[\omega_s X_{est,e}(3) - X_{est,e}(2) \right] / (2R_0) \end{cases} \tag{5.53}$$

这样,以北向位置误差和东向位置误差为观测量,可以将三个方向上的等效陀螺误差和两个水平方向的等效加速度计零偏估计出来。如果载体晃动幅度较小,还可利用载体姿态阵解算出每个陀螺和加速度计的误差。

在上述最小二乘算法中,如果观测时间点增多,则需要存储的量测值增大,极大地浪费计算机的存储空间。为此,可以采用递推最小二乘进行参数估计。递推最小二乘估计基于上次估计的结果,利用本次获得的量测值来更新当前结果。这样,经过多次估计,可以达到较高的估计精度,并且节省了计算机的资源。

等效陀螺漂移和等效加速度计零偏估计出来后,在第二位置再次进行精对准。由于能够补偿等效陀螺漂移和等效加速度计零偏,所以可以得到更高的对准精度。精对准完成后,惯导系统转入导航状态。此时,继续观测速度误差和位置误差,如果在较短的时间内,系统速度误差和位置误差仍然很大,可继续采用上述方法对陀螺和加速度计的误差进行估计,也就是对准和标校可迭代进行,其过程如图 5.2 所示。

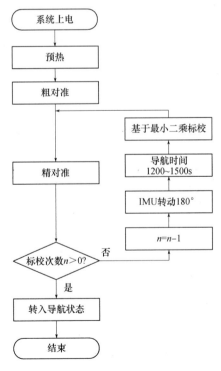

图 5.2　基于最小二乘的标校方法过程

5.4　基于卡尔曼滤波的在线标校方法

基于最小二乘的在线标校方法能够估计出部分等效惯性器件误差,提高了初始对准的精度,从而能够有效提高导航精度。但是,该方法也有以下不足:

(1) 惯导系统的误差传播方程是基于载体静止或者匀速运动情况推导而来的,在载体晃动情况下,有些误差因素不能完全反映出来。

(2) 在误差标校阶段,为了方便求解等效误差的解析解,假设了各个方向上的等效误差相等,但是由于载体姿态的变化,等效误差是不相等的,所以这个假设会引入误差,也就是说,即使是等效陀螺误差也是标校不准的。

(3) 由于载体姿态的变化,很难实时求解每个陀螺和加速度计本身的误差,所以在导航过程中,不能对每个陀螺和加速度计的误差进行补偿。

(4) 基于最小二乘的在线标校方法中,是选取短时间导航的位置误差作为观测量的,所以,选取合理的导航时间就显得尤其重要。如果导航时间较短,则不足以分离误差源,如果导航时间较长,所关注的误差可能会慢慢消弱,也就是所估计的误差不再是所关注的误差。另外,等效加速度计误差和等效陀螺误差的最佳作用时间段也不相同。所以,应该选择合理的估计策略,在误差源与观测量相关性最大的合理时间段内估计出相应的误差。

(5) 在5.3节的公式推导中,要求 IMU 转动180°。但是,由于标校过程中载体航向往复运动,IMU 并不能严格转动180°,这样对标校效果就造成一定的影响。另外,不同的转动方式是否影响标校精度,有待于进一步验证。

(6) 由于等效天向陀螺误差可观性较弱,在对其进行估计时,需要较长的时间。如果需要估计的时间超过选取的导航时间,则等效天向陀螺误差无法估计出来。

基于最小二乘的标校方法首先求解短时间导航的位置误差的解析解,然后 IMU 转动180°,以位置误差为观测量求解等效惯性器件误差。在整个标校过程中,忽略的误差项较多,并且要求的条件比较苛刻,在工程应用中,其估计效果有限。

相比于最小二乘的在线标校方法,采用卡尔曼滤波进行在线估计则更为常见。目前,在动态环境中估计陀螺漂移和加速度计零偏,卡尔曼滤波器是世界上普遍采用的处理工具[159-164],广泛应用于工程领域,取得了较好的结果。

在基于卡尔曼滤波的在线标校方法中,将待估计的参数作为滤波器的状态,通过卡尔曼滤波对参数进行估计。在单轴旋转式惯导系统中很多惯导系统误差很难激励,不可观。所以,只对影响系统精度的主要误差,即陀螺漂移和加速度计的零偏进行估计,而忽略其他误差的影响。

▶ 5.4.1 惯性导航系统误差方程

选取北天东当地地理坐标系为导航系,载体系定义为前上右。惯性导航系统的姿态方程为:

$$\dot{\boldsymbol{C}}_b^n = \boldsymbol{C}_b^n(\boldsymbol{\omega}_{nb}^b \times) = \boldsymbol{C}_b^n(\boldsymbol{\omega}_{ib}^b \times) - (\boldsymbol{\omega}_{in}^n \times)\boldsymbol{C}_b^n \tag{5.54}$$

式中:$\boldsymbol{C}_b^n$ 为载体系(b 系)和导航系的方向余弦阵;($\boldsymbol{\omega} \times$)为叉乘反对称阵。

$$(\boldsymbol{\omega} \times) = \begin{bmatrix} 0 & -\omega_z & \omega_y \\ \omega_z & 0 & -\omega_x \\ -\omega_y & \omega_x & 0 \end{bmatrix} \tag{5.55}$$

$\boldsymbol{\omega}_{nb}^b = [\omega_x \quad \omega_y \quad \omega_z]^T$ 为载体系相对导航系的旋转角速度在载体系的表示;$\boldsymbol{\omega}_{ib}^b$ 为载体系相对惯性系的旋转角速度在载体系的表示,可用陀螺进行测量;$\boldsymbol{\omega}_{in}^n$ 为导航系相对惯性系的旋转角速度在导航系的表示,可表示为:

$$\boldsymbol{\omega}_{in}^n = \boldsymbol{\omega}_{ie}^n + \boldsymbol{\omega}_{en}^n \tag{5.56}$$

式中:$\boldsymbol{\omega}_{ie}^n = [\omega_{ie}\cos L \quad \omega_{ie}\sin L \quad 0]^T$ 为地球自转角速度在导航系的表示;$\boldsymbol{\omega}_{en}^n$ 为由于载体运动导致的导航系相对地球系的旋转。

设载体的对地速度为 $\boldsymbol{v}_e^n = [v_N \quad v_U \quad v_E]^T$,则:

$$\boldsymbol{\omega}_{en}^n = \left[\frac{v_E}{R_N + h} \quad \frac{v_E\tan L}{R_N + h} \quad -\frac{v_N}{R_M + h} \right]^T \tag{5.57}$$

式中:R_M、R_N 分别为地球子午圈和卯酉圈半径;h 为载体的海拔高度;L 为载体所在的地理纬度。

速度方程为:

$$\dot{\boldsymbol{v}}_e^n = \boldsymbol{C}_b^n \boldsymbol{f}^b - (2\boldsymbol{\omega}_{ie}^n + \boldsymbol{\omega}_{en}^n) \times \boldsymbol{v}_e^n + \boldsymbol{g}_l^n \tag{5.58}$$

式中:$\boldsymbol{f}^b$ 为载体的比力,可用加速度计进行测量;$\boldsymbol{g}_l^n$ 为重力加速度,在导航系中可写成 $\boldsymbol{g}_l^n = [0 \quad g \quad 0]^T$。

位置方程为:

$$\dot{L} = \frac{v_N}{R_M + h}, \qquad \dot{\lambda} = \frac{v_E\sec L}{R_N + h}, \dot{h} = v_U \tag{5.59}$$

式中:L、λ、h 分别为对应的纬度、经度和高度。

定义 φ 为姿态误差角,方向余弦阵的计算值与真值满足[5]:

$$\widetilde{\boldsymbol{C}}_b^n = \left[\boldsymbol{I}_3 - (\boldsymbol{\varphi} \times)\right] \boldsymbol{C}_b^n \tag{5.60}$$

陀螺仪测量值为：

$$\widetilde{\boldsymbol{\omega}}_{ib}^b = \boldsymbol{\omega}_{ib}^b + \delta \boldsymbol{\omega}_{ib}^b \tag{5.61}$$

加速度计比力测量值为：

$$\tilde{\boldsymbol{f}}^b = \boldsymbol{f}^b + \delta \boldsymbol{f}^b \tag{5.62}$$

式中：$\delta\boldsymbol{\omega}_{ib}^b$、$\delta\boldsymbol{f}^b$ 分别为陀螺和加速度计的误差。

陀螺和加速度计的测量误差可分别表示为：

$$\delta\boldsymbol{\omega}_{ib}^b = \delta\boldsymbol{K}^g \boldsymbol{N}^g + \boldsymbol{\varepsilon} \tag{5.63}$$

$$\delta\boldsymbol{f}^b = \delta\boldsymbol{K}^a \boldsymbol{N}^a + \boldsymbol{\nabla} \tag{5.64}$$

式中：$\delta\boldsymbol{K}^g$、$\delta\boldsymbol{K}^a$、$\boldsymbol{\varepsilon}$、$\boldsymbol{\nabla}$为标定参数误差。

由于在船用惯导系统中，选用的激光陀螺和加速度计比例因子误差和安装误差较小，可以忽略，所以式(5.63)和式(5.64)可表示为：

$$\delta\boldsymbol{\omega}_{ib}^b = \boldsymbol{\varepsilon} \tag{5.65}$$

$$\delta\boldsymbol{f}^b = \boldsymbol{\nabla} \tag{5.66}$$

因此，惯性导航系统的导航误差方程可以写成：

$$\begin{cases} \dot{\boldsymbol{\varphi}} = -\boldsymbol{\omega}_{in}^n \times \boldsymbol{\varphi} + \delta\boldsymbol{\omega}_{in}^n - \boldsymbol{C}_b^n \delta\boldsymbol{\omega}_{ib}^b \\[2mm] \delta\dot{\boldsymbol{v}}_e^n = (\boldsymbol{C}_b^n \boldsymbol{f}^b) \times \boldsymbol{\varphi} - (2\boldsymbol{\omega}_{ie}^n + \boldsymbol{\omega}_{en}^n) \times \delta\boldsymbol{v}_e^n - (2\delta\boldsymbol{\omega}_{ie}^n + \delta\boldsymbol{\omega}_{en}^n) \times \boldsymbol{v}_e^n + \delta\boldsymbol{g}_l^n + \boldsymbol{C}_b^n \delta\boldsymbol{f}^b \\[2mm] \delta\dot{L} = \dfrac{\delta v_N}{R_M + h} - \dfrac{v_N \delta h}{(R_M + h)^2} \\[3mm] \delta\dot{\lambda} = \dfrac{\delta v_E}{(R_N + h)\cos L} + \dfrac{v_E \sin L \delta L}{(R_N + h)\cos^2 L} - \dfrac{v_E \delta h}{(R_N + h)^2 \cos L} \\[3mm] \delta\dot{h} = \delta v_U \end{cases}$$

$$\tag{5.67}$$

假设惯导系统没有内杆臂误差，则在对准过程中观测的速度和位置即为惯导系统的速度误差和位置误差，即：$v_{obv} = \delta v_e^n$，$p_{obv} = \delta p$。

卡尔曼滤波器选择 15 维的系统状态变量，包括惯导系统的三个姿态误差角（φ_n, φ_u, φ_e），三个速度误差（δv_n, δv_u, δv_e），三个位置误差（δx_n, δx_u, δx_e），三个陀螺漂移（ε_x, ε_y, ε_z），三个加速度计零偏（∇_x, ∇_y, ∇_z）。则卡尔曼滤波器的状态变量可表示为：

$$\boldsymbol{X} = \begin{bmatrix} \varphi_n & \varphi_u & \varphi_e & \delta v_n & \delta v_u & \delta v_e & \delta x_n & \delta x_u & \delta x_e & \varepsilon_x & \varepsilon_y & \varepsilon_z & \nabla_x & \nabla_y & \nabla_z \end{bmatrix}^{\mathrm{T}}$$

$$\tag{5.68}$$

根据式(5.65)~式(5.67),忽略重力误差和地球半径误差,将惯导系统的误差方程写成状态空间形式为:

$$\dot{X} = FX + Gu \qquad (5.69)$$

式中,

$$F = \begin{bmatrix} F_{11} & F_{12} & F_{13} & F_{14} & 0_{3\times3} \\ F_{21} & F_{22} & F_{23} & 0_{3\times3} & F_{25} \\ 0_{3\times3} & F_{32} & F_{33} & 0_{3\times3} & 0_{3\times3} \\ 0_{6\times3} & 0_{6\times3} & 0_{6\times3} & 0_{6\times3} & 0_{6\times3} \end{bmatrix}$$

式中:$u = \begin{bmatrix} u_g & u_a \end{bmatrix}^{\mathrm{T}}$,其中 u_g 和 u_a 分别为陀螺和加速度计的测量噪声。则对应的输入矩阵为 $G = \begin{bmatrix} -C_b^n & 0_{3\times3} \\ 0_{3\times3} & C_b^n \\ 0_{6\times3} & 0_{6\times3} \end{bmatrix}$。

F 矩阵中,

$$F_{11} = -\begin{bmatrix} 0 & \dfrac{v_n}{R_M + h} & \omega_{ie}\sin L + \dfrac{v_e \tan L}{R_N + h} \\[3mm] -\dfrac{v_n}{R_M + h} & 0 & -\left(\omega_{ie}\cos L + \dfrac{v_e}{R_N + h}\right) \\[3mm] -\left(\omega_{ie}\sin L + \dfrac{v_e \tan L}{R_N + h}\right) & \omega_{ie}\cos L + \dfrac{v_e}{R_N + h} & 0 \end{bmatrix}$$

$$F_{12} = \begin{bmatrix} 0 & 0 & \dfrac{1}{R_N + h} \\[3mm] 0 & 0 & \dfrac{\tan L}{R_N + h} \\[3mm] \dfrac{-1}{R_M + h} & 0 & 0 \end{bmatrix},$$

$$F_{13} = \begin{bmatrix} -\omega_{ie}\sin L & \dfrac{-v_E}{(R_N + h)^2} & 0 \\[3mm] \omega_{ie}\cos L + \dfrac{v_E}{(R_N + h)\cos^2 L} & \dfrac{-v_E \tan L}{(R_N + h)^2} & 0 \\[3mm] 0 & \dfrac{v_N}{(R_M + h)^2} & 0 \end{bmatrix}$$

$$
\boldsymbol{F}_{14} = -\boldsymbol{C}_b^n, \boldsymbol{F}_{21} = \begin{bmatrix} 0 & -f_e & f_u \\ f_e & 0 & -f_n \\ -f_u & f_n & 0 \end{bmatrix}
$$

$$
\boldsymbol{F}_{22} = \begin{bmatrix}
-\dfrac{v_u}{R_M + h} & -\dfrac{v_n}{R_M + h} & -2\left(\omega_{ie}\sin L + \dfrac{v_e\tan L}{R_N + h}\right) \\
\dfrac{2v_n}{R_M + h} & 0 & 2\left(\omega_{ie}\cos L + \dfrac{v_e}{R_N + h}\right) \\
2\omega_{ie}\sin L + \dfrac{v_e\tan L}{R_N + h} & -\left(2\omega_{ie}\cos L + \dfrac{v_e}{R_N + h}\right) & -\dfrac{v_u - v_n\tan L}{R_N + h}
\end{bmatrix}
$$

$$
\boldsymbol{F}_{23} = \begin{bmatrix}
-v_e\left(2\omega_{ie}\cos L + \dfrac{v_e\sec^2 L}{R_N + h}\right) & \dfrac{v_e^2\tan L}{(R_N + h)^2} + \dfrac{v_n v_u}{(R_M + h)^2} & 0 \\
-2v_e\omega_{ie}\sin L & -\left[\dfrac{v_e^2}{(R_N + h)^2} + \dfrac{v_n^2}{(R_M + h)^2}\right] & 0 \\
2\omega_{ie}(v_u\sin L + v_n\cos L) + \dfrac{v_e v_n\sec^2 L}{R_N + h} & \dfrac{v_e(v_u - v_n\tan L)}{(R_N + h)^2} & 0
\end{bmatrix}
$$

$$
\boldsymbol{F}_{25} = \boldsymbol{C}_b^n
$$

$$
\boldsymbol{F}_{32} = \begin{bmatrix}
\dfrac{1}{R_M + h} & 0 & 0 \\
0 & 1 & 0 \\
0 & 0 & \dfrac{1}{(R_N + h)\cos L}
\end{bmatrix},
$$

$$
\boldsymbol{F}_{33} = \begin{bmatrix}
0 & -\dfrac{v_n}{(R_M + h)^2} & 0 \\
0 & 0 & 0 \\
\dfrac{v_e\sin L}{(R_N + h)\cos^2 L} & \dfrac{v_e}{(R_N + h)^2\cos L} & 0
\end{bmatrix}
$$

以速度误差和位置误差为观测量,则卡尔曼滤波器的观测方程为:

$$
\boldsymbol{Z} = \boldsymbol{H}\boldsymbol{X} + \boldsymbol{V} \tag{5.70}
$$

式中:V 为观测噪声;H 为观测矩阵,表示为:

$$
\boldsymbol{H} = \begin{bmatrix} 0_{3\times3} & I_{3\times3} & 0_{3\times3} & 0_{3\times6} \\ 0_{3\times3} & 0_{3\times3} & I_{3\times3} & 0_{3\times6} \end{bmatrix} \tag{5.71}
$$

滤波估计结果的反馈形式为:

$$\begin{cases} \boldsymbol{C}_b^n = \begin{bmatrix} \boldsymbol{I}_3 + (\boldsymbol{\varphi} \times) \end{bmatrix} \widetilde{\boldsymbol{C}}_b^n \\ \boldsymbol{v}_e^n = \widetilde{\boldsymbol{v}}_e^n - \delta \boldsymbol{v}_e^n \\ \boldsymbol{L} = \widetilde{\boldsymbol{L}} - \delta \boldsymbol{L}, \lambda = \widetilde{\lambda} - \delta \lambda, h = \widetilde{h} - \delta h \\ \boldsymbol{\varepsilon} = \widetilde{\boldsymbol{\varepsilon}}_0 + \begin{bmatrix} \varepsilon_1 & \varepsilon_2 & \varepsilon_3 \end{bmatrix}^{\mathrm{T}} \\ \boldsymbol{\nabla} = \widetilde{\boldsymbol{\nabla}}_0 + \begin{bmatrix} \widetilde{\nabla}_1 & \widetilde{\nabla}_2 & \widetilde{\nabla}_3 \end{bmatrix}^{\mathrm{T}} \end{cases} \tag{5.72}$$

5.4.2 仿真与实验

5.4.2.1 仿真分析

采用仿真手段验证15状态卡尔曼滤波器对陀螺和加速度计零偏的估计效果。仿真数据由 Simulink 产生,如图5.3所示,主要由四部分组成:数据源、轨迹发生器、误差添加模块和采样保存模块。根据 IMU 在导航系中的运动状态,在数据源中设定相应的加速度、速度、欧拉角微分和欧拉角等信号,然后由轨迹发生器根据捷联惯导方程求解理想比力和角速度。之后,根据惯性器件精度,添加器件误差,最后进行采样和保存数据。

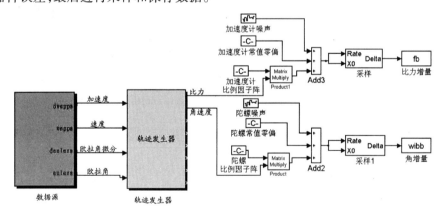

图 5.3   惯导系统 Simlink 数据发生器

陀螺的漂移分别设定为0.001°/h、0.002°/h 和0.003°/h,陀螺噪声都设定为白噪声,强度为0.0005°/h,陀螺的比例因子误差都设定为 0.1ppm。加速度计的零偏分别设定为 $1 \times 10^{-5}g$、$2 \times 10^{-5}g$ 和 $3 \times 10^{-5}g$,加速度计噪声都设定为白噪声,强度为 $1 \times 10^{-5}g$,加速度计的比例因子误差都设定为 0.1ppm。采用北天东地理坐标系为导航系,初始横摇角、俯仰角和航向角分别为10°、5°和0°。横摇角、俯仰角和航向角按式(5.73)的规律运动,同时 IMU 绕航向轴进行四位置转动,转动速率为 6°/s,在每个位置停留 5min。仿真中,经度设置为东经110°,纬度设置为北纬30°。不考虑初始速度误差、安装误差和杆臂误差,仿真运行 4h。

$$\begin{cases} \theta = 12°\sin(2\pi t/10) + 10° \\ \gamma = 6°\sin(2\pi t/8) + 5° \\ \psi = 10°\sin(2\pi t/6) \end{cases} \tag{5.73}$$

卡尔曼滤波器中,初始参数分别设置如下:

$$\mathbf{P} = \mathrm{diag}\Bigg(\begin{bmatrix} (1°)^2 & (3°)^2 & (1°)^2 & (0.1\mathrm{m/s})^2 & (0.1\mathrm{m/s})^2 \\ (0.1\mathrm{m/s})^2 & (100\mathrm{m}/R)^2 & (100\mathrm{m})^2 & (100\mathrm{m}/R)^2 \end{bmatrix}$$

$$(0.001°/\mathrm{h})^2 \quad (0.002°/\mathrm{h})^2 \quad (0.003°/\mathrm{h})^2 \quad (1 \times 10^{-5}g)^2 \quad (2 \times 10^{-5}g)^2 \quad (3 \times 10^{-5}g)^2 \Bigg]\Bigg)$$

$$\mathbf{Q} = \mathrm{diag}([(0.0005°/\mathrm{h})^2 \quad (0.0005°/\mathrm{h})^2 \quad (0.0005°/\mathrm{h})^2 \quad (1 \times 10^{-5}g)^2 \quad (1 \times 10^{-5}g)^2 \quad (1 \times 10^{-5}g)^2$$

$$(0)^2 \quad (0)^2 \quad (0)^2 \quad (0)^2 \quad (0)^2 \quad (0)^2 \quad (0)^2 \quad (0)^2 \quad (0)^2])$$

$$\mathbf{R} = \mathrm{diag}([(0.01\mathrm{m/s})^2 \quad (0.01\mathrm{m/s})^2 \quad (0.01\mathrm{m/s})^2 \quad (10\mathrm{m}/R)^2 \quad (0.1\mathrm{m})^2 \quad (10\mathrm{m}/R)^2])$$

式中:R 为地球半径;g 为重力加速度。陀螺和加速度计误差的滤波结果如图 5.4 和图 5.5 所示。分别采用 7 状态(3 个姿态角误差、2 个水平速度和 2 个水平位置误差)和 15 状态卡尔曼滤波器时姿态误差角的滤波结果如图 5.6 ~ 图 5.8 所示。滤波结束后,陀螺、加速度计的常值误差和三个姿态误差角的滤波结果如表 5.3 所示。

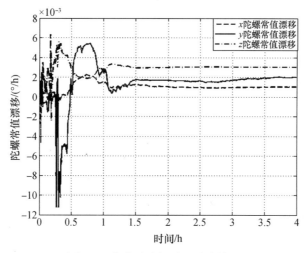

图 5.4　仿真时陀螺误差滤波结果

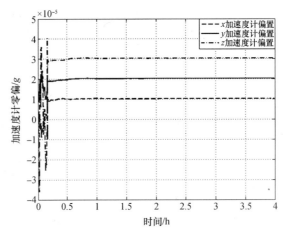

图 5.5　仿真时加速度计误差滤波结果

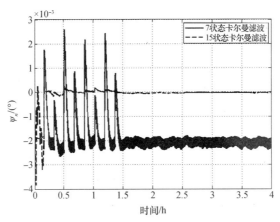

图 5.6　仿真时北向失准角

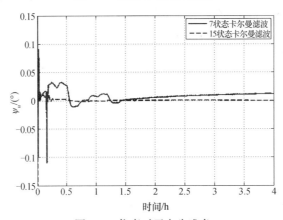

图 5.7　仿真时天向失准角

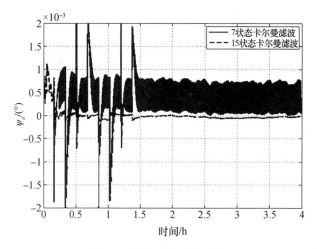

图 5.8　仿真时东向失准角

表 5.3　稳态时卡尔曼滤波结果

	设定值	15 状态卡尔曼滤波值	7 状态卡尔曼滤波值
x 陀螺常值漂移/(°/h)	0.001	1.0159×10^{-3}	
y 陀螺常值漂移/(°/h)	0.002	2.0216×10^{-3}	
z 陀螺常值漂移/(°/h)	0.003	3.0148×10^{-3}	
x 加速度计偏置/g	1×10^{-5}	1.0284×10^{-5}	
y 加速度计偏置/g	2×10^{-5}	2.0373×10^{-5}	
z 加速度计偏置/g	3×10^{-5}	3.0336×10^{-5}	
横滚角/(°)	21.9998149459	21.9997815042	21.9979162973
航向角/(°)	0.0062401641	0.0061106307	0.0178338592
俯仰角/(°)	5.0002368697	5.0002067255	5.0009636532

　　由图 5.4、图 5.5 和表 5.3 可知,采用 15 状态卡尔曼滤波,经过 4h 的时间就可将三个陀螺和三个加速度计的常值零偏估计出来,其中,陀螺最大剩余零偏为 2.16×10^{-5}°/h,加速度计最大剩余零偏为 $3.73 \times 10^{-7}g$。由图 5.4 可知,x 和 z 陀螺(水平陀螺)的误差收敛速度较快,在 1.5h 左右就能收敛,而 y 陀螺的误差收敛较慢,经过 3.5h 才逐步收敛。这是因为 y 陀螺误差的可观测性较弱,所以需要较长时间的估计才能收敛。

　　由图 5.6 ~ 图 5.8 和表 5.3 可知,15 状态卡尔曼滤波估计的姿态误差角精度优于 7 状态卡尔曼滤波,也就是,15 状态卡尔曼滤波的对准结果优于 7 状态卡尔曼滤波。这是因为 IMU 绕航向轴转动,系统完全可观,采用 15 状态卡尔曼滤波可将陀螺和加速度计的误差分离出来,从而提高姿态误差角的估计精度。而在 7 状态卡尔曼滤波中,没有估计陀螺和加速度计的误差,所以这些误差仍然耦合到姿态角中,从而影响了对准精度。

在仿真算例中,等效东向陀螺误差约为0.003°/h,在北纬30°位置,引起的方位姿态误差角约为0.01144°。7 状态卡尔曼滤波器估计的方位姿态误差角与设定值的差值为0.01159°,这说明采用 7 状态卡尔曼滤波器进行多位置对准与单一位置对准的精度相当。也就是说,采用多位置对准提高对准精度的实质就是通过 IMU 的转动,提高了惯导系统的可观测性,从而将影响对准精度的陀螺和加速度计误差分离出来。如果在对准算法中不将陀螺和加速度计误差分离,则多位置对准和单一位置对准的精度相当。

在上述仿真中,陀螺和加速度计的比例因子误差根据 5.1.2 节的实验结果设定为 0.1ppm,如果将加速度计比例因子设置为 10ppm,则卡尔曼估计的陀螺和加速度计常值误差如图 5.9 和图 5.10 所示。

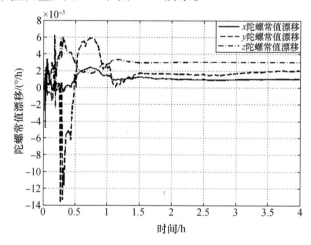

图 5.9　加速度计比例因子误差为 10ppm 时陀螺常值漂移估计结果

由图 5.9 和图 5.10 可知,陀螺常值漂移的估计值与设定值相当,而加速度计估计值比设定值大 $1 \times 10^{-5} g$。这是因为如果不考虑向心力,则在仿真中,系统只有重力加速度,那么由加速度计比例因子误差引起的加速度计零偏为 $1 \times 10^{-5} g$,这一误差耦合到加速度计常值零偏中,导致卡尔曼滤波器估计的加速度计误差中包含由比例因子误差引起的加速度计误差,所以比设定值大 $1 \times 10^{-5} g$。卡尔曼滤波结束后,横滚角、航向角和俯仰角的计算值分别为21.99977°,0.00607°,5.00021°,这与加速度计比例因子误差为 0.1ppm 时的对准精度相当。这说明 15 状态卡尔曼滤波能够估计出加速度计零偏,使其不再影响对准精度。

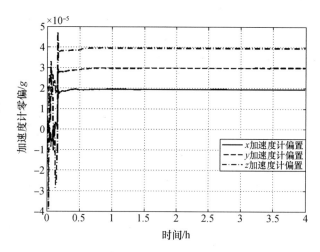

图 5.10　加速度计比例因子误差为 10ppm 时加速度计零偏估计结果

如果将陀螺比例因子误差设定为 100ppm，加速度计比例因子误差仍为 0.1ppm，则卡尔曼滤波器估计的陀螺漂移和加速度计零偏如图 5.11 和图 5.12 所示。

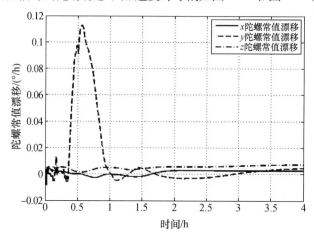

图 5.11　陀螺比例因子误差为 100ppm 时陀螺常值漂移估计结果

由图 5.11 和图 5.12 可知，陀螺和加速度计零偏仍收敛到一固定值，但是该固定值与设定值相差很大，并且滤波结束后，计算的横滚角、航向角和俯仰角分别为 21.99329°，−0.02229°，5.00401°，这与设定的三个姿态角也有很大偏差。这说明陀螺比例因子误差对滤波估计精度有很大影响，如果陀螺比例因子误差增加，不但影响陀螺和加速度计零偏的估计精度，而且对初始对准精度也有很大影响。

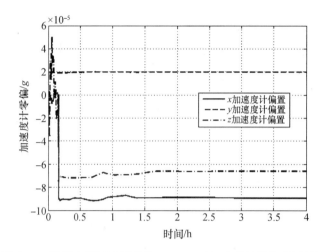

图 5.12　陀螺比例因子误差为 100ppm 时加速度计零偏估计结果

所以,采用 15 状态卡尔曼滤波器估计陀螺和加速度计的常值零偏,通常认为陀螺和加速度计的零偏在误差中占主要部分,也就是由比例因子误差等其他误差引起的陀螺和加速度计误差可以忽略,否则估计的陀螺和加速度计常值误差不准。如果陀螺和加速度计的比例因子误差比较大,则陀螺和加速度计的比例因子误差也应该进行估计,而不能只估计常值误差。

由于在船用激光陀螺惯导系统中,选用的陀螺和加速度计比例因子比较稳定,实验中也发现激光陀螺和石英挠性加速度计的逐次启动误差对系统导航精度的影响大于其他误差的影响,也就是说陀螺和加速度计逐次启动误差为主要误差,所以可以采用 15 状态卡尔曼滤波器只估计陀螺和加速度计的常值零偏,而忽略其他误差的影响。同时,在系统中采用了温控措施,在环境上一方面保证了陀螺和加速度计比例因子的稳定性,另一方面减小了陀螺和加速度计零偏的变化。所以,在初始对准阶段,采用 15 状态卡尔曼滤波一方面提高了系统的对准精度,另一方面,能够估计陀螺和加速度计的常值零偏,并在导航阶段进行补偿,进一步提高旋转式激光惯导系统的导航精度。

5.4.2.2　实验

采用单轴旋转式激光陀螺惯性导航系统进行 15 状态卡尔曼滤波实验。激光陀螺 IMU 采用温控措施,保证标校和导航过程中温度变化较小,减小温度变化对惯性器件精度的影响。IMU 中,两个水平方向激光陀螺的零偏稳定性约为 $0.004°/h(1\sigma)$,天向激光陀螺的零偏稳定性约为 $0.003°/h(1\sigma)$,三个石英挠性加速度计常值随机零偏约为 $2\times10^{-5}g$。将 IMU 安装在单轴转动机构上,组成单轴旋转式惯导系统。并将系统安装在摇摆仿真台上,摇摆仿真台模拟载体进行摇摆和往复线运动。同时转动机构带动 IMU 绕航向轴转动,对准标校过程中 IMU 三个姿态角变化如图 5.13 ~ 图 5.15 所示。系统预热 4h,在整个滤波过程中激光陀螺内部温度和加速度计表面温度变化如图 5.16 和图 5.17 所示。由于在实际系统中,激光陀螺和加速度计的误差模型比仿真中设定的复杂得多,特别是旋转轴方向上的陀螺,可观性较弱,需要较长的时间才能收敛,所以滤波进行 16h。滤波结束后,激光陀螺和加速度计的常值误差滤波结果如图 5.18 和图 5.19 所示。

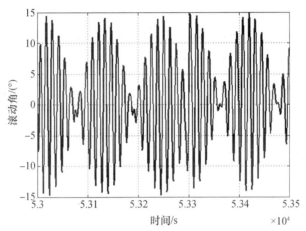

图 5.13　标校对准过程中 IMU 的滚动角

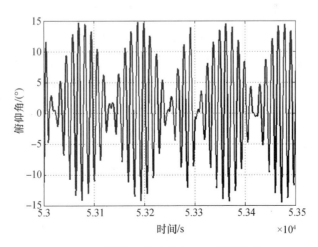

图 5.14　标校对准过程中 IMU 的俯仰角

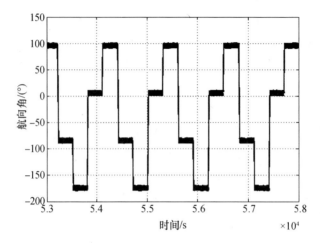

图 5.15 标校对准过程中 IMU 的航向角

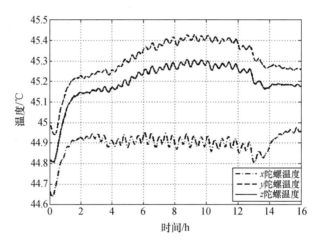

图 5.16 标校对准过程中三个陀螺内部温度

由图 5.13 ~ 图 5.15 可知,在摇摆仿真台的带动下,IMU 的滚动角和俯仰角的最大幅值约为15°,摇摆周期约为12s,并且幅值不断改变,其变化周期约为150s。在转动机构和摇摆仿真台的带动下,IMU 的航向角在 +90° ~ -180° 之间按四位置进行转动,同时,由于摇摆仿真台的摇摆,在每个位置航向角变化的幅值约为10°,其变化周期约为6s。

由图 5.16 和图 5.17 可知,在整个对准和标校的过程中,陀螺和加速度计的温度值最大改变0.4℃。在对准和标校的后 14h 时间内,陀螺和加速度计的温度变化最大为0.2℃,可认为对陀螺和加速度计的误差影响较小。图中,天向陀螺和加速度计的温度值高于两个水平方向陀螺和加速度计的温度值,这是由于对

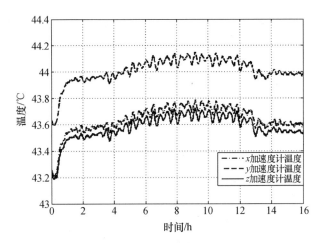

图 5.17　标校对准过程中三个加速度计表面温度

整个 IMU 进行温控,温控罩内空间较大,温度不均匀,并且热空气上浮,所以上面器件的温度要高于下面器件的温度。

　　由图 5.18 和图 5.19 可知,两个水平陀螺和三个加速度计的常值零偏收敛较快,经过 3h 左右就可收敛。但是天向陀螺零偏收敛较慢,经过 12h 才能收敛。这也说明,天向陀螺的可观性较弱。在三个陀螺和三个加速度计的零偏稳定后,三个陀螺的常值误差估计值分别为 $-0.0015°/h$、$0.0017°/h$ 和 $-0.0011°/h$,三个加速度计的常值误差分别为 $-4.12 \times 10^{-6}g$、$1.12 \times 10^{-5}g$ 和 $1.68 \times 10^{-5}g$。

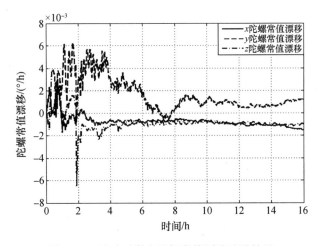

图 5.18　试验时激光陀螺常值漂移滤波结果

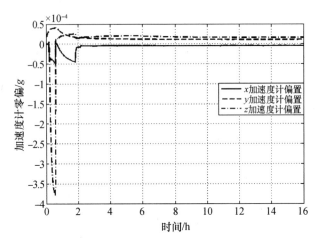

图 5.19　试验时加速度计零偏滤波结果

由于采用的是惯导系统实际数据,激光陀螺和加速度计标定之后的剩余零偏真值不能确定。为了检验卡尔曼滤波是否收敛到陀螺和加速度计零偏的真值,采用以下三种间接方法进行验证:

(1) 给激光陀螺和加速度计零偏人为添加一较大值,使陀螺和加速度计的零偏真值相对添加值可以忽略,如果滤波结果收敛到添加值,则认为卡尔曼滤波能够收敛到陀螺和加速度计零偏的真值。

(2) 给激光陀螺和加速度计零偏仍添加一较大值,采用 15 状态卡尔曼滤波器进行对准,滤波结束后,补偿陀螺和加速度计零偏,并进行导航,比较添加误差和不添加误差时对准和导航结果,如果精度相当,则认为卡尔曼滤波能够收敛到陀螺和加速度计零偏的真值。

(3) 将卡尔曼滤波估计的陀螺和加速度计零偏进行补偿,比较补偿后和补偿前两种情况下的导航结果,如果补偿后系统导航精度较高,则说明卡尔曼滤波能够估计出陀螺和加速度计的零偏,至少是能够估计出部分陀螺和加速度计的零偏。

方法 1:由仿真可知,卡尔曼滤波估计的是陀螺和加速度计的主要误差。所以,可以在陀螺和加速度计的零偏中人为添加一较大的误差值,使得陀螺和加速度计的零偏真值相对添加值是一小量。如果卡尔曼滤波估计的陀螺和加速度计零偏能够收敛到添加值,则认为卡尔曼滤波也能够收敛到陀螺和加速度计零偏的真值。给 x、y 和 z 陀螺分别添加 $0.05°/h$、$0.06°/h$ 和 $0.07°/h$ 的常值零偏,给 x、y 和 z 加速度计分别添加 $1 \times 10^{-3}g$、$2 \times 10^{-3}g$ 和 $3 \times 10^{-3}g$ 的常值零偏,滤波进行 16h,陀螺和加速度计的常值零偏估计结果如图 5.20 和图 5.21 所示。

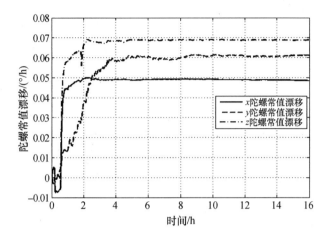

图 5.20　添加正误差时陀螺常值漂移滤波结果

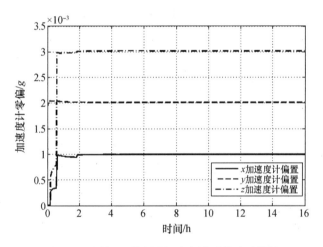

图 5.21　添加正误差时加速度计零偏滤波结果

　　由图 5.20 和图 5.21 可以看出,经过约 6h 的时间,x 和 z 陀螺的零偏已收敛到给定值,经过 12h,y 陀螺也逐步收敛到给定值。对于加速度计,经过 2h,三个加速度计的零偏就可收敛到给定值。这说明,采用所设置的参数,经过 12h,卡尔曼滤波能够估计出陀螺和加速度计的常值零偏。

　　为了进一步验证卡尔曼滤波对陀螺和加速度计误差的估计性能,将陀螺漂移和加速度计的零偏添加值分别改为 $-0.05°/h$、$-0.06°/h$、$-0.07°/h$、$-1 \times 10^{-3}g$、$-2 \times 10^{-3}g$ 和 $-3 \times 10^{-3}g$,滤波进行 16h,陀螺和加速度计的估计结果分别如图 5.22 和图 5.23 所示。

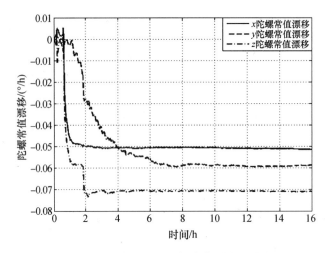

图 5.22　添加负误差时陀螺常值漂移滤波结果

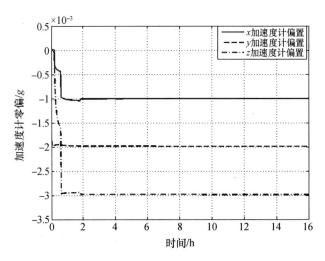

图 5.23　添加负误差时陀螺常值漂移滤波结果

图 5.22 和图 5.23 表明,将陀螺和加速度计零偏的添加值改变为负值后,采用相同的滤波参数,卡尔曼滤波仍能有效地估计出陀螺和加速度计的零偏。

将陀螺和加速度计零偏的真值分别定义为 ε_r、∇_r,陀螺和加速度计添加的零偏为正数时定义为 ε_a、∇_a。当添加值为正时,卡尔曼滤波的估计值应为:

$$\begin{cases} \varepsilon_+ = \varepsilon_a + \varepsilon_r \\ \nabla_+ = \nabla_a + \nabla_r \end{cases} \tag{5.74}$$

当添加值为负时,卡尔曼滤波的估计值应为:

$$\begin{cases} \varepsilon_- = -\varepsilon_a + \varepsilon_r \\ \nabla_- = -\nabla_a + \nabla_r \end{cases} \tag{5.75}$$

将式(5.74)和式(5.75)求和并整理,可得陀螺和加速度计零偏的真值为:

$$\begin{cases} \varepsilon_r = (\varepsilon_+ + \varepsilon_-)/2 \\ \nabla_r = (\nabla_+ + \nabla_-)/2 \end{cases} \tag{5.76}$$

根据式(5.76),由两次添加值的滤波结果可计算出陀螺和加速度计零偏的参考值,将计算的参考值与卡尔曼滤波值进行比较,其结果如图5.24 ~ 图5.29所示。

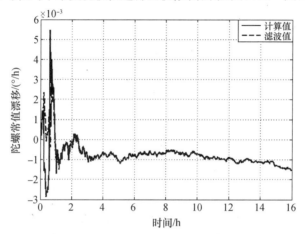

图5.24　x陀螺漂移计算值与滤波值比较

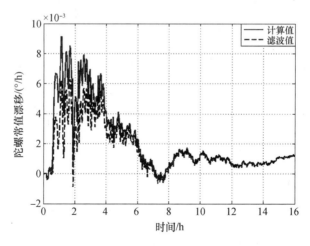

图5.25　y陀螺漂移计算值与滤波值比较

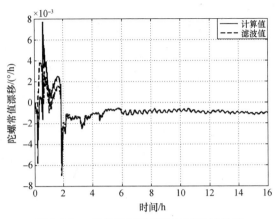

图 5.26 z 陀螺漂移计算值与滤波值比较

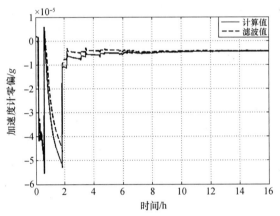

图 5.27 x 加速度计零偏计算值与滤波值比较

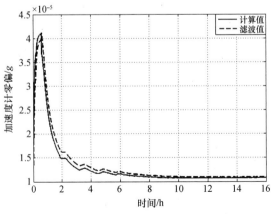

图 5.28 y 加速度计零偏计算值与滤波值比较

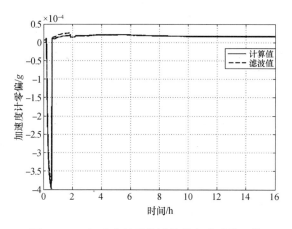

图 5.29　z 加速度计零偏计算值与滤波值比较

由图 5.24 ~ 图 5.29 可知,计算值和滤波值除在初始阶段有偏差外,在其他阶段完全吻合,这表明卡尔曼滤波能够收敛到陀螺和加速度计零偏的真值。

方法 2:既然 15 状态卡尔曼滤波能够将陀螺和加速度计的零偏估计出来,则陀螺和加速度计的零偏对初始对准和导航精度没有影响。所以,仍给激光陀螺和加速度计零偏添加一较大值,采用 15 状态卡尔曼滤波器进行对准,滤波结束后,补偿陀螺和加速度计零偏,并进行导航,比较添加误差和不添加误差时对准和导航结果,如果精度相当,则认为卡尔曼滤波能够收敛到陀螺和加速度计零偏的真值。按照方法 1 给陀螺和加速度计添加零偏,初始对准 16h,然后导航 20h,添加误差和不添加误差时的对准情况如表 5.4 所示,导航结果如图 5.30 ~ 图 5.33 所示。

表 5.4　添加误差和不添加误差时系统对准结果

	不添加误差	添加 +	添加 -
滚动角/(°)	− 0.5469558449	− 0.5469527318	− 0.5469547081
航向角/(°)	4.9416193019	4.9426107379	4.9414671256
俯仰角/(°)	− 4.1951506685	− 4.1951441244	− 4.1951470889

由表 5.4 可知,当对陀螺和加速度计零偏添加误差为正值时,相对于不添加零偏的情况,其滚动角对准结果相差 3.1131×10^{-6},航向角相差 9.9144×10^{-4}。,俯仰角相差 6.5441×10^{-6}。当对陀螺和加速度计零偏添加误差为负值时,相对于不添加零偏的情况,其滚动角对准结果相差 1.1368×10^{-6},航向角相差 -1.5218×10^{-4}。,俯仰角相差 3.5795×10^{-6}。说明在初始对准阶段,卡尔曼滤波能够将添加的陀螺和加速度计零偏估计出来,表明卡尔曼滤波具有较好的性能。

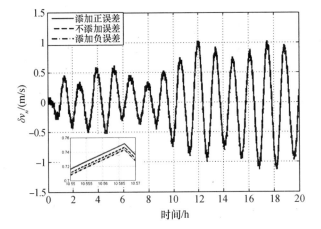

图 5.30　添加和不添加误差时北向速度误差

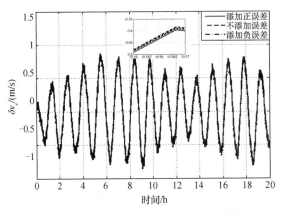

图 5.31　添加和不添加误差时东向速度误差

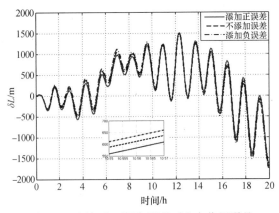

图 5.32　添加和不添加误差时北向位置误差

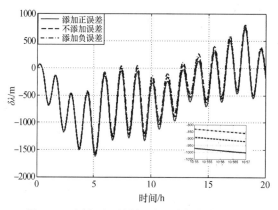

图 5.33　添加和不添加误差时东向位置误差

由图 5.30 ~ 图 5.33 可知,在 20h 的导航时间内,添加误差和不添加误差时,速度误差相差 0.02m/s,纬度误差相差约 50m,经度误差相差 100m。说明在采用 15 状态卡尔曼滤波时,陀螺和加速度计人为添加误差对导航精度几乎没有影响。这也表明 15 状态卡尔曼滤波能够估计出陀螺和加速度计的零偏。

方法 3:将卡尔曼滤波估计的陀螺和加速度计零偏进行补偿,比较补偿后和补偿前两种情况下的导航结果,如果补偿后系统导航精度较高,则说明卡尔曼滤波能够估计出陀螺和加速度计的零偏。

由图 5.34 ~ 图 5.37 可知,将卡尔曼滤波估计的陀螺和加速度计零偏在导航过程中进行补偿,补偿后系统北向速度误差由 1.2m/s 减小为 1m/s,东向速度误差由 1.2m/s 减小为 0.8m/s,北向位置误差由 2300m 减小为 1600m,东向位置误差由 2600m 减小为 1500m。补偿陀螺和加速度计的零偏后系统精度高于补偿前的精度,这表明卡尔曼滤波能够估计出陀螺和加速度计的零偏。

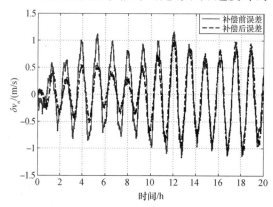

图 5.34　零偏补偿前后系统北向速度误差

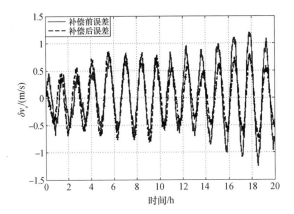

图 5.35　零偏补偿前后系统东向速度误差

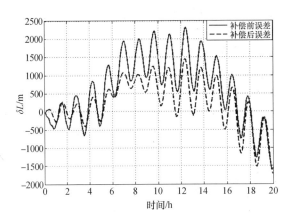

图 5.36　零偏补偿前后系统北向位置误差

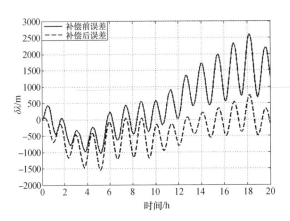

图 5.37　零偏补偿前后系统东向位置误差

5.5　本 章 小 结

在线标校是旋转式激光陀螺惯导系统的关键技术,它不但能提高初始对准的精度,还能够标校出陀螺和加速度计的误差,从而在导航过程中进行补偿,进一步提高系统精度。特别是对于单轴旋转式惯导系统,由于旋转轴上的器件误差不能通过 IMU 旋转进行抑制,所以在线标校旋转轴上的器件误差就显得更为重要。

本章主要研究了基于最小二乘和基于卡尔曼滤波的旋转式惯导系统在线标校方法,并对所设计的理论问题进行分析和推导。主要结论如下:

(1) 通过实验,研究了激光陀螺 IMU 标定参数的变化及其对旋转式惯导系统精度的影响。实验结果表明,激光陀螺和加速度计的比例因子误差和安装误差变化较小,而零偏项变化较大,是影响惯导系统的主要误差源。所以,在初始对准和标校的过程中,可以只估计陀螺和加速度计的零偏。

(2) 利用全局可观性分析方法,分析了 IMU 静止和 IMU 绕航向轴转动两种情形下的惯导系统参数状态的可观性。分析结果表明,当 IMU 绕航向轴转动时,在全局意义下,参数状态有两个解,因此不是全局可观的。

(3) 进一步分析了 IMU 绕航向轴转动时惯导系统参数两个解的情况。分析结果表明,对于高精度惯导系统,经过粗对准等先验信息,惯导系统参数状态始终往真值方向收敛。也就是说,惯导系统虽然不是全局可观的,但是是局部可观的。因此,当 IMU 绕航向轴旋转时,惯导系统三个陀螺常值漂移和三个加速度计零偏是可观的。进一步拓展了全局可观性的分析结果,为惯导系统的在线标校提供了理论指导。

(4) 研究了一种基于惯导系统位置解算的最小二乘在线标校方法,并进行了理论推导。结果表明,基于最小二乘的在线标校方法能够估计出惯导系统的两个水平等效陀螺误差和两个水平等效加速度计误差。

(5) 比较了最小二乘和卡尔曼滤波两种在线标校方法,对基于卡尔曼滤波的在线标校方法进行了理论推导和仿真、实验验证。结果表明,采用 15 状态卡尔曼滤波,能够在 12h 左右的时间将三个陀螺的常值漂移和三个加速度计的零偏估计出来,验证了所设计的 15 状态卡尔曼滤波的有效性,并进一步证明了可观性理论分析的正确性。

第6章 单轴旋转式激光陀螺惯导系统实验研究与结果分析

第2章~第5章对单轴旋转技术的机理、旋转技术对惯导系统主要误差的抑制、旋转方案、旋转机构误差和载体运动对旋转效果的影响、采用旋转技术的导航解算方案及其误差模型以及基于旋转技术的在线标校方法进行了研究。基于以上研究结果,设计了基于单轴旋转技术的激光陀螺惯导系统原理样机,通过多种实验对系统的性能进行评估和分析,验证理论研究的正确性。

6.1 单轴旋转式激光陀螺惯导系统的组成与实验方案

▶ 6.1.1 单轴旋转式激光陀螺惯导系统的组成

单轴旋转式激光陀螺惯导系统主要包括主仪器和显控装置两部分。主仪器包括激光陀螺 IMU、温控罩、单轴转动机构、无转角减振器和安装基准面。显控装置包括惯导系统的显示控制界面、温控系统的电源和控制装置、转动机构的显示和控制装置以及备份电池。

IMU 包括三个近似正交的机抖激光陀螺、三个近似正交的石英挠性加速度计、机械结构、二次电源、陀螺的控制电路、加速度计的 I/F 转换电路、陀螺和加速度计的数据采集电路、其他设备接口和导航计算机。其中,激光陀螺和加速度计的主要性能参数如表 6.1 所示。

表 6.1 激光陀螺和加速度计的主要性能参数

器件名称	性能参数	性能指标
激光陀螺	零偏稳定性/($°$/h,1σ)	0.0035
	零偏重复性/($°$/h,1σ)	0.0008
	随机游走/($°$/h$^{1/2}$,1σ)	0.0006
	比例因子稳定性/(ppm,1σ)	<5

（续）

器件名称	性能参数	性能指标
石英挠性加速度计	量程/g	± 20
	分辨率/g	1×10^{-5}
	零位偏值/$(mg, 1\sigma)$	2
	零位偏值稳定性/$(g, 1\sigma)$	2×10^{-5}
	比例因子稳定性/$(g, 1\sigma)$	< 20

温控罩将整个 IMU 罩住，采用一级温控，控制精度为 0.2℃，温度稳定时间为 2h，工作范围为 $-10 \sim 45$℃。当外界环境温度高于 45℃ 或低于 -10℃ 时，温控很难达到温控点。当温度稳定后，40h 时间内 IMU 内部一点的环境温度如图 6.1 所示。

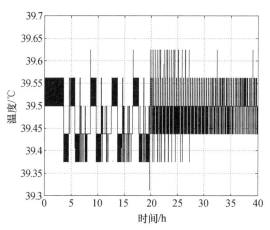

图 6.1　温度稳定后 IMU 的环境温度

转动机构进行定制。根据第 3 章和第 4 章的分析结果可知，如果采用间接导航解算方案，则转动机构转轴的颤动对惯导系统精度产生较大影响。为此，降低转动机构的高度，使其不高于 30cm，并且 IMU 的重心尽量与转轴轴线重合，以降低对转轴的影响。转动机构的主要性能参数如表 6.2 所示。

表 6.2　转动机构的主要性能参数

性能参数	性能指标	性能参数	性能指标
负载	$\geqslant 20kg$	转速平稳性	$\leqslant 5ppm(5 \sim 50°/s)$
测角精度	$\leqslant 10''$	主轴回转精度	$\leqslant 2''$（空载）

无转角减振器主要用来减小外界振动和冲击对惯导系统的影响,其截止频率约为30Hz,转角误差≤15″,负载为60kg。

备份电池为惯导系统提供备份电源,它在外界断电的情况下能够提供0.5~1h的续航能力。

IMU安装在转动机构的台面上,外部安装温控罩,与转动机构一起安装在无转角减振器上,然后固联在安装基准面上,构成主仪器,其照片如图6.2所示。惯导系统中,陀螺和加速度计的采样频率为2kHz和100Hz两种采样频率,转动机构角度的采样频率为2kHz,温度的采样频率为1Hz。系统备留了外部信息接口,可以与卫星、里程计和多普勒测速仪等外部信息组合。

图6.2 单轴旋转式激光陀螺惯导系统主仪器

6.1.2 单轴旋转式激光陀螺惯导系统的实验方案

单轴旋转式激光陀螺惯导系统试验的主要目的是评估旋转式惯导系统的在线标校性能和采用旋转技术后惯导系统的导航精度。所以,试验方案主要围绕这两个目的进行。

第5章对15状态卡尔曼滤波进行了摇摆试验,验证了在摇摆状态下15状态卡尔曼滤波能够有效估计三个陀螺和三个加速度计的误差。摇摆虽然能够满足试验的动态性要求,但是实验仍然是在室内进行的,实验环境优良。为了验证不同外界条件下惯导系统的标校和导航性能,实验共进行了静止实验、摇摆台实验、车载实验、船载实验,从而在不同的动态情况和外界环境下验证系统的标校和导航性能。实验时,惯导系统采用间接导航解算方案,并且在大机动时采用航向隔离技术。

6.2　单轴旋转式激光陀螺惯导系统在线标校实验

由于模型不准或者外界环境的变化,卡尔曼滤波有时会效果不好,有时甚至发散。为了验证基于卡尔曼滤波的惯性器件零偏的标校效果,本节主要从静态、摇摆、船只系泊等几个不同的运行环境进行实验。

6.2.1　静态标校实验

将旋转式激光陀螺惯导系统安装在实验车上,如图 6.3 所示。在室外有阵风扰动、人员上下车和开关车门等情况下进行实验。

图 6.3　静态实验与车载实验

实验共进行了三组,其中第一组实验实验车不开发动机,系统预热后,实验共进行了 42h,其中,前 16h 用于初始对准和标校,后 26h 用于导航。第二天中午车内温度过高,超出了温控的最大功率,温度出现波动。实验过程中,陀螺温度变化、加速度计温度变化和 IMU 内部环境温度变化分别如图 6.4 ~ 图 6.6 所示。第二组实验共进行了 19h,主要用于对准和标校。第三组实验实验车启动发动机,实验共进行了 72h,其中,前 16h 用于对准和标校,中间 40h 用于导航,最后 16h 再次用于标校,比较陀螺和加速度计不关机情况下零偏的变化情况。实验时 IMU 绕航向角进行四位置转动,每个位置停留约 1h。三次实验估计的陀螺和加速度计零偏如表 6.3 所示,第三次实验前后两次估计的陀螺和加速度计零偏分别如图 6.7 ~ 图 6.10 所示。

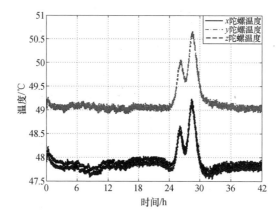

图 6.4　第一次实验陀螺温度变化

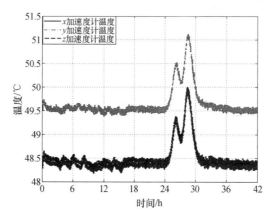

图 6.5　第一次实验加速度计温度变化

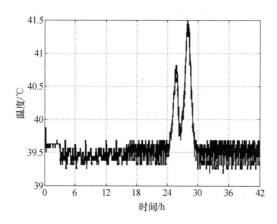

图 6.6　第一次实验 IMU 环境温度变化

由图 6.4～图 6.6 可知,第一组实验运行 25h 后,温度逐渐上升,在约 5h 的时间内,温度上升约 2℃。这是由于实验车内温度过高,并且处于密闭环境中,车内空气流动不畅,温控超出了它的最大功率。图中第一个拐点是发现车内温度过高后,打开了车门,增加了车内空气的流动性,所以温度逐渐下降。第二个拐点是关闭车门,打开车内空调,随着车内温度的下降,温控箱内的温度也逐渐回到温控点。

表 6.3　三次静态实验估计的陀螺和加速度计零偏

实验次数		1	2	3	
实验时间		20110521	20110522	20110526	
				前 16h	后 16h
陀螺零偏 /(°/h)	x 陀螺	-0.0021	-0.0019	-0.0011	-0.0019
	y 陀螺	-8.0048×10^{-4}	-0.0016	-3.5977×10^{-4}	-0.0023
	z 陀螺	8.1265×10^{-4}	9.6607×10^{-4}	0.0019	0.0031
加速度计 偏置/g	x 加速度计	2.0112×10^{-5}	1.6384×10^{-5}	1.1810×10^{-5}	9.6128×10^{-6}
	y 加速度计	2.2457×10^{-5}	1.8588×10^{-5}	1.2873×10^{-5}	1.1038×10^{-5}
	z 加速度计	3.7411×10^{-6}	2.4196×10^{-6}	7.1426×10^{-6}	1.9533×10^{-6}

由表 6.3 可知:

(1) 滤波到达稳态后,卡尔曼滤波估计的陀螺漂移和加速度计零偏与选用的器件精度相比在可信的范围内。

(2) 由于每次实验时间相隔较短,系统启动时所处环境基本相同,所以在初始的 16h 内,三次实验所估计的陀螺漂移和加速度计零偏相差不大,特别是第一次和第二次实验,实验车发动机都没启动,所以两次所估计的陀螺漂移和加速度计零偏更加接近。

(3) 第三次实验前后两次所估计的陀螺零偏和加速度计偏置变化比较大,特别是 y 陀螺,前后两次滤波所估计的零偏值相差将近一个数量级,这说明,随着时间的推移,即使温度在小范围内变化,惯性器件的零偏也会发生变化。这是因为陀螺和加速度计的零偏不只与温度有关,还与温度梯度、温度变化速率等多种因素有关。所以,即使温度值变化很小,但是由于温控时排风扇排风等因素,惯性器件的温度梯度和温变速率也会变化,进而影响器件零偏发生变化。

图 6.7～图 6.10 表明,在 16h 的对准和标校时间内,三个陀螺漂移和三个加速度计零偏能够完全收敛,其中两个水平陀螺(x 和 z 陀螺)的漂移和三个加速度计的零偏在 4h 左右的时间就能收敛到稳态值,而天向陀螺(y 陀螺)经过约 6h 的时间逐步收敛,到 12h 时已完全收敛到稳态值。

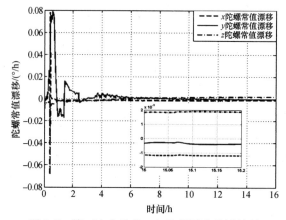

图 6.7　第三次实验前 16h 陀螺漂移估计结果

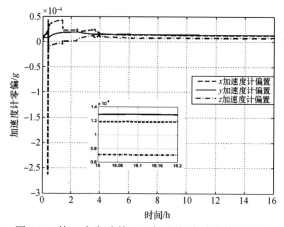

图 6.8　第三次实验前 16h 加速度计零偏估计结果

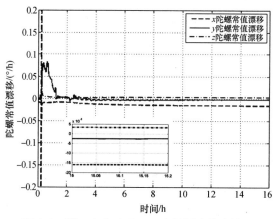

图 6.9　第三次实验后 16h 陀螺漂移估计结果

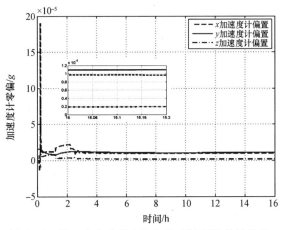

图 6.10　第三次实验后 16h 加速度计零偏估计结果

▶ 6.2.2　摇摆标校实验

　　为了验证在摇摆状态下 15 状态卡尔曼滤波器对陀螺和加速度计零偏的估计效果,共进行了两组摇摆状态下的实验,实验照片如图 6.11 所示。其中,第一组实验共进行了 36h,其实验结果见 5.4.2 节。第二组实验进行了约 64h,其中前 16h 用于初始对准和标校,后 48h 用于导航,验证惯导系统在摇摆状态长时间导航精度。16h 估计的三个陀螺常值漂移和三个加速度计常值零偏分别如图 6.12 和图 6.13 所示。

图 6.11　摇摆实验照片

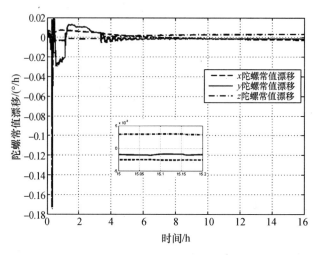

图 6.12　摇摆状态下陀螺漂移估计结果

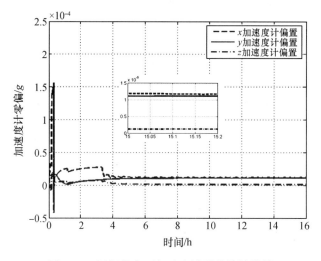

图 6.13　摇摆状态下加速度计零偏估计结果

由图 6.12 和图 6.13 可知,两个水平陀螺(x 和 z 陀螺)的漂移收敛速度较快,在 4h 左右的时间已基本收敛,而天向陀螺(y 陀螺)的漂移收敛速度较慢,6h 后才逐步收敛。三个加速度计的零偏收敛速度相对较快,在 4h 左右的时间已经收敛。当陀螺常值漂移和加速度计零偏完全收敛后,三个陀螺的收敛值分别为 $-0.0027°/h$、$-0.0015°/h$、$0.0032°/h$,三个加速度计的收敛值分别为 $1.175 \times 10^{-5}g$、$1.115 \times 10^{-5}g$、$1.2611 \times 10^{-6}g$,与选用的器件精度相比在可信范围内。说明在摇摆状态下,15 状态卡尔曼滤波器能够有效估计出三个陀螺和加速度计的常值误差。

 ### 6.2.3　船载标校实验

6.2.1 节和 6.2.2 节分别就车辆静止、车辆启动发动机和载体摇摆等几种情况进行了标校实验,结果表明,在这些情况下,15 状态卡尔曼滤波器能够有效估计出陀螺和加速度计的常值零偏,从而在初始对准的过程中提高对准精度,并在导航时对陀螺和加速度计零偏进行补偿,进而提高系统导航精度。

旋转式激光陀螺惯导系统一般应用于导航时间较长的船用场合。在船用场合中,即使在系泊情况下,舰船也会由于洋流、风浪等因素产生晃动。不同于 6.2.2 节的摇摆运动,舰船的晃动是没有规律的。并且舰船上昼夜温差较大,湿度等环境也与室内和车内不同。为了验证卡尔曼滤波对陀螺和加速度计零偏的估计效果,采用海洋捕鱼船在某海域进行了 3 个航次的系泊实验。系泊实验首先进行 16h 对准和标校,然后进行 24h 导航。其实验照片如图 6.14 所示。其中有代表性的一组实验估计的陀螺和加速度计零偏如图 6.15 和图 6.16 所示。三次实验估计的陀螺和加速度计零偏如表 6.4 所示。

图 6.14　船载实验照片

图 6.15 和图 6.16 表明,在船只等载体晃动情况下,卡尔曼滤波仍能有效估计出陀螺和加速度计的误差,其零偏收敛情况与静态和摇摆时基本一致。当陀螺常值漂移和加速度计零偏完全收敛后,三个陀螺的稳态值分别为 $-0.0014°/h$、$-0.0011°/h$、$0.0007°/h$,三个加速度计的收敛值分别为 $9.1625 \times 10^{-6} g$、$1.2622 \times 10^{-5} g$、$2.8438 \times 10^{-6} g$。

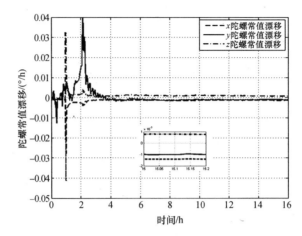

图 6.15　系泊时陀螺漂移估计结果

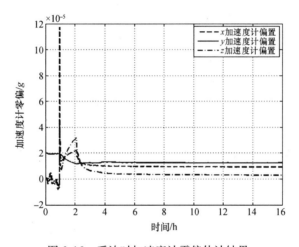

图 6.16　系泊时加速度计零偏估计结果

表 6.4　三次船载实验估计的陀螺和加速度计零偏

实验次数		1	2	3
陀螺零偏 /(°/h)	x 陀螺	-0.0014	-0.0009	-0.0016
	y 陀螺	-0.0011	-0.0018	-0.0013
	z 陀螺	0.0007	0.0012	0.00095
加速度计 偏置/g	x 加速度计	9.1625×10^{-6}	1.1358×10^{-5}	1.0912×10^{-5}
	y 加速度计	1.2622×10^{-5}	9.6872×10^{-6}	1.5123×10^{-5}
	z 加速度计	2.8438×10^{-6}	2.3826×10^{-6}	4.1226×10^{-6}

由表 6.4 可知,三次舰船实验所估计的陀螺常值漂移和加速度计常值零偏相近。与表 6.3 的值相比较,陀螺常值漂移和加速度计常值零偏变化较小,这一方面说明所用陀螺漂移和加速度计零偏比较稳定,另一方面说明在载体无规律晃动时,卡尔曼滤波仍能有效估计出陀螺常值漂移和加速度计常值零偏。

静态、摇摆和船载标校实验表明,在不同条件和环境下,卡尔曼滤波器都能有效估计出陀螺和加速度计的常值偏差,具有一定的鲁棒性和环境适应性。多次实验的有效性也说明,所设计的 15 状态卡尔曼滤波器十分可靠,能够适应工程应用要求。

6.3　单轴旋转式激光陀螺惯导系统导航实验

旋转技术和在线标校的最终目的是提高激光陀螺惯导系统长时间导航精度,本节将通过不采用旋转技术时载体静态长时间导航实验以及采用旋转技术时载体静态、载体摇摆、车载和船载等不同情况下长时间导航实验进行对比分析,综合验证前述旋转技术和在线标校等理论分析的正确性。

▶ 6.3.1　不采用旋转技术时载体静态实验

为了便于对比分析,首先进行了一组不采用旋转技术时静态长时间导航实验。惯导系统采用温控措施,在实验室内静态导航 72h。系统的速度误差和位置误差分别如图 6.17 和图 6.18 所示。图 6.19 为惯导系统的速度和位置综合误差,δV 和 δP 根据下面的公式计算[165]:

$$\delta V = \sqrt{(\delta v_n)^2 + (\delta v_e)^2} \tag{6.1}$$

$$\delta P = \sqrt{(\delta \lambda)^2 + (\delta L)^2} \tag{6.2}$$

由图 6.17 和图 6.18 可知,在不采用旋转技术时,系统 72h 的最大北向速度误差(绝对值,下同)为 2.48m/s,最大东向速度误差为 1.9m/s。最大北向位置误差为 17.2n mile,最大东向位置误差为 85.31n mile。由图 6.19 可知,系统总的速度误差最大值为 2.49m/s,总的位置误差最大值为 85.31n mile。

系统前 1h 最大北向速度误差为 0.4m/s,最大东向速度误差为 0.25m/s。最大北向位置误差为 0.38n mile,最大东向位置误差为 0.15n mile。

可见,系统短时间具有较高的精度,但是,在长时间情况下,如果不采用旋转技术,则系统误差较大,不能满足精度要求。

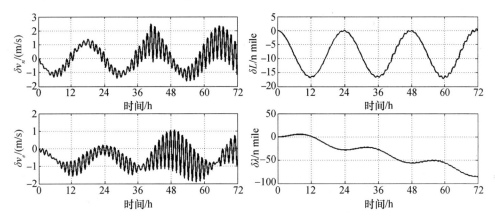

图 6.17 不采用旋转技术时系统速度误差　　　图 6.18 不采用旋转技术时系统位置误差

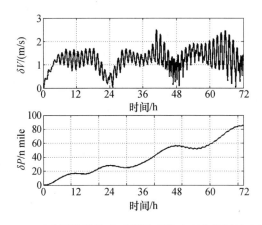

图 6.19 不采用旋转技术时惯导系统速度和位置综合误差

▶ 6.3.2 静态实验

6.3.1 节的实验说明,短时间精度很高的惯导系统在长时间的误差累积作用下精度也会变得很差。所以,在舰船等长时间高精度的应用场合,必须采取额外的措施提高纯惯导精度。

采用旋转技术可以有效提高纯惯导精度,图 6.20 ~ 图 6.23 即为 24h 载体静止采用旋转技术时系统速度误差和位置误差。其中,实线为将初始对准过程中估计的惯性器件误差补偿掉的结果,虚线为不补偿的结果。

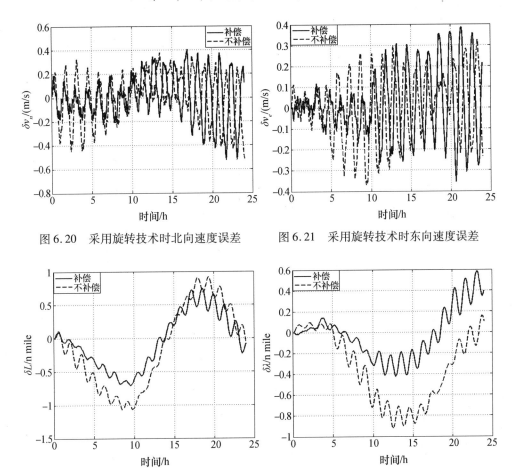

图 6.20　采用旋转技术时北向速度误差　　　图 6.21　采用旋转技术时东向速度误差

图 6.22　采用旋转技术时北向位置误差　　　图 6.23　采用旋转技术时东向位置误差

　　由图 6.20~图 6.23 可知,采用旋转技术时系统 24h 北向速度误差小于 0.5m/s,东向速度误差小于 0.4m/s,北向位置误差小于 1.1n mile,东向位置误差小于 1n mile。经补偿器件误差后,系统速度误差前 10h 提高较为明显,10h 后速度误差与不补偿时基本相当,这是由于系统没有进行温补,惯性器件零偏相对初始阶段有所变化。系统北向位置误差由补偿前的 1.1n mile 提高到 0.6n mile,东向位置误差由补偿前的 0.9n mile 提高到 0.6n mile,这说明初始对准过程中所估计的惯性器件误差是正确的,对器件误差进行补偿后具有一定的效果。

　　图 6.24 和图 6.25 为系统的综合速度误差和综合位置误差,图 6.26 为系统的东向和北向位置误差。由图 6.24 可知,24h 内系统综合速度误差最大值小于 0.6m/s,经补偿器件误差后,系统速度误差前 10h 提高较为明显。由图 6.25 可

知,系统综合位置误差最大值补偿前小于1.3n mile,补偿后小于0.8n mile,说明补偿具有一定的效果。由图6.26可知,器件误差补偿前,系统经纬度误差的中心偏离原点,特别是经度方向偏离原点较大,而补偿后系统经纬度误差的中心基本与原点重合,也就是系统围绕原点做圆周运动。

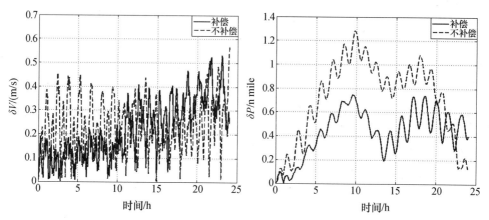

图6.24　采用旋转技术时综合速度误差　　图6.25　采用旋转技术时综合位置误差

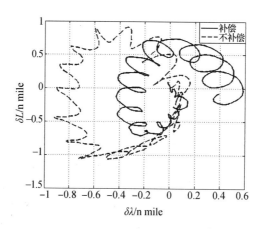

图6.26　采用旋转技术时系统东向和北向位置误差

为了便于与不采用旋转技术时的情况进行对比,进行一组72h的实验,其速度误差和位置误差如图6.27和图6.28所示。

由图6.27和图6.28可知,72h系统北向速度误差小于1.1m/s,东向速度误差小于0.8m/s,北向位置误差小于1.2n mile,东向位置误差小于1.1n mile。相比于不采用旋转技术时,北向速度误差减小了2.3倍,东向速度误差减小了2

倍,北向位置误差减小了 14.3 倍,东向位置误差减小了 77.5 倍。可见,误差标校和旋转技术能够有效提高激光陀螺惯导系统长时间导航精度。但是,由图 6.28 可以看出,北向位置误差大部分时间都在负方向,而东向位置误差则都在正方向,说明惯性器件的误差没有完全估计出来。40h 后,速度误差和位置误差增长较快,说明陀螺和加速度计的误差相对初始时刻有变化,也就是在温控情况下,激光陀螺和石英挠性加速度计零偏也会发生变化。

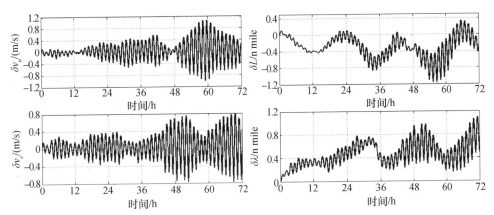

图 6.27　采用旋转技术时 72h 系统速度误差　图 6.28　采用旋转技术时 72h 系统位置误差

　　图 6.29 为 72h 载体静止时系统综合速度误差和综合位置误差。从中也可以看出,40h 后,系统速度和位置误差增长较快。

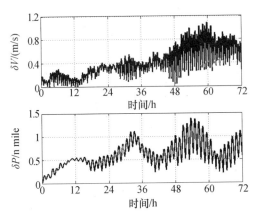

图 6.29　采用旋转技术 72h 系统综合速度和综合位置误差

▶ 6.3.3 摇摆实验

为了验证摇摆状态下系统导航精度,采用 6.2.2 节的摇摆条件,进行了 48h 的摇摆导航实验。其实验结果如图 6.30 和图 6.31 所示。

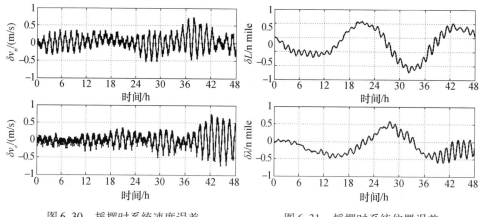

图 6.30 摇摆时系统速度误差   图 6.31 摇摆时系统位置误差

由图 6.30 和图 6.31 可以看出,系统在摇摆状态下 48h 的北向速度误差和东向速度误差均小于 0.8m/s,北向位置误差小于 1.2n mile,东向位置误差小于 0.6n mile。可见,在摇摆等较恶劣的条件下,通过系统标校和旋转技术,惯导系统仍能达到较高的精度。

图 6.32 为摇摆情况下系统综合速度误差和综合位置误差。可知,在摇摆情况下,前 24h 综合速度误差小于 0.5m/s,综合位置误差小于 0.8n mile。48h 综合速度误差小于 1m/s,最大综合位置误差小于 1.5n mile。

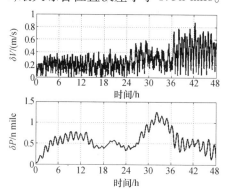

图 6.32 摇摆时系统综合速度误差和综合位置误差

▶▶ 6.3.4　车载实验

为了验证系统的动态性能,对系统进行了车载实验。由于电池原因,实验只进行了 18h,其中前 3h 进行对准,3 ~ 4.8h 进行跑车,其余时间实验车静止。

实验中,以 GPS 速度和位置为参考信息。图 6.33 和图 6.34 分别为惯导系统的速度和位置与 GPS 速度和位置的差值。可见,惯导系统的北向速度误差小于 0.6m/s,东向速度误差小于 0.5m/s,北向位置误差小于 0.7n mile,东向位置误差小于 0.4n mile。

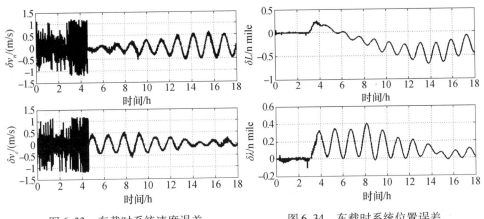

图 6.33　车载时系统速度误差　　　图 6.34　车载时系统位置误差

图 6.35 为 GPS 和惯导系统的运行轨迹,其中,横轴代表经度方向相对原点运行的距离,纵轴代表纬度方向相对原点运行的距离,单位都为 n mile。图 6.36 为跑车时惯导系统综合位置误差,可见,其最大综合位置误差小于 0.7n mile。

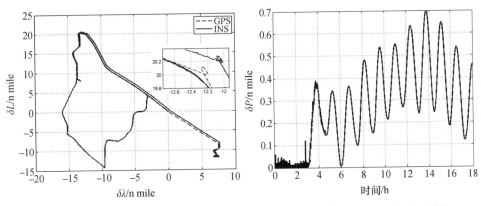

图 6.35　车载时系统运行轨迹　　　图 6.36　车载时系统综合位置误差

▶▶ 6.3.5　船载实验

采用旋转技术的激光陀螺惯导系统主要应用于长时间高精度的航海应用场合。对本书研制的惯导系统在某海域进行了长时间的海试实验,实验分为系泊实验和航行实验。

系泊实验共进行了 3 组,其中有代表性的一组导航误差如图 6.37 ~ 图 6.39 所示。图 6.37 为系泊时系统的北向速度误差和东向速度误差,可见,在 24h 时间内,系泊时系统的最大北向速度和东向速度误差都小于 0.4m/s。图 6.38 为系统的北向位置误差和东向位置误差,可见,在 24h 时间内,系统的最大北向位置误差小于 0.7n mile,最大东向位置误差小于 0.6n mile。图 6.39 为系泊时系统的综合速度误差和综合位置误差,可见,在系泊时,24h 时间内系统的最大综合速度误差小于 0.4m/s,最大综合位置误差小于 0.8n mile。

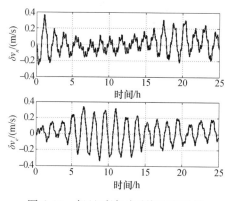

图 6.37　船只系泊时系统速度误差

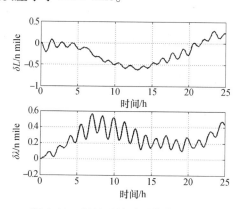

图 6.38　船只系泊时系统位置误差

航行实验共进行了 5 组,其中有代表性的一组导航误差如图 6.40 ~ 图 6.43 所示。图 6.40 为航行时系统的北向速度误差和东向速度误差,可见,在 24h 时间内,航行时系统的最大北向速度和东向速度误差大部分时间都优于 1m/s。图 6.41 为航行时系统的北向位置误差和东向位置误差,可见,在 24h 时间内,系统的最大北向位置误差小于 0.7n mile,最大东向位置误差小于 0.8n mile。图 6.42 为系统的航行轨迹,其中,横轴代表经度方向相对原点的距离,纵轴代表纬度方向相对原点的距离,单位都为 n mile。图 6.43 为航行时系统的东向位置误差和北向位置误差,其中,横轴代表系统的东向位置误差,纵轴代表系统的北向位置误差,可见,在整个航行过程中,系统的最大东向位置误差和最大北向位置误差都小于 0.8n mile。

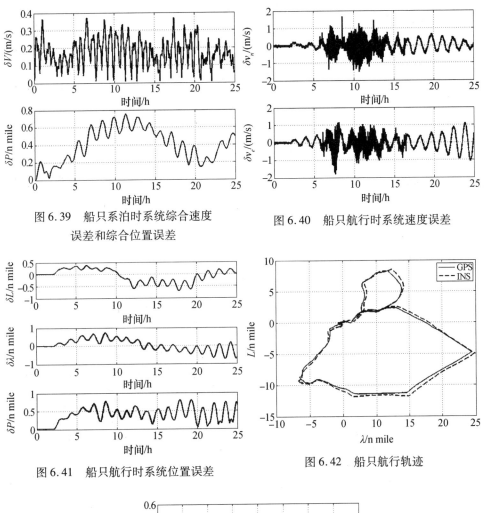

图 6.39　船只系泊时系统综合速度
误差和综合位置误差

图 6.40　船只航行时系统速度误差

图 6.41　船只航行时系统位置误差

图 6.42　船只航行轨迹

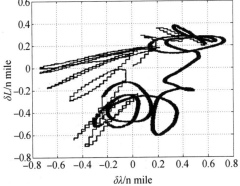

图 6.43　系统的东向和北向位置误差

由静态实验、摇摆实验、车载实验和船载实验结果看出，本书所研制的激光陀螺惯导系统具有较高的精度和环境适应性。同时，进一步验证了前面章节所研究方法的有效性。

6.4 本章小结

船用高精度惯导系统运行时间较长，经历的环境变化较大。为了验证不同环境下系统的标校效果和导航性能，本章采用静态、摇摆、跑车和海试等不同的实验环境对其进行了实验研究，所进行的主要工作和得到的主要结论如下：

（1）介绍了系统的组成，系统所用激光陀螺、加速度计和转动机构等主要器件的指标。讨论了实验的目的和实验方案。

（2）通过静态、摇摆和船载等标校实验评估了卡尔曼滤波估计陀螺常值漂移和加速度计零偏的性能。实验结果表明，在不同条件和环境下，卡尔曼滤波器都能在4h内有效估计出两个水平陀螺常值漂移和三个加速度计零偏，而天向陀螺常值漂移却需要12h才能估计出来。同时证明，所设计的卡尔曼滤波器具有一定的鲁棒性和环境适应性。

（3）对比不采用旋转技术时系统静态实验结果和采用旋转技术时系统静态、摇摆、车载和海试实验结果，评估了旋转式惯导系统的导航能力。对比实验结果表明，采用旋转技术，惯导系统的精度大大提高，并且在不同条件和环境下，24h内，系统速度误差小于1m/s，位置误差小于1n mile。证明了所研制的单轴旋转式激光陀螺惯导系统具有良好的性能和环境适应性，同时也验证了前面章节中所研究的方法和分析结果的正确性。

第7章 总结与展望

随着我国建设海洋强国战略思想的提出,舰船的远洋航行和远洋作战基础建设等任务就显得尤为重要,对舰船自主导航的要求也越来越高。采用旋转调制技术的激光和光纤陀螺惯导系统以其自主性强、性价比高等优点,受到较多的关注和重视。船用光学陀螺惯导系统十分复杂,涉及很多关键技术,本书只是对旋转调制的部分相关技术进行了研究,在此基础上,还有很多方面需要进一步深入研究。

7.1 内容总结

激光陀螺性能优良,应用广泛,具有重要的军用和民用价值。随着我国激光陀螺生产技术的成熟,其精度和可靠性不断提高。目前,在国内将激光陀螺应用于船用高精度惯导系统的研究成为惯导领域研究的热点。本书以提高激光陀螺惯导系统长时间导航精度为研究目标,重点研究了旋转调制技术和基于旋转调制技术的惯导系统在线标校方法,所完成的主要工作和得到的主要结论如下:

(1) 阐述了旋转调制技术的机理,揭示了旋转调制技术的本质。分析了旋转调制技术对惯性器件常值零偏、陀螺慢变漂移、比例因子误差、安装误差和初始对准误差的抑制情况。

基于激光陀螺 IMU 的测量误差,从理论上推导了旋转调制技术的基本原理,揭示了旋转调制技术的本质。通过求解惯导系统解析解的方法,分析了旋转调制技术对惯性器件常值零偏的抑制效果。将激光陀螺慢变漂移建模成一阶马尔可夫过程,基于一阶马尔可夫过程的自相关函数,采用协方差分析方法,理论分析了旋转调制技术对激光陀螺慢变漂移的抑制情况。

(2) 分析了几种常用的单轴和双轴旋转调制方案,提出了一种基于二十次序双轴旋转的转位调制方案。

针对传统的十六次序双轴翻转方案不能调制系统二次谐波误差的问题,提出了一种基于二十次序双轴旋转的转位调制方案。该方案绕航向轴进行90°和180°的交替正反转动,绕滚动轴只进行180°的正反转动,避免了陀螺绕滚动轴进行90°的翻转运动,既具有单轴四位置转位方案的优势,可用软导线替代滑环,同时又能有效调制所有惯性器件的常值误差、安装误差和系统的二次谐波误差。

（3）分析了转动机构误差和载体角运动对旋转调制效果的影响，提出了一种改进的隔离载体偏航运动的转位控制方法。

研究了转动机构测角误差和转速稳定性误差对旋转式惯导系统精度的影响。研究表明：转动机构测角误差和转速稳定性误差主要影响系统的姿态精度特别是航向角精度，转动机构测角误差越大，系统的航向角误差就越大，但当转动机构测角精度达到角秒级时，对系统精度影响较小。

研究了载体角运动对单轴旋转调制效果的影响。研究表明：载体水平角运动影响了旋转调制的效果，载体水平角运动幅值和速度越大，旋转调制效果越差；载体航向运动抵消了 IMU 旋转的调制效果。如果载体运动角速度始终与旋转调制的角速度大小相等方向相反，则载体航向运动对旋转调制的效果完全抵消。

研究了隔离载体航向运动影响的方法。对于单轴旋转式惯导系统，IMU 绕航向轴进行有规律的转动，可以通过载体和 IMU 的姿态解算来隔离载体航向运动对旋转调制效果的影响。但是在运动过程中，载体的航向角不停地变化，要想实时隔离载体航向运动的影响，转动机构的电机就得频繁地制动。针对这一问题，提出了一种改进的隔离载体偏航运动的转位控制方法，该方法通过设置阈值，判定载体航向角运动对调制效果的影响程度，只有航向角运动对调制效果影响较大时，才进行隔离，因此避免了转动机构电机的频繁制动，提高了系统的可靠性和寿命。

（4）研究了单轴旋转式惯导系统的导航解算方案，理论推导了不同导航解算方案的基本导航解算方程，建立了相应的误差模型。

对单轴旋转式惯导系统的直接导航解算方案和间接导航解算方案进行了研究，并对这两种解算方案的优劣进行了对比。理论推导了这两种解算方案的基本导航方程，建立了相应误差模型。研究表明：采用直接导航解算方案时，系统的速度误差和位置误差受转动机构测角误差的影响，姿态误差除受测角误差的影响外，还受转轴转速稳定性误差的影响，系统误差随载体加速度和角速度的增加而增大，并随时间累积；而采用间接导航解算方案时，系统速度误差和位置误差不受转动机构测角误差的影响，放宽了转动轴系的要求，提高了惯导系统的精度和可靠性，更具有工程实用性。

（5）分析了惯导系统的可观性，研究了采用旋转技术的惯导系统在线标校方法。

基于全局可观性分析方法，分析了 IMU 静止和 IMU 绕航向轴转动两种情形下惯导系统的可观性。分析表明：当 IMU 绕航向轴转动时，在全局意义下，参数状态有两个解,因此不是全局可观的。

　　针对惯导系统初始对准和在线标校等研究问题,进一步分析了 IMU 绕航向轴转动时惯导系统参数两个解的情况。惯导系统经粗对准后,其初始姿态是唯一的,在初始姿态唯一的情况下,惯导系统的三个精确姿态角、三个陀螺常值漂移和三个加速度计零偏的解也唯一。所以,惯导系统虽然不是全局可观的,但是是局部可观的,并且其各参数状态始终跳不出真值这个区域。因此可知,全局可观性分析的非线性系统可观,但对应的线性化系统不一定可观。如果对应的线性化系统是可观的,则原非线性系统是局部可观的。进一步拓展了全局可观性的分析结果,为惯导系统的在线标校提供了理论指导。

　　研究了一种基于惯导系统位置解算的最小二乘在线标校方法,并对涉及的相关理论进行了推导。但是,基于最小二乘的在线标校方法只能估计出惯导系统的两个水平等效陀螺误差和两个水平等效加速度计误差,针对这一问题,研究了基于卡尔曼滤波的惯导系统在线标校方法,采用仿真和实验手段验证了采用15 状态卡尔曼滤波,能够在 12h 左右的时间将三个陀螺的常值漂移和三个加速度计的零偏估计出来。同时,进一步证明了可观性理论分析的正确性。

　　(6) 进行了船用高精度惯导系统的动态环境实验研究。

　　通过静态、摇摆和船载标校实验评估了卡尔曼滤波估计陀螺常值漂移和加速度计零偏的性能,证明了所设计的卡尔曼滤波器具有一定的鲁棒性和环境适应性。

　　通过对比不采用旋转技术时系统静态实验结果和采用旋转技术时载体静态、摇摆、车载和海试实验结果,评估了旋转式惯导系统的导航精度。实验表明,采用旋转技术,惯导系统的精度大大提高,并且在不同条件和环境下,24h 内,系统速度误差优于 1m/s,位置误差优于 1n mile。证明了所研制的单轴旋转式激光陀螺惯导系统具有良好的性能和环境适应性,同时也验证了所研究的方法和理论分析的正确性。

7.2　进一步的研究工作

　　本书主要对单轴旋转式激光陀螺惯导系统和旋转调制所涉及的相关技术进行了研究,在本书工作的基础上,还可以在以下几个方面进行更加深入的研究。

1. 单轴旋转调制方案轴向陀螺测漂技术研究

　　单轴旋转式惯导系统容易实现,成本也比较低,是目前采用较多的方案。但是,单轴旋转调制方案不能抑制旋转轴上的陀螺零偏,因此旋转轴上的陀螺零偏成为影响系统精度的一个十分重要因素。书中研究的基于卡尔曼滤波的在线标校方法虽然能够有效估计出旋转轴上陀螺的常值零偏,但是需要 12h 才能得到有效估计,估计时间偏长,在现有基础上,如何进一步提高旋转轴上陀螺零偏的估计精度,缩短估计时间是值得进一步深入研究的问题。

研究中发现,惯性器件常值误差经测漂补偿后,在 10 ~ 12h 的时间内,相对于不测漂补偿时,系统速度和位置精度有明显的提高,但惯导系统运行 12h 后,系统速度误差逐渐变大,与不补偿时基本相当。经分析,这是由于系统没有进行温补,惯性器件零偏与初始阶段测漂时有所变化。对于运行时间比较长的高精度旋转式激光陀螺惯导系统,在惯性器件选型时,需要选择误差长期稳定性比较好的惯性器件,另外,在今后的工作中,高精度温度补偿技术也值得进一步深入研究。

惯导系统在长时间的使用后,系统参数会发生变化;在系统有温控时,系统由冷启动达到温度平衡,大约需要 4h 的时间,这期间系统参数也会发生较大变化。系统参数的变化,必然使建立的系统误差模型发生变化,所以,研究能够适应系统参数变化的自适应滤波是单轴旋转式惯导系统测漂的重要研究工作。近两年,于旭东[166 - 168]、雷雯[169]等将 RBF 神经网络、人工鱼群算法等智能滤波方法应用于旋转轴上陀螺零偏的辨识上,取得了不错的效果。另外,为了缩短测漂时间,惯性器件信号的预滤波方法也值得进一步研究。

2. 多轴旋转方案设计及转停时间分配策略

对于激光陀螺,其比例因子误差相对较小,采用单轴旋转调制方案的系统可以满足大部分水面舰艇的需要。对于潜艇等更高精度的场合,则需要采用双轴旋转调制方案。另外,对于光纤陀螺,其比例因子误差相对较大,建议采用双轴旋转调制方案。目前,为了取代静电陀螺惯导系统,美国利用光纤陀螺,研究了三轴旋转调制方案,原理上能够克服陀螺比例因子误差和地球自转的影响,能够取得更高的精度。

对于单轴旋转调制方案,国外有比较成熟的转位方式进行参考。而对于双轴旋转和三轴旋转方案的转位方式,则一点可借鉴的资料都没有。国内学者根据静电陀螺的旋转方式,研究设计了十六次序、六十四次序等多种双轴转位方案,取得比较好的效果;而对于三轴旋转方案,国内外还未见到相关的技术文献。所以,双轴特别是三轴旋转方案的设计值得进一步深入研究。

研究发现,旋转调制方案只要设计的相对合理,都可提高系统精度,但从一个转位位置至另一个转位位置的旋转速度[170],以及在每个转位位置的停留时间可严重影响旋转调制的效果[171]。所以,IMU 的转动速度以及转停时间分配策略仍需下一步进行深入研究。

3. 旋转机构误差影响及旋转控制技术

无论是单轴旋转还是多种旋转式惯导系统,都增加了旋转机构。旋转机构不可避免的存在误差,这些误差对系统精度如何影响需要进行系统的分析[172-174]。本书只对旋转机构的测角误差对系统精度的影响进行了研究,对旋转机构的其他误差是如何影响系统精度的没有过多涉及,所以,深入分析旋转机构误差对系统精度的影响是下一步需要重点研究的问题。

对于惯导系统的应用,我们希望测量的是载体的姿态、速度和位置。但是对于旋转式惯导系统,IMU 安装在旋转机构上,旋转机构安装在载体上,要想得到载体的姿态,则需要精确标定出 IMU、旋转机构和载体的安装关系以及精确测量出旋转机构相对载体的旋转角度。旋转机构相对载体的旋转角度可以由旋转机构的测角装置实时测量。IMU、旋转机构和载体的安装关系则是在惯导系统装备在载体上时,采用光学手段将它们之间的安装关系精确的标定出来。但是,如果旋转机构的转轴不稳,则对 IMU 相对载体的姿态产生较大的影响。可以通过对旋转机构的精确控制和整个旋转周期的正反向标定等减小旋转机构误差对系统精度的影响,因此,旋转机构的精确旋转控制技术也是必须进一步研究的问题。

旋转技术通过有规律的旋转,可以将多种慢变的误差进行抵消,有效提高惯导系统的精度,在船用激光陀螺惯导系统中得到了成功应用[175]。此外,旋转技术还可将器件的误差与有用信号在频率上进行分离,利用这一性质,国外还将旋转技术应用于重力梯度仪中,研制出世界上第一台商用旋转加速度计重力梯度仪。另外,利用旋转技术,还可以通过旋转基线的方法采用单台卫星接收机进行精密定位定向。

总之,旋转调制技术或称旋转技术具有重要的应用,值得我们深入研究。

参 考 文 献

[1] 万德钧,房建成. 惯性导航初始对准[M]. 南京:东南大学出版社,1998.

[2] 秦永元. 惯性导航[M]. 北京:科学出版社,2006.

[3] 陈哲. 捷联惯导系统原理[M]. 北京:宇航出版社,1986.

[4] 张树侠,孙静. 捷联式惯性导航系统[M]. 北京:国防工业出版社,1992.

[5] Titterton D H, Weston J L. Strapdown Inertial Navigation Technology(2nd Ed)[M]. London, United Kingdom:Peter Peregrinus Ltd. on behalf of the Institute of Electrical Engineers, 2004.

[6] 袁信,俞济祥,陈哲. 导航系统[M]. 北京:航空工业出版社,1993.

[7] Chow W W, Gea – Banacloche J, Pedrotti L M. The ring laser gyro[J]. Review of Modern Physics, 1985, 57(1):61 – 104.

[8] 杨培根,龚智炳. 光电惯性技术[M]. 北京:兵器工业出版社,1999、

[9] Levinson D E, Horst J T. The Next Generation Marine Inertial Navigator is Here Now[C]. //IEEE Position Location and Navigation Symposium, 1994:121 – 127.

[10] Lahhan J I, Brazell J R. Acoustic Noise Reduction in the MK49 Ship's Inertial Navigation System (SINS) [C]// IEEE Position Location and Navigation Symposium, Monterey, USA, 1992:32 – 39.

[11] Tucher T, Levison D E. The AN/WSN – 7B marine gyrocompass/ navigator[C]// ION NTM 2000, Anaheim, USA, 2000:26 – 28.

[12] 武凤德. 21 世纪美国弹道导弹核潜艇导航技术发展综述[J]. 舰船导航,2003,2(5):38 – 48.

[13] 袁保伦. 四频激光陀螺旋转式惯导系统研究[D]. 长沙:国防科技大学,2007.

[14] Heckman D W, Baretela M. Improved Affordability of High Precision Submarine Inertial Navigation by Insertion of Rapidly Developing Fiber Optic Gyro Technology[C]. //IEEE Position Location and Navigation Symposium, 2000:404 – 410.

[15] 周永余,许江宁,高敬东. 舰船导航系统[M]. 北京:国防工业出版社,2006.

[16] 黄德鸣,程禄. 惯性导航系统[M]. 北京:国防工业出版社,1986.

[17] 黄卫权,陈建国,赵国良,等. 陀螺壳体旋转法监控技术研究[J]. 哈尔滨工程大学学报,2003,24 (1):45 – 53.

[18] 郭秀中. 惯导系统陀螺仪理论[M]. 北京:国防工业出版社,1996.

[19] 李莉,任长明. 旋转方位惯性导航系统的研究[J]. 天津工程师范学院学报,2005,15(2):39 – 41.

[20] 江帆,张振山,邓小涛,等. 延长惯性导航系统重调周期的关键技术[J]. 数据采集与处理,2006, 21(6):198 – 202.

[21] 高启孝. 陀螺转子正、反转监控效果的研究[J]. 海军工程学院学报,1997,14(2):64 – 70.

[22] 刘为任,熊正南,张玉龙. 误差自补偿惯性导航系统检测回路数据处理技术的研究[J]. 中国惯性技术学报,2000,8(2):1 – 6.

[23] 熊崴,蔡智渊,齐宇轩,等. H 调制陀螺监控高精度惯性导航系统[J]. 中国惯性技术学报,2010,18 (4):387 – 395.

[24] 宫晓琳，房建成. 一种在线实时消除 SINS 陀螺常值漂移的方法[J]. 仪器仪表学报，2008,29(7)：1350 – 1354.

[25] 宫晓琳，房建成. 一种改进的在线测量 SINS 陀螺常值漂移的方法[J]. 仪器仪表学报，2011,32 (4)：756 – 762.

[26] 佟盛译. 舰船惯性导航技术应用与发展趋势[J]. 国外惯性技术信息，2007,5：1 – 11.

[27] 韩伟. 捷联惯导系统监控技术研究[D]. 哈尔滨：哈尔滨工程大学，2008.

[28] 许国帧. 惯性技术手册[M]. 北京：宇航出版社，1995.

[29] Hays K M, Schmidt R G, Wilso W A. A Submarine Navigator for the 21st Century[C]. //IEEE Position Location and Navigation Symposium, April, 2002：179 – 188.

[30] Vajda S, Zorn A. Surver of Existing and Emerging Technologies for Strategic Submarine Navigation[C]. //IEEE Position Location and Navigation Symposium, 1998：309 – 315.

[31] 章燕申. 高精度导航系统[M]. 北京：宇航出版社，2005.

[32] 高钟毓. 静电陀螺仪计术[M]. 北京：清华大学出版社，2004.

[33] 杨功流，蔡玲，陈超英，等. 静电陀螺监控器中静电陀螺仪的漂移误差模型[J]. 中国惯性技术学报，2001,9(4)：50 – 54.

[34] Curey R K, Ash M E, Thielman LO. Proposed IEEE Inertial Systems Terminology Standard and Other Inertial Sensor Standars[C]//IEEE Position Location and Navigation Symposium, 2004：83 – 89.

[35] Adams G, Gokhale D M. Fiber Optic Gyro Based Precision Navigation for Submarines[C]. // AIAA Guidance, Navigation and Control Conference Denver, USA, 2000：2 – 6.

[36] Morrow R B, Hong D W. High Precision IFOG Insertion Into the Strategic Submarine Navigation System [C]. // IEEE Position Location and Navigation Symposium, San Diego, CA, USA, 1998：404 – 410.

[37] 杨艳娟，金志华，田蔚风. 船用静电陀螺导航仪方案研究[J]. 弹箭与制导学报，2005,25(1)：19 – 21.

[38] 高钟毓. 惯性导航系统初始对准与标定最优化方法[J]. 中国惯性技术学报，2009,17(1)：1 – 7.

[39] 文飞鸽，杨功流. 静电陀螺监控器中陀螺漂移模型系数的标定方法研究[J]. 中国惯性技术学报，2004,12(1)：19 – 27.

[40] Xudong Y, Yu W, Guo W. Novel Temperature Modeling and Compensation Method for Bias of Ring Laser Gyroscope Based on LS – SVM[J]. Chinese Optics Letters, 2011,9(5)：1 – 4.

[41] 龙兴武，于旭东，张鹏飞，等. 激光陀螺单轴旋转惯性导航系统[J]. 中国惯性技术学报，2010,18 (2)：149 – 153.

[42] MK 39. pdf [J/OL] http：//www. sperrymarine. morthropgrumman. com/Admin/.

[43] Sperry M. The MK 39 Ring Laser Gyro Navigator Story [J/OL] http：//www. sperrymatine. northropgrumman. com/products.

[44] Levinson D E, Giovanni S C. Laser Gyro Potential for Long Endurance Marine Navigation[C]. //IEEE Position Location and Navigation Symposium, Piscataway, USA, 1980：115 – 129.

[45] Levinson E, Majure R. Accuracy Enhancement Techniques Applied to the Marine Ring Laser Inertial Navigation(MARIN)[J]. Navigation, 1987,34(1)：64 – 86.

[46] Levinson E, Majure R. MARLIN, The Next Generation Marine Inertial Navigator[C]. //Symposium Gyro Technology, Stuttgart, Germany, 1987：8.0 – 8.28.

[47] Lahham J I, Wigent D J, Coleman A L. Tuned Support Structure for Structure – borne Noise Reduction of

Inertial Navigator with Dithered Ring Laser Gyros (RLG) [C]. // IEEE Position Location and Navigation Symposium, 2000: 419 - 428.

[48] 接收惯性导航的加拿大舰艇[N]. 简氏国际防卫评论, 2005 年 1 月.

[49] Jonah D W, Marvin B M, John C, et al. Ship Augmented Gravity Enhancement (SAGE) [C]. //IEEE Position Location and Navigation Symposium, 2006: 36 - 43.

[50] Kohl K W. The New High Accuracy Ship's Inertial Navigation System PL41 MK4[C]. //Symposium Gyro Technology, Stuttgart, Germany, 1990: 14.10 - 14.24.

[51] 诺·格公司为意大利海军潜艇提供导航系统[N]. 中国船舶在线, 2010.6.1.

[52] Ishibashi S, Tsukioka S. The Method to Improve the Performance of an Inertial Navigation System using a Turntable[C]. //IEEE 16th International Offshore and Polar Engineering Conference, San Francisco, 2006: 121 - 127.

[53] Ishibashi S, Tsukioka S, Yoshida H. Accuracy Improvement of an Inertial Navigation System Brought about by the Rotational Motion[C]. //IEEE Oceans - europe, 2007: 1 - 5.

[54] Ishibashi S, Tsukioka S, Sawa T. The Rotation Control System to Improve the Accuracy of an Inertial Navigati on SystemInstalled in an Autonomous Underwater Vehicle[C]. // Workshop on Scientific Use of Submarine Cables and Related Technologies 2007, 2007: 495 - 498.

[55] 凌明祥. 船用激光捷联惯性导航系统的关键技术研究[D]. 哈尔滨: 哈尔滨工程大学, 1999.

[56] 翁海娜, 杨功流, 庄良杰. 旋转式光纤陀螺惯性导航系统的初始对准技术研究[C]. // 中国惯性技术学会第五届学术年会, 2003: 19 - 21.

[57] Yang Y, Miao L. Fiber - optic Strapdown Inertial System with Sensing Cluster Continuous Rotation[J]. IEEE Transactions on Aerospace and Electronic Systems, 2004,40(4): 1173 - 1178.

[58] Yang Y, Miao L, Shen J. Method of Improving the Navigation Accuracy of SINS by Continous rotation[J]. Journal of Beijing Institute of Technology, 2005,14(1): 45 - 49.

[59] 陆煜明. 机械抖动激光陀螺惯导系统自动补偿研究[J]. 中国惯性技术学报, 2006,14(4): 18 - 20.

[60] 袁保伦, 饶谷音. 光学陀螺旋转惯导系统原理探讨[J]. 国防科技大学学报, 2006,18(6): 76 - 80.

[61] 王其, 徐晓苏. 旋转 IMU 在光纤捷联航姿系统中的应用[J]. 中国惯性技术学报, 2007,15(3): 265 - 268.

[62] 练军想. 捷联惯导动基座对准新方法及导航误差抑制技术研究[D]. 长沙: 国防科技大学, 2007.

[63] 龙兴武, 汤建勋, 王宇, 等. 船用激光陀螺惯导系统的研制[C]. //中国惯性技术学会第六届年会, 浙江, 宁波, 2008: 15 - 23.

[64] 黄昆, 王戈, 杨功流, 等. 旋转式捷联惯导系统的误差特性分析[C]. //中国惯性技术学会第六届年会, 浙江, 宁波, 2008: 56 - 61.

[65] 张宇飞, 陆全聪, 杨功流. 旋转误差补偿技术及其在船用激光陀螺导航系统中的应用[C]. //中国惯性技术学会第六届年会, 浙江, 宁波, 2008: 67 - 71.

[66] 于旭东, 王宇, 张鹏飞, 等. 单轴旋转对惯导系统误差特性的影响[J]. 中国惯性技术学报, 2008, 16(6): 641 - 648.

[67] 刘峰, 徐策, 尚克军, 等. 水平初始对准误差对旋转 IMU 导航系统的精度影响[J]. 中国惯性技术学报, 2008,16(6): 649 - 652.

[68] 翁海娜, 陆全聪, 黄昆, 等. 旋转式光学陀螺捷联惯导系统的旋转方案设计[J]. 中国惯性技术学报, 2009,17(1): 8 - 14.

［69］贾宏进. 四频激光陀螺平台罗经关键技术研究［D］. 长沙：国防科技大学，2009.

［70］Zhang L, Liu J, Lai J. Rotating Fiber Optic Gyro Strap – down Inertial Navigation System With Three To-tating Axes［J］. Transactions of Nanjing University of Aeronautics & Astronautics, 2008, 24（4）：289 – 294.

［71］Zhang L, Lai J, Liu J. Analysis of Un – coincide Coordinate Error in Single – axis Rotation Fiber Optic Strapdown Inertial Navigation System［J］. Transactions of Nanjing University of Aeronautics & Astronautics, 2011, 28（2）：199 – 205.

［72］Huang W, Cheng J, Yu Q. Research of Gyro Case Rotation Monitor Technique Based on Random Drift Characteristics of Gyro［C］. // IEEE International Conference on Mechatronics & Automation Niagara Falls, Canada, 2005：862 – 867.

［73］Nie Q, Gao X, Liu Z. Research on accuracy improvement of INS with continuous rotation［C］. // IEEE International Conference on Information and Automation, Zhuhai, China, 2009：870 – 874.

［74］Sun F, Sun W, Gao W. Research on the Technology of Rotational Motion forFOG Strapdown Inertial Navi-gation System［C］. // IEEE International Conference on Mechatronics and Automation, Changchun, Chi-na, 2009：4913 – 4918.

［75］孙枫，孙伟. 摇摆基座下旋转捷联系统粗对准技术研究［J］. 仪器仪表学报，2010, 31（4）：929 – 936.

［76］Zhang L, Lian J, Wu M. Research on Auto Compensation Technique of Strapdown Inertial Navigation Sys-tems［C］. // IEEE International Asia Conference on Informatics in Control, Automation and Robotics, Phuket, Thailand, 2009：350 – 353.

［77］陆志东，王晓斌. 系统级双轴旋转调制捷联惯导误差分析及标较［J］. 中国惯性技术学报，2010, 18（2）：135 – 141.

［78］Giovanni C S, Levinson E. Performance of a Ring Laser Strapdown Marine Gyrocompass［C］. // ION 37th Annual Meeting Proceedings, Annapolis, Meryland, 1981：28 – 40.

［79］Jang G L, Chan G P, Heung W P. Multi – position Alignment of Strapdown Inertial Navigation System［J］. IEEE Transactions on Aerospace and Electronic Systems, 1993, 29（4）：1323 – 1328.

［80］Mangold U. Limitations of Vector Gravimetry Using A DGPS Augmented Rate Bias Inertial Navigation Sys-tem［C］. //Symposium Gyro Technology 1995, Stuttgart, Germany, 1995：4.0 – 4.17.

［81］Kuryatov V N, Cheremisenov G V, Panasenko V N. Marine INS Based on the Laser Gyroscope KM – 11［C］. // Symposium Gyro Technology, Stuttgart, Germany, 2002：19.10 – 19.17.

［82］Buschelberger H J, Handrich E. Laser Gyros in System Application with Rate – Bias Technique［C］. // Symposium Gyro Technology Stuttgart, Germany, 1987：7.0 – 7.13.

［83］韩宗虎，冯培德. 速率偏频技术提高激光陀螺精度的理论研究［J］. 中国惯性技术学报，2001, 9（2）：41 – 46.

［84］凌明祥，张树侠. 激光陀螺捷联惯导系统中激光陀螺误差自动补偿的方法研究［C］. // 中国惯性技术学会光电技术专业委员会第三届学术交流会，四川成都，1998：94 – 99.

［85］张铃. 旋转调制技术在光纤陀螺惯导系统中的应用及实现［D］. 南京：南京航空航天大学，2009.

［86］孙枫，孙伟. 基于单轴旋转的光纤捷联惯导系统误差特性与实验分析［J］. 宇航学报，2010, 31（4）：1070 – 1077.

［87］Yuan B, Han S, Yang J. Rotation Scheme for Single – axis Indexing RLG INS［J］. 中国惯性技术学报，

2011,19(2):145 – 151.

[88] 孙枫,孙伟. 旋转自补偿捷联惯导系统技术研究[J]. 系统工程与电子技术, 2010, 32(1):122 – 125.

[89] 孙枫,孙伟,郭真. 基于 IMU 旋转的捷联惯导系统自补偿方法[J]. 仪器仪表学报,2009,30(12):2511 – 2517.

[90] 伊国兴,谢阳光,王常虹,等. 一种新的旋转调制捷联惯导系统[J]. 中国惯性技术学报,2011,19(3):261 – 266.

[91] 邱宏波,练涛,崔鹏程,等. 一种捷联惯性导航系统双轴旋转调制方法[P]. 中华人民共和国,CN101900559A. 2010 – 12 – 01.

[92] 龙兴武,汤建勋,王宇,等. 高精度激光陀螺单轴旋转惯性导航系统[P]. 中华人民共和国,CN 101701825 A. 2010 – 05.

[93] Coleman A L. System Requirements Document for the MK39 Mod3C for the Republic of Singapore[R]. SR1898389, 1998.

[94] 张红良. 陆用高精度激光陀螺捷联惯性导航系统误差参数估计方法研究[D]. 长沙:国防科技大学, 2010.

[95] 张红良,武元新,查亚兵,等. 高精度惯测组合标定误差分析[J]. 国防科技大学学报,2010,32(1):142 – 146.

[96] 常国宾,许江宁,李安,等. 载体运动对双轴连续旋转调制式惯导方案误差的影响[J]. 中国惯性技术学报,2011,19(2):175 – 179.

[97] 张伦东,练军想,胡小平. 载体角运动对旋转式惯导系统旋转调制效果的影响[J]. 国防科技大学学报,2011,33(4):152 – 156.

[98] Zhang L, Lian J, Wu M. Error Model of Rotary Ring Laser Gyro Inertial Navigation System[J]. Journal of Beijing Institute of Technology, 2010,19(4):439 – 444.

[99] 徐海刚,郭宗本. 一种实用旋转调制式陀螺寻北仪的设计[J]. 兵工学报,2010,21(5):616 – 619.

[100] 邹向阳,孙谦. 连续旋转式寻北仪的寻北算法及信号处理[J]. 北京理工大学学报,2004,24(9):804 – 807.

[101] 张岩. 高精度速率偏频激光陀螺寻北仪误差机理与建模补偿方法研究[D]. 长沙:国防科技大学,2011.

[102] 张岩,吴文启,吴美平. 速率偏频激光陀螺寻北仪标度因数的在线估计[J]. 光学·精密工程,2011,19(1):146 – 152.

[103] 张岩,吴文启,江明明. 速率偏频激光陀螺寻北仪中转台测角周期性误差的影响分析[J]. 国防科技大学学报,2011,33(1):105 – 108.

[104] 占德军,秦石乔,王省书,等. 速率偏频激光陀螺标度因数高精度测量方法[J]. 中国激光,2010,37(5):1327 – 1331.

[105] Jiang Y E, Lin Y P. Error Estimation of INS Ground Alignment through Observability Analysis[J]. IEEE Transactions on Aerospace and Electronic Systems, 1992,28(1):92 – 97.

[106] Meskin D G, Bar – Itzhack I Y. Observability Analysis of Piece Wise Constant System – Part 1:Theory [J]. IEEE Transactions on Aerospace and Electronic Systems, 1992,28(3):1056 – 1057.

[107] Meskin D G, Bar – Itzhack I Y. Observability Analysis of Piece – Wise Constant System Part Ⅱ:Application to Inertial Navigation In – flight Alignment[J]. IEEE Transactions on Aerospace and Electronic Sys-

tems, 1992,28(3): 1068 – 1075.

[108] Chung D Y, Lee J G, Park C G, et al. Strapdown INS error model for multi – position alignment[J]. IEEE Transactions on Aerospace and Electronic Systems, 1996,32(4): 1362 – 1366.

[109] Wu Y, Hu D, Wu M, et al. Observability analysis of rotation estimation by fusing inertial and line – based visual information: A revisit[J]. Automatica, 2006,42(10): 1809 – 1812.

[110] Wu Y, Zhang H, Wu M, et al. Observability of SINS alignment: A global perspective[J]. Submitted ro IEEE Trans on Aerospace and Electronic Systems, 2008.

[111] Wu M, Wu Y, Hu X. Optimization – based Alignment for Inertial Navigation Systems: Theory and Algorithm[J]. Aerospace Science and Technology, 2010,20(5): 1 – 17.

[112] 钱伟行,刘建业,赵伟,等. 基于转动基座的 SINS 初始对准方法研究[J]. 宇航学报, 2008,29(3): 928 – 932.

[113] 赵文芳,赵伟,钱伟行,等. 捷联惯导连续旋转方位轴式初始对准研究[J]. 系统工程与电子技术, 2009,31(4): 934 – 937.

[114] 郝燕玲,张义,孙枫,等. 单轴旋转式捷联惯导方位对准研究[J]. 仪器仪表学报, 2011,32(2): 309 – 315.

[115] Pittman D N, Roberts C E. Determining Inertial Errors from Navigation – in – Place Data[C]. //IEEE Position Location and Navigation Symposium, Monterey, CA, USA, 1992: 60 – 67.

[116] 程建华,赵琳,黄卫权,等. 基于惯导系统模型的自对准陀螺测漂方法研究[J]. 哈尔滨工程大学学报, 2006,27(1): 66 – 69.

[117] 吴赛成,秦石乔,王省书,等. 基于姿态解算的 z 向激光陀螺零偏估计方法[J]. 中国激光, 2010, 37(5): 1209 – 1212.

[118] 于旭东. 二频机抖激光陀螺单轴旋转惯性导航系统若干关键技术研究[D]. 长沙:国防科技大学, 2011.

[119] Morimoto T, Kumagai H, Yashiro T. Initial Rapid Alignment/Calibration of a Marine Inertial Navigation System[C]. // IEEE Postion Location and Navigation Symposium, 1994: 348 – 354.

[120] Zhang H, Wu Y, Wu W. Improved multi – position calibration for inertial measurement units[J]. Measurement Science and Technology, 2010,21(1): 1 – 11.

[121] 张红良,武元新,练军想. 基于转台误差分析的高精度惯测组合标定编排改进[J]. 中国惯性技术学报, 2010,18(1): 129 – 134.

[122] Savage P G. Strapdown Analytics[M]. Maple Plain, Minnesota: Strapdown Associates, Inc, 2007.

[123] Kenneth R, Britting S D. Effects of Azimuth Rotation on Gyrocompass Systems[C]. // Institute of Navigation Annual Meeting, Norwood, Massachuserrs, 1978: 1 – 13.

[124] Gao B, Zhang M, Zhang W. New Interpretation of Laser Gyro Drifts[J]. Science China (Technological Science), 2010,41(5): 1168 – 1175.

[125] 毛奔,林玉荣. 惯性器件测试与建模[M]. 哈尔滨:哈尔滨工程大学, 2008.

[126] 谢红卫,邹逢兴,张明,等译. 现代控制系统[M]. 北京:高等教育出版社, 2001.

[127] 袁保伦,饶谷音,廖丹. 旋转式惯导系统的标度因数误差效应分析[J]. 中国惯性技术学报, 2010,18(2): 160 – 164.

[128] 杨国梁,王玮,徐烨烽,等. 旋转调制式激光捷联惯导安装误差分析与标定[J]. 仪器仪表学报, 2011,32(2): 302 – 308.

[129] 袁保伦, 饶谷音, 廖丹. 光学陀螺旋转式惯导系统的安装误差效应分析[J]. 系统工程与电子技术, 2010,32(11): 2407 - 2411.

[130] 常路宾, 李安, 覃方君. 双轴转位式捷联惯导系统安装误差分析[J]. 计算机仿真, 2011,28(3): 1 - 4.

[131] 杨喆. 旋转式捷联惯导系统误差分析与转动方案研究[D]. 哈尔滨: 哈尔滨工业大学, 2010.

[132] 张晓强. 速率偏频激光陀螺寻北系统算法快速性与误差标定补偿方法研究[D]. 长沙: 国防科技大学, 2010.

[133] 吉翠萍, 陈勇, 雷宏杰, 等. 激光陀螺捷联惯性导航系统误差分析及仿真计算[J]. 应用光学, 2005,26(3): 5 - 8.

[134] 朱奎宝, 张春熙, 宋凝芳. 光纤陀螺角度随机游走对惯导系统影响[J]. 压电与声光, 2007,29(3): 292 - 294.

[135] 国军标. GJB1801 - 93,惯性技术测试设备主要性能试验方法 [M]. 1993.

[136] 黄宗升, 秦石乔, 王省书, 等. 光栅编码器误差分析及用激光陀螺标较的研究[J]. 仪器仪表学报, 2007,28(10): 1866 - 1869.

[137] 袁保伦, 饶谷音. 一种新的激光陀螺惯性测量组合标定方法[J]. 中国惯性技术学报, 2007,15(1): 31 - 34.

[138] 刘白奇, 房建成. 光纤陀螺 IMU 的六位置旋转现场标定新方法[J]. 光电工程, 2008,35(1): 60 - 65.

[139] Tang Y, Wu Y, Wu M. INS/GPS Integration: Global Observability Analysis[J]. IEEE Trans on Vehicular Technology, 2009,58(3): 1129 - 1142.

[140] 仝茂达. 线性系统理论和设计[M]. 合肥: 中国科学技术大学出版社, 1998.

[141] Chen C - T. Linear System Theory and Design[M]. New York: Oxford University Press, Inc, 1999.

[142] 郑大钟. 线性系统理论[M]. 北京: 清华大学出版社, 2002.

[143] Bar - Itzhack I Y, Berman N. Control Theoretic Approach to Inertial Navigation Systems[J]. Journal of Guidance, Control and Dynamics, 1988,11(3): 237 - 245.

[144] Saab S S, Gunnarsson K T. Automatic Alignment and Calibration of an inertial Navigation System[C]. // IEEE Position Location and Navigation Symposium, Las Vegas, USA, 1994: 548 - 852.

[145] 郭美凤, 杨海军, 滕云鹤, 等. 激光陀螺惯导系统扰动基础上的初始对准[J]. 清华大学学报, 2002,42(2): 179 - 182.

[146] 杨晓霞, 黄一. 外场标定条件下捷联惯导系统误差状态可观测性分析[J]. 中国惯性技术学报, 2008,16(6): 657 - 664.

[147] 房建成, 万德钧. 捷联惯导系统的静基座快速初始对准方法[J]. 东南大学学报, 1996,26(2): 115 - 120.

[148] 吴美平, 胡小平. 捷联惯导系统误差状态可观性分析[J]. 宇航学报, 2002,23(2): 54 - 57.

[149] 程向红, 万德钧. 捷联惯导系统的可观测性和可观测度研究[J]. 东南大学学报, 1997,27(6): 6 - 11.

[150] 王荣颖, 许江宁, 卞鸿巍. 基于可观测性分析的方位旋转式惯导初始对准仿真研究[J]. 中国惯性技术学报, 2009,17(1): 15 - 19.

[151] 王丹力, 张洪钺. 几种可观性分析方法及在惯导中的应用[J]. 北京航空航天大学学报, 1999,25(3): 342 - 346.

[152] 汤勇刚. 载波相位时间差分/捷联惯导组合导航方法研究[D]. 长沙：国防科技大学，2007.

[153] Lee T G, Sung C K. Estimation Technique of Fixed Sensor Errors for SDINS Calibration[J]. International Journal of Control, Automation and Systems, 2004,2(4)：536－541.

[154] 周章华，邱宏波，李延，等. 用低精度双轴转台对捷联惯导进行系统级标定的方法[J]. 中国惯性技术学报，2010,18(4)：503－507.

[155] 杨晓霞，黄一. 激光陀螺捷联惯导系统的系统级标定方法研究[C].// 第26界中国控制会议，张家界，2007：478－483.

[156] 林玉荣，邓正隆. 激光陀螺捷联惯导系统中惯性器件误差的系统级标定[J]. 哈尔滨工业大学学报，2001,33(1)：112－115.

[157] 吴赛成，秦石乔，王省书，等. 激光陀螺惯性测量单元系统级标定方法[J]. 中国惯性技术学报，2011,19(2)：185－189.

[158] 秦永元，张洪钺，汪叔华. 卡尔曼滤波与组合导航原理[M]. 西安：西北工业大学出版社，1998.

[159] Mohinder S G, Vinson D H, Randy S M. Application of Kalman Filtering to the Calibration and Alignment of Inertial Navigation[J]. IEEE Transactions on Automatic Control, 1991,36(1)：4－13.

[160] Charles E H, John H F. Kalman Filter Design Considerations for Space－Stable Inertial Navigation Systems[J]. IEEE Trans on Aerospace and Electronic Systems, 1973,9(2)：306－319.

[161] Mohinder S G, Angus P A. Kalman Filtering：Theory and Practice Using MATLAB (Second Edition) [M]. New York：A Wiley－Interscience Publication John Wiley & Sons, Inc, 2001.

[162] Hyo－Sung A, Chang－Hee W. Fast Alignment using Rotation Vector and Adaptive Kalman Filter[J]. IEEE Trans on Aerospace and Electronic Systems, 2006,42(1)：70－73.

[163] Jamshaid A, Muhammad U. A Consistent and Robust Kalman Filter Design for In－motion Alignment of Inertial Navigation System [J]. Measurement, 2009,42(5)：577－582.

[164] Sun F, Hongqi Z. Application of a New Adaptive Kalman Filitering Algorithm in Initial Alignment of INS [C]. //2011 IEEE International Conference on Mechatronics and Automation, Beijing, 2011：2312－2316.

[165] 韩松来. GPS 和捷联惯导组合导航新技术及系统误差补偿方法研究[D]. 长沙：国防科技大学，2010.

[166] 于旭东，魏学通，李莹，等. RBF 神经网络在单轴旋转惯导系统轴向陀螺漂移辨识中的应用 [J]. 国防科技大学学报，2012, 34 (3)：48－52.

[167] 于旭东，张鹏飞，谢元平，等. 基于 CPSO－LSSVM 的单轴旋转惯导系统轴向陀螺漂移辨识 [J]. 系统工程与电子技术，2013, 35 (5)：1049－1053.

[168] 于旭东，张鹏飞，谢元平，等. 单轴旋转惯导系统轴向陀螺漂移预测方法 [J]. 强激光与粒子束，2013, 25 (4)：847－852.

[169] 雷雯. 人工鱼群算法在单轴旋转惯导系统轴向陀螺漂移辨识中的应用 [J]. 应用光学，2014, 35 (4)：725－728.

[170] 于飞，孙骞，周广涛，等. 旋转式惯导系统旋转角速度最优设计 [J]. 仪器仪表学报，2013, 34 (11)：2526－2534.

[171] 孙伟，初婧，李瑞豹，等. 旋转惯导系统中 IMU 转停时间分配技术研究 [J]. 压电与声光，2014, 36 (2)：225－229.

[172] 孙尧，王庭军，高延滨，等. 旋转式捷联惯导系统解算结构 [J]. 中国惯性技术学报，2013, 21

(1): 10 – 15.

[173] 赖际舟, 于明清, 吕品, 等. 旋转惯导系统中转轴方向对系统调制精度的影响 [J]. 中国惯性技术学报, 2012, 20 (1): 7 – 11.

[174] Yan – bin G, Lian – wu G, Ting – jun W. Compensation for Inclination Angle Deviation of Single – Axis Rotation Modulation Sins [J]. Journal of Chinese Inertial Technology, 2013, 21 (4): 446 – 451.

[175] 孙伟, 孙枫, 刘繁明. 光纤陀螺旋转捷联惯导系统的发展与应用 [J]. 传感器与微系统, 2012, 31 (11): 1 – 4.